AGENTES *do* APOCALIPSE

Uma análise instigante dos personagens-chaves do Fim dos Tempos

AGENTES do APOCALIPSE

Uma análise instigante dos personagens-chaves do Fim dos Tempos

Traduzido por Marcelo Siqueira

DR. DAVID JEREMIAH

3ª impressão

Rio de Janeiro
2023

Todos os direitos reservados. Copyright© 2016 para a língua portuguesa da Casa Publicadora das Assembleias de Deus. Aprovado pelo Conselho de Doutrina.

É proibida a duplicação ou reprodução deste volume, no todo ou em parte, sob quaisquer formas ou meios (eletrônico, mecânico, gravação, fotocópia, distribuição na web e outros), sem permissão expressa da Editora.

Título do original em inglês: *Agents of the Apocalypse: A Riveting Look at the Key Players of the End Times*
Tyndale House Publishers, Inc. Carol Stream, Illinois, EUA
Primeira edição em inglês: 2014
Tradução: Marcelo Siqueira
Preparação dos originais: Miquéias Nascimento
Capa: Jonas Lemos
Projeto gráfico e Diagramação: Oséas F. Maciel

CDD: 236 - Escatologia
ISBN: 978-85-263-1376-7

As citações bíblicas foram extraídas da versão Almeida Revista e Corrigida, edição de 2009, da Sociedade Bíblica do Brasil, salvo indicação em contrário.

Para maiores informações sobre livros, revistas, periódicos e os últimos lançamentos da CPAD, visite nosso site: https://www.cpad.com.br.

SAC — Serviço de Atendimento ao Cliente: 0800-021-7373

Casa Publicadora das Assembleias de Deus
Av. Brasil, 34.401, Bangu, Rio de Janeiro – RJ
CEP 21.852-002

1ª edição
3ª impressão: 2023
Impresso no Brasil
Tiragem: 400

AGRADECIMENTO ESPECIAL

Gostaria de estender minha profunda gratidão a Thomas Williams, pela sua assistência no desenvolvimento da dramatização deste livro. Eu tive a ideia de trazer os personagens do Apocalipse à vida a fim de descortinar as Sagradas Escrituras para você, leitor, mas eu não poderia ter feito isto sem o impressionante talento de Thomas Williams.

Sumário

Agradecimento Especial 05
Introdução 09

    Capítulo 1 – O Exílio 13
    Capítulo 2 – Os Mártires 37
    Capítulo 3 – Os 144 mil 63
    Capítulo 4 – As Duas Testemunhas 89
    Capítulo 5 – O Dragão 113
    Capítulo 6 – A Besta do Mar 135
    Capítulo 7 – A Besta da Terra 161
    Capítulo 8 – O Conquistador. 185
    Capítulo 9 – O Rei 211
    Capítulo 10 – O Juiz 237

Epílogo: Os Vencedores 261
    Agradecimentos 269
    Notas 271

Introdução

Agentes do Apocalipse surgiu porque muitas pessoas insistiram que eu escrevesse um outro livro sobre o Apocalipse. Eu posso compreender muito bem o interesse atual das pessoas no fim dos tempos. Vivemos num mundo cada vez mais mergulhado no caos e na iniquidade, e muitos cristãos acreditam que as sombras obscuras do Apocalipse estão começando a tomar conta do horizonte. No século passado, vimos uma perseguição brutal aos judeus e a cristãos fiéis em nações como Alemanha, Rússia e China. Nos dias de hoje, o povo de Deus continua enfrentando tortura e morte em países em todo o Oriente Médio, na África e na Ásia. Mesmo nos países ocidentais, que, por muito tempo, defenderam princípios cristãos, a repressão de práticas e expressões do cristianismo já teve início. E, se a história nos serve de guia, esta discriminação contra os crentes está destinada a aumentar.

Todos os dias, eu encontro cristãos que estão ansiosos com o futuro, não somente por causa deste aumento do sentimento anticristão, mas também por causa do declínio da estabilidade social e econômica. Em épocas como a nossa, as pessoas tendem a olhar com mais atenção para livros como o Apocalipse. Talvez porque, mais do que qualquer outro, ele estimule os cristãos a manterem acesa a chama da esperança. Ele reconhece os fatos complicados da desintegração e da perseguição mundial; contudo, assegura-nos de que a vitória do povo de Deus é certa.

Por causa da importância crítica do Apocalipse e da sua relevância para a nossa atual realidade, reconheço a necessidade de uma nova literatura que nos ajude a manter a mensagem viva. Porém, essa necessidade também se apresenta na forma de um enorme desafio. O Apocalipse dificilmente poderia ser considerado um assunto novo a ser tratado por qualquer autor. Sem dúvida, milhares de livros já foram escritos sobre este tópico, e eu, pessoalmente, já contribuí com várias obras para o enriquecimento do tema. Por isso, quando fui incentivado a escrever novamente sobre o assunto, a pergunta que ardia no meu coração era: *Como poderei escrever um livro que apresentará esta mensagem importante de uma maneira nova e cativante?*

A resposta que me veio à mente foi o uso de relatos dramatizados que serviriam para tornar dar vida aos relatos das Sagradas Escrituras. Inicialmente, porém, foi-me difícil aceitar esta ideia. Eu queria mesmo era apresentar as verdades bíblicas do Apocalipse, e não fantasias especulativas que pudessem levar os leitores a duvidar da sua exatidão. Contudo, o valor das histórias como veículo da verdade me havia sido transmitido por um homem que é largamente reconhecido como o autor cristão mais influente da nossa época: C. S. Lewis.

Lewis era um jovem ateu quando leu pela primeira vez a obra chamada *Phantastes,* um romance escrito por um autor cristão escocês do século IX, conhecido como George Macdonald. Lewis relatou que uma nova qualidade, uma "sombra resplandecente", saltou das suas páginas e que a sua "imaginação foi, num certo sentido, batizada".[1] Apesar de o livro não ter despertado Lewis para uma conversão imediata, acabou sendo o ponto de partida para a sua jornada rumo à fé. Anos mais tarde, o amigo íntimo de Lewis, J. R. R. Tolkien, autor de *O Senhor dos Anéis,* descreveu os antigos mitos de deuses que morriam e renasciam como histórias que prefiguravam a crucificação e a ressurreição de Jesus. Lewis, por fim, convenceu-se de que a história de Cristo, conforme apresentada nos Evangelhos, "é simplesmente um mito verdadeiro".[2]

Em resposta àqueles que eram desconfiados do poder que as histórias tinham de apresentar a verdade, Lewis dizia: "A razão é o órgão natural da verdade; porém, a imaginação é o órgão do significado".[3] Ele estava dizendo que histórias podem alinhar razão e imaginação, mente e emoção. Quando a verdade é colocada de forma imaginativa, ela pode ser levada não apenas à mente, mas também ao coração.

Assim, eu me perguntei: *Seria possível que histórias pudessem levar a mensagem do Apocalipse até o coração das pessoas?* Quanto mais eu pensava nisso, mais convencido eu ficava de que isso era mesmo possível. Apesar de o livro do Apocalipse apresentar uma visão geral do futuro, ele não nos mostra muitos detalhes de como as coisas se sucederão. Este não é o seu objetivo. Mesmo assim, os acontecimentos cataclísmicos e triunfantes retratados nele afetarão pessoas e situações reais. Os atores identificados pelo Apocalipse neste drama do fim dos tempos também serão pessoas reais — ou pessoas que se tornam más ou fazem destruição, tais como o Anticristo e o falso profeta, ou pessoas fiéis como os mártires e as duas testemunhas, que se levantam contra estes indivíduos demoníacos.

A captura destes atores por meio das lentes da história permite que o Apocalipse venha à luz de uma nova maneira. Ele nos capacita não somente a entender as verdades abrangentes das Sagradas Escrituras, como também experimentá-las de forma vicária. Ela nos dá a chance de compreender as ações destes indivíduos de forma íntima e pessoal, à medida que eles atuam neste drama cósmico.

Neste livro, eu dedico um capítulo para cada um dos principais atores do Apocalipse — aqueles que são os agentes fundamentais da trama. Depois de fazer uma pesquisa sobre os personagens principais, ou principais grupos de personagens, eu perguntei ao meu amigo Tom Williams se ele poderia escrever as dramatizações que ilustram as verdades bíblicas. Ele concordou em fazer isto, e terminamos chegando a este livro único.

Quero enfatizar que, na composição destes relatos fictícios, nada do que é apresentado na Bíblia foi alterado. Os elementos dramatizados foram constituídos firmemente segundo os fatos do Apocalipse. As histórias meramente preenchem as lacunas que o livro do Apocalipse não aborda. Elas apresentam possibilidades sobre como os acontecimentos bíblicos poderiam ter ocorrido. Eu reconheço que estas cenas não podem preencher as lacunas com precisão absoluta, mas elas oferecem uma possibilidade entre muitas, com um objetivo em mente: levar as verdades do fim dos tempos não apenas à mente, mas também ao coração das pessoas. Minha esperança é que estas histórias sirvam para lembrar que o livro do Apocalipse não é somente teórico, mas tem por objetivo retratar indivíduos e situações da vida real.

Cada capítulo deste livro é dividido em duas seções. O primeiro é o relato dramatizado, que é seguido por uma seção chamada de "A Base Bíblica por trás desta História". Minha esperança é que a dramatização desperte seu apetite por explorar as verdades bíblicas por trás desta história. Esta segunda seção vai mais a fundo no texto bíblico, com análises sobre o que o Apocalipse fala e como o livro pode ser interpretado e aplicado. Este formato capacitará você a fazer a separação entre fato e ficção, ajudando-o a compreender o fundamento bíblico que serve de base para a história. Dessa forma, você consegue retirar dele tudo o que C. S. Lewis gostaria de ver num livro. A história leva a verdade ao seu coração, e a base bíblica por trás da história a leva à sua mente.

Minha oração sincera é que este livro escreva a verdade do Apocalipse, tanto na sua mente, quanto no seu coração, e que ele fortaleça a sua determinação e o faça permanecer firme por Cristo, mesmo diante das piores circunstâncias. Também oro para que este livro ajude você a perceber a verdade abrangente do Apocalipse: que a vitória dos cristãos em Cristo é uma absoluta certeza.

Dr. David Jeremiah
Outono de 2014

CAPÍTULO

I

O EXÍLIO

ERA MANHÃ DE DOMINGO no primeiro século da era cristã, e os membros da Igreja de Éfeso estavam reunidos para adorar no átrio espaçoso da "Vila de Marcelo", um homem rico de Roma que se converteu e oferecia gratuitamente a sua casa como local de reunião.

À medida que os membros iam chegando, os seus rostos estavam marcados pela incerteza. A tensão tomava conta do ar, feito uma corda de atracação que segura um pesado navio e está prestes a se romper. A reunião começou, como de costume, com um hino, porém hoje a Igreja cantou com pouco entusiasmo. As suas mentes estavam distraídas pelos boatos sinistros que chegavam de Roma. Depois de uma oração e uma leitura do profeta Isaías, Tíquico, um dos diáconos, pôs-se de pé para se dirigir à congregação.

— Caros irmãos e irmãs, os líderes da igreja me pediram para informar a vocês estas más notícias. Um decreto acaba de ser despachado no fórum, informando-nos que o imperador romano Domiciano assumiu o título de "senhor e deus". Ele exige que todos no império façam um juramento de adoração a ele. O imperador até já lançou uma campanha agressiva para executar o seu edito à força em todas as cidades sob a jurisdição de Roma. E o que é pior, ele já pediu que judeus e cristãos fossem tratados como um caso à parte, porque desconfia de que somos desleais a Roma.

Uma voz dentre a multidão bradou:

— São verdadeiros os boatos de que o edito já foi aplicado à força sobre algumas das outras igrejas?

O diácono afirmou com a cabeça tranquilamente.

— Duas semanas atrás, soldados romanos invadiram todas as casas de cristãos que conseguiram achar em Pérgamo e exigiram que cada membro da família fizesse, imediatamente, um juramento de adoração a Domiciano.

— E eles fizeram isso? — perguntou outra voz trêmula.

Um olhar tristonho tomou conta do rosto de Tíquico.

— Lamento informar, mas dois terços deles foram coagidos e fizeram o juramento.

Ouviu-se um suspiro geral na multidão.

— E o que aconteceu àqueles que não se curvaram? — perguntou uma voz do meio da multidão.

— Sinto em dizer que todos foram brutalmente açoitados e executados. E podemos estar certos de que o mesmo irá acontecer em breve também aqui em Éfeso.

A sala ficou em silêncio. Finalmente, alguém perguntou:

— O que podemos fazer?

Naquele momento, um homem idoso que estava sentado na lateral do ambiente levantou-se bem devagar, ajudado pela bengala que tinha à sua mão. Ao contrário das outras pessoas naquele lugar, ele não demonstrava nenhuma aflição. Na verdade, ele estava irradiando uma alegria indescritível. "Era como se o seu rosto brilhasse" — um membro da congregação mais tarde observou.

O apóstolo João encarou o grupo.

— Meus caros irmãos e irmãs — iniciou ele. — vocês perguntam o que nós podemos fazer. E só existe uma única resposta.

Mesmo com noventa anos de idade, a sua voz ainda soava clara e forte. Porém, havia um carinho no seu falar que dissolvia grande parte da tensão que havia naquele lugar.

— Nós podemos estar preparados para devolver ao nosso Senhor Jesus Cristo o que Ele nos deu. Ele nos deu a vida ao entregar-nos a sua vida, e não devemos fazer nada menos do que isso para Ele!

— Talvez devêssemos parar de nos reunir por um tempo — disse

Marcelo. — Isto faria com que perdêssemos visibilidade e não fôssemos identificáveis.

— Não, é exatamente isso o que não devemos fazer — respondeu João. — Devemos olhar para esta aflição em nossa vida como uma provação para a nossa fé. Será que amaremos suficientemente o nosso Senhor a ponto de aguentarmos firme e padecermos com Ele? Ou daremos as costas àquEle que nos deu o maior dom de amor já oferecido em toda a história? Com tanta aflição a caminho, precisamos, mais do que nunca, estar juntos para nos apoiarmos e nos animarmos, a fim de ficarmos firmes. Se deixarmos de nos congregar, acabaremos nos isolando e perderemos a força que recebemos uns dos outros. Jamais devemos deixar de nos congregar, independentemente de quão severa for a perseguição.

— Enquanto esta ameaça perdurar, decidimos que deveríamos nos reunir pela cidade toda em casas separadas — disse Tíquico. — Os romanos jamais conseguirão encontrar a todos nós. Alguns de nós poderemos sucumbir, mas a Igreja de Éfeso há de sobreviver.

— E eu espero que fiquemos ainda mais fortes diante da perseguição — acrescentou João. — Às vezes, eu temo que estejamos nos tornando complacentes e que o amor que tínhamos no princípio pelo nosso Senhor, e uns pelos outros, esteja começando a esfriar. A perseguição poderia reacender este amor ao nos unir, à medida que tivermos que enfrentar um perigo comum.

— Por que Deus está permitindo que isto aconteça? — gritou uma voz lá do fundo. — Nós temos sido leais e dedicados. Temos feito tantas coisas boas em nome de Cristo. Ainda assim, quanto mais tentamos fazer o bem, mais o mundo parece nos odiar.

— Não estranheis, irmãos e irmãs, se o mundo odeia vocês — respondeu João. — O nosso Senhor e Salvador era perfeito em tudo e, mesmo assim, o mundo o odiava. As pessoas odeiam o que elas não compreendem. Devemos olhar para esta provação que nos sobrevém como uma grande honra. Estamos sendo escolhidos para tomar parte na sua cruz e no seu sacrifício por nós. Muitos que já morreram por Cristo receberam o seu suplício com alegria. Nos anos desde a sua morte e ressurreição, todos os meus companheiros apóstolos, inclusive o que amou o Senhor meio que fora de época, Paulo, também foi chamado à morte por Ele. Eu sou o único apóstolo que restou a quem foi negada esta honra. E agora que a vejo no horizonte, eu a dou as boas-vindas de todo o meu coração. Quero insistir que vocês, meus queridos irmãos e irmãs, permaneçam firmes e fiéis a Cristo, custe o que custar. Vocês receberão um galardão no Céu que fará com que o seu sacrifício pareça algo insignificante.

João voltou ao seu assento, apoiando-se com esforço em sua bengala. Depois de outro hino e várias orações, a assembleia se despediu.

Como de costume, os membros se reuniram em torno de João e fizeram-lhe perguntas, passaram-lhe pedidos de oração, ou simplesmente se deleitaram na presença magnética daquele homem. Hoje, porém, um clima estranho dominou todas as conversas. Não demorou muito para que Marcelo forçasse a sua entrada pelo meio do grupo e se pusesse face a face com o apóstolo. O seu rosto estava vermelho como o vinho, e os seus olhos reluziam de ira:

— Como o senhor pode nos pedir para fazermos isto? — questionou ele com veemência. — Eu tenho esposa e cinco filhos pequenos. O senhor espera que eu fique parado esperando que eles sejam torturados e esquartejados?! Eu não vou permitir que isto aconteça! Vocês todos podem se reunir domingo que vem, como gado que espera por estes açougueiros romanos. Mas eu não esperarei por eles! Só que procurem outro lugar para se reunirem. Não haverá mais reunião de adoração alguma aqui em minha casa até que esta crise tenha passado. Estou perfeitamente disposto a viver por Cristo; agora, pedir que eu morra por Ele já é um pouco demais para mim!

Sem ter mais o que dizer, Marcelo deu as costas e se retirou do recinto. Não demorou muito para que os demais membros também fossem para as suas casas. Qual seria a reação daquelas pessoas quando os romanos chegassem? Eles não estavam totalmente seguros do que ocorreria. Eles enfrentariam a crise com a coragem do apóstolo João, ou com o temor de Marcelo?

• • •

No domingo seguinte, um pequeno grupo de famílias se reuniu na casa de João para adorar. Cinco dentre os vinte e cinco membros esperados não estavam ali na reunião. Nada foi dito sobre aquelas pessoas que não vieram, mas a oração matinal incluía um pedido para que todos readquirissem a coragem para continuar firmes. Depois de alguns hinos, de uma leitura bíblica e de mais orações, João se colocou de pé.

Subitamente, a porta foi arrombada, e oito soldados romanos invadiram a reunião. Eles estavam vestidos com armaduras e empunhavam espadas. Os cristãos apavorados ficaram pasmados, e as mães agarraram os seus filhos num movimento brusco.

O oficial no comando da operação abriu um pequeno rolo e leu a ordem emitida pelo imperador:

— Vós deveis parar de adorar o vosso Deus — proclamou ele. — A lei só permite que Domiciano seja adorado.

Depois da leitura, um dos soldados colocou ali de pé, diante dos cristãos, uma estátua de bronze. Esta estátua tinha pouco mais de trinta centímetros de altura e representava a imagem exata do rosto do imperador.

O comandante, então, fechou o rolo e declarou:

— O imperador Domiciano exige que vocês demonstrem a sua obediência à sua ordem neste momento com um ato de reverência, dobrando-se diante da sua imagem. Caso vocês se recusem, serão mortos.

Nenhum dos cristãos esboçou movimento algum. Aquele era um momento crítico, e todos sabiam disso. Se qualquer um deles cedesse e se dobrasse à imagem, outros também poderiam perder a coragem e fazer o mesmo. Depois de um momento de tensão e silêncio, o comandante sinalizou com a cabeça para os seus homens, e eles desembainharam as suas espadas.

Uma mulher perto da porta deu um grito agudo e foi ao chão. Ela se ajoelhou diante da imagem e fez o juramento. O marido dela rapidamente fez o mesmo, tal como mais quatro outras pessoas. Apesar disso, o restante da congregação manteve-se firme; alguns deles balbuciavam orações quase imperceptíveis:

— Vocês seis salvaram as suas vidas daqui para frente — O comandante não fez qualquer esforço para esconder o seu pouco caso.

Enquanto os seis se esbarravam no caminho em direção à porta, o oficial seguiu em direção a João:

— Acredito que o senhor seja aquele que as pessoas chamam de Apóstolo João.

— Sim, sou eu — respondeu João.

O comandante virou-se para os seus soldados:

— Finalmente o encontramos, homens. Este é o agitador-mor de todas as igrejas da Ásia Menor. Ele é o principal rebelde que levou milhares de cidadãos a negarem a autoridade de Roma e a adorarem um homem que foi executado como criminoso.

O comandante, então, virou-se novamente para João:

— A sua falta de lealdade chegou aos ouvidos do imperador em pessoa, e ele reservou um castigo especial para o senhor. Em vez de assassiná-lo subitamente, ele deseja fazer com que o senhor sofra até que deseje ardentemente ser morto. O seu destino mostrará aos seus seguidores a futilidade que é resistir ao poder de Roma.

O comandante aprisionou João e o empurrou para fora da porta. Os outros soldados o seguiram e trancaram a porta por fora, aprisionando os cristãos ali dentro. Um dos soldados pegou uma tocha, acendeu-a com uma lasca de pedra-sílex e ateou fogo na casa. Enquanto os soldados levavam João para a guarnição romana, João pôde ver o início do incêndio da casa; incêndio este que consumiu o restante dos irmãos.

Eles estavam a uma distância de cinquenta passos quando o comandante parou e virou-se para a casa que, naquele instante, já estava sendo totalmente consumida pelas chamas:

— Que barulho é esse? — perguntou o comandante.

— São hinos — João respondeu. — Meus irmãos e irmãs fieis estão cantando um hino de louvor ao seu verdadeiro Senhor, Jesus Cristo, a quem eles encontrarão face a face daqui há pouco.

João se apoiava, com grande esforço, em sua bengala, lutando para conseguir encher os pulmões. Eles, porém, forçavam-no a seguir marchando. Ao chegar à guarnição, ele foi entregue ao guarda prisional, que o acorrentou pelos tornozelos e o arrastou até o pátio. Os soldados tiraram a sua roupa até a cintura, acorrentaram os seus pulsos a um palanque e o açoitaram com um chicote entremeado com metais. Depois, o trancafiaram em uma cela úmida e fedida. Por vários dias, ele ficou ali, suspenso entre a vida e a morte.

Todavia, apesar das suas costas em frangalhos, da imundície e comida insuficiente, João jamais amaldiçoou o guarda que cuidava dele. Aquele soldado, impressionado com a perseverança de João, começou a repassar — de modo velado — um pouco da sua comida para o ancião. Ao longo das semanas seguintes, as feridas de João sararam, e ele já conseguia se pôr de pé e manquejar ao redor da sua cela. Certo dia, o guarda pediu que João se aproximasse dele:

— Ei, ouvi falar o que farão com o senhor — sussurrou ele. — O senhor será levado para a Ilha de Patmos e ficará exilado lá pelo resto da sua vida.

— Patmos! — exclamou João.

O Exílio

Ele conhecia a fama daquela ilha, que era mais um infame depósito de prisioneiros condenados pelos romanos.

— Quando eu serei enviado para o exílio? — João pergunta.

— Daqui a dois dias. O senhor não receberá boa alimentação durante a viagem, tampouco será bem alimentado quando estiver lá na ilha. Eu darei ao senhor um pequeno saco com pães e uvas que o senhor poderá esconder debaixo da sua túnica e levar escondido para dentro do navio.

— Obrigado, mas se você não se importar, eu preferiria muito mais um rolo de pergaminho e um frasco de tinta.

— Verei o que posso fazer.

• • •

Dois dias depois, João embarcou num navio, partindo do porto de Éfeso para uma viagem de três dias até a Ilha de Patmos. Por baixo da sua túnica, ele levava uma sacola lisa de couro contendo o seu pergaminho e um frasco de tinta.

O navio — convertido por Roma para a frota mercante — era impulsionado por uma única vela quadrada e quarenta remos abaixo do convés. Os exilados que partiam eram forçados a manejar os remos — exceto João, que continuava acorrentado pelo tornozelo e estava isento do trabalho forçado por causa da idade avançada e incapacidade física —. Eles eram mantidos no convés, próximos à proa do navio.

Enquanto o navio adentrava o porto de Patmos, João observava a paisagem: os montes estéreis, os campos áridos de areia e sal, os rochedos pontilhados com silveiras e árvores atrofiadas. Quando os prisioneiros desembarcaram, cada um recebeu uma ração de carne e peixe ressecados para três dias.

— Isto é tudo o que vocês têm — disse-lhes o oficial de bordo. — Quando formos embora, vocês terão de se virar por vocês mesmos.

João logo descobriu que os exilados teriam que se virar por si mesmos também em outras questões. Eles não apenas teriam que conseguir o próprio alimento, mas também encontrar abrigo. Apesar de haver dois ou três assentamentos rudimentares que haviam sido construídos nas ruínas de antigos vilarejos, aqueles vilarejos sofríveis não proporcionavam qualquer proteção contra a população de criminosos exilados que habitava a ilha. A única lei que ali prevalecia era a lei da sobrevivência.

Os exilados que ali chegavam precisavam encontrar abrigo nas cavernas da ilha, ou então construir cabanas com pedras ou restos de madeira. Quando João estava a bordo do navio, ele ouvira boatos de que o lado mais distante da Ilha de Patmos era o menos povoado. Por isso, ele imaginou que comida e abrigo estivessem mais facilmente disponíveis ali. Dessa forma, ele seguiu por uma trilha que atravessava a ilha.

O velho apóstolo estava à beira da exaustão quando tropeçou em uma caverna abandonada. Ele tinha vista para o mar, e um belo riacho corria nas proximidades.

Nascido e criado como pescador, João coletou algumas varas firmes de parreira e entreteceu uma rede com a qual conseguia pescar. Ele desceu mancando até a praia e subiu num promontório coberto por penedos. Quando ele chegou na borda da pedra, na beira da água profunda, ele lançou a rede, segurando na sua ponta mais comprida e ficou aguardando. Duas horas depois, ele voltou à caverna, e a sua rede artesanal estava cheia com três caranguejos graúdos e dois peixes prateados.

• • •

À medida que se passavam os dias, cada qual igual ao outro, João começou a sentir que a sua vida havia perdido o significado — que ele estava fadado a viver o resto dos seus dias na terra sem nenhum propósito. Ele sempre se perguntava por que também não havia sido martirizado com os seus outros companheiros apóstolos.

Num domingo ensolarado, depois da sua devoção matinal e da refeição do meio-dia, que consistia de peixes e frutas, João andou com dificuldade até o seu local favorito para olhar o mar. Ele se sentou na sua pedra costumeira, que recebia a sombra de um grande penedo, e olhou ao longe para o verde acinzentado das águas do mar. Colocando o pergaminho no colo, ele apanhou uma pena para escrever uma carta.

Foi aí que aconteceu.

Uma grande voz irrompeu exatamente de trás do local onde ele estava:

— Eu sou o Alfa e o Ômega, o Princípio e o Fim.

Aquelas palavras poderosas reverberaram pelos céus como um trovão bravio.

João lançou a sua pena ao chão e começou a tremer. Quase paralisado pelo terror, ele quase não conseguia forças para olhar em direção à origem da voz. Havia, porém, algo tão magnético naquela voz que ele, finalmente, não teve mais escolha, senão virar-se e olhar.

Diante dele, estava o Homem mais majestoso e magnífico que ele já havia visto. O seu rosto brilhava como o sol. Ele estava vestido com uma túnica reluzente de branco puro que ficava presa por volta do seu peito com um cordão dourado. O seu cabelo era branco — não um branco acinzentado, da idade avançada, mas sim um branco vibrante, cintilante como o da neve pura.

Os olhos daquele homem queimavam dentro da alma de João, como se fossem chamas ardentes. Tinha Ele em sua mão direita sete estrelas brilhantes. Quando Ele falava, as palavras fluíam da sua boca como poderosas ondas. Tudo o que dizia respeito àquele Homem exalava tamanha glória e formosura que os sentidos de João se renderam. Ele caiu com o rosto em terra, como que desmaiado.

Ele foi despertado por um toque gentil em seu ombro:

— Não temas — disse o Homem, com uma voz tão cheia de amor e carinho que todo o temor de João se desmanchou feito cera ao calor do sol. — Eu sou o Princípio e o Fim — disse o Homem novamente. — Sou aquEle que vive, e que estava morto, e eis que vivo para sempre. E tenho as chaves da morte e do Inferno.

João percebeu que estava novamente na presença do Senhor a quem adorava. Ele se deleitou em ondas de alegria indescritível.

A voz dourada disse a João para apanhar a sua pena e registrar as maravilhas que lhe seriam reveladas — maravilhas acerca de coisas existentes e de coisas que ainda haveriam de ocorrer. João, agora cheio de expectativa, sentou-se novamente, tomou a pena na mão e pôs o rolo no colo.

A voz, então, falou:

— O que você vir, escreve em um livro...

Imediatamente, o Senhor começou a ditar advertências, repreensões e recomendações às sete igrejas que tinham João como o seu patriarca. Assim que João terminou a última carta, a visão de Cristo desapareceu, e a voz dEle ressoou de algum lugar no alto: "Sobe aqui, e mostrar-te-ei as coisas que depois destas devem acontecer" (Ap 4.1b).

Naquele momento, a paisagem familiar de Patmos sumiu da sua vista, e João avistou extasiado aquilo que nenhum ser humano havia enxergado: a própria sala do trono celestial. Visão após visão se seguiu; algumas terríveis, outras magníficas além da imaginação. À medida que a última visão desaparecia, o apóstolo ouviu estas palavras finais:

— Eis que venho em breve!

Subitamente, João se viu sentado novamente na sua pedra, à sombra do penedo. Ele havia recebido uma visão das coisas que haveriam de acontecer: uma mensagem que asseguraria às igrejas do Senhor ao redor do mundo que, embora uma terrível perseguição lhes sobreviesse no futuro, o seu triunfo final em Cristo Jesus era certo.

— Sim, Senhor, por favor, vem depressa — disse ele ao fechar o rolo.

• • •

A BASE BÍBLICA POR TRÁS DESTA HISTÓRIA

O apóstolo João, ao escrever o seu incrível livro a partir da Ilha de Patmos, uniu-se a um grupo exclusivo de servos que haviam recebido instruções similares da parte do Senhor e haviam feito a sua obra em circunstâncias adversas. Moisés escreveu o Pentateuco no deserto. Davi escreveu muitos dos Salmos enquanto fugia de Saul, que procurava assassiná-lo. Isaías escreveu enquanto assistia a sua nação se degenerar e, segundo a tradição, morreu como um mártir. Ezequiel escreveu enquanto estava no cativeiro na Babilônia. Jeremias levou uma vida em meio a provações e perseguições. Pedro escreveu as suas duas cartas pouco antes de ser martirizado. Paulo escreveu as suas cartas enquanto sofria surras, naufrágio, apedrejamentos, roubos e enquanto enfrentava fome, sede, frio, nudez, calúnias e todo tipo de tribulação que se possa imaginar que possa afetar a humanidade (2 Co 11.24-28).

E João recebeu a mais completa revelação de eventos futuros que já foi feita a qualquer escritor do Novo Testamento, enquanto foi desterrado para a Ilha de Patmos — uma pequenina ilha rochosa localizada no Mar Egeu. Ele foi isolado do mundo, mas esteve em íntima comunhão com Deus, e, a partir daquela ilha solitária, ele nos presenteou com o livro que conhecemos como o Apocalipse, ou a "Revelação" de Jesus Cristo.

Deus pode, muito bem, ter permitido o desterro de João para que ele pudesse ficar a sós com o Senhor, a fim de receber esta visão monumental do futuro. Às vezes, a obra que o Todo-Poderoso tem para nós exige que saiamos do nosso ambiente normal. O chamado de Abraão, a escravidão de José, a fuga de Moisés do Egito e o cativeiro de Daniel

O Exílio

me vêm à mente. Muitos escritores que conheço se retiram para regiões montanhosas, ou mesmo para quartos de hotéis para que possam se concentrar totalmente na sua tarefa. Minha agenda de trabalho exige de mim deslocamentos frequentes por avião, e eu tendo a fazer o melhor do meu trabalho em termos de escrita, planejamento e pensamento no isolamento de um avião a 9 mil metros de altura do chão.

Ao abrirmos o livro de Apocalipse, logo fica claro que estamos prestes a encontrar uma mensagem com um propósito elevado. Embora ele tenha certas similaridades com passagens proféticas de Daniel, Ezequiel e Mateus, o livro de Apocalipse é único. Ele nos mostra de que tipo de livro se trata logo nos primeiros parágrafos.

Um Livro Profético

"Revelação de Jesus Cristo, a qual Deus lhe deu para mostrar aos seus servos as coisas que brevemente devem acontecer; e pelo seu anjo as enviou e as notificou a João, seu servo."
APOCALIPSE 1.1

Este versículo apresenta a natureza profética daquilo que João escreveu pelo uso de uma palavra-chave e de uma expressão-chave. A palavra-chave é *revelação*, que é a tradução da palavra grega *apokalypsis*, ou "apocalipse". No Novo Testamento grego, esta é a primeira palavra do livro como um todo.

Quando ouvimos a palavra *apocalipse*, pensamos em desastres horríveis associados ao fim dos tempos. No grego, porém, a palavra simplesmente significa "descobrir, desvelar, manifestar algo". O objetivo fundamental do livro de Apocalipse não é pintar um quadro do fim dos tempos, embora ele faça isso. Ele foi escrito, fundamentalmente, para desvelar, revelar a majestade e o poder de Jesus Cristo. O livro não é um quebra-cabeça, nem um enigma, e sim uma revelação acerca de quem é Jesus Cristo.

A expressão profética-chave, usada no versículo 1, é traduzida como "brevemente devem acontecer". Esta expressão descreve algo que ocorre de modo súbito. Ela indica uma progressão rápida depois de algo ter sido iniciado. A ideia não é que o acontecimento possa ocorrer em breve, mas que, quando ele ocorrer, isto se dê muito rapidamente. É como um terremoto que ocorre por vezes numa região: não sabemos quando ocorrerá o próximo, mas sabemos que ele virá e que isso acontecerá de modo súbito e sem aviso.

Um Livro Pessoal

"João [...] o qual testificou da palavra de Deus, e do testemunho de Jesus Cristo, e de tudo o que tem visto."
APOCALIPSE 1.1-2

O livro de Apocalipse é cósmico e abrangente no seu alcance, sem deixar de ter uma mensagem de cunho altamente pessoal. Esta é uma mensagem que João recebeu pessoalmente da parte do Senhor. João escreve para aqueles com quem ele está intimamente familiarizado, referindo-se a si mesmo como "irmão e companheiro na aflição" (1.9).

Cristo disse a João: "O que vês, escreve-o num livro e envia-o às sete igrejas que estão na Ásia: a Éfeso, e a Esmirna, e a Pérgamo, e a Tiatira, e a Sardes, e a Filadélfia, e a Laodiceia" (Ap 1.11). As sete cartas que encontramos nos capítulos 2 e 3 são cartas pessoais escritas para congregações reais da Ásia Menor (atual Turquia) no final do século I da era cristã.

De acordo com o teólogo John Stott:

> "As sete cidades mencionadas formam um círculo irregular e estão listadas na ordem em que um mensageiro poderia visitá-las se fosse chamado a entregar as cartas. Velejando da Ilha de Patmos [...] ele chegaria a Éfeso. Ele, então, viajaria para o norte, em direção a Esmirna e Pérgamo; para o sudeste, em direção a Tiatira, Sardes e Filadélfia; e terminaria a sua viagem em Laodiceia".[1]

Cada uma das cartas começa com a expressão "eu sei as tuas obras" ou "conheço as tuas obras", e cada uma contém uma promessa para "o vencedor". Porém, cada mensagem entre estas expressões de encerramento foi especialmente dimensionada para as necessidades da igreja para a qual ela foi dirigida. De sorte que as cartas precisam ser lidas no seu contexto apropriado.

Mesmo assim, há aplicações para nós também nos dias de hoje. Embora João tenha escrito estas cartas tendo em mente as igrejas do século I, elas identificam com precisão os tipos de cristãos que encontramos na Igreja de todas as eras — inclusive nos dias de hoje. Qualquer pessoa que ler as cartas provavelmente pensará em pessoas ou igrejas que se enquadram em algumas destas descrições. Eu creio que as recomendações do Senhor a estas sete igrejas poderiam resolver todos os problemas que as igrejas contemporâneas enfrentam. Este princípio parece confirmado pelo fato de que todas as sete cartas estavam contidas em uma peça única de pergaminho, significando que cada igreja deveria ler as cartas escritas para as demais igrejas.

Um Livro Ilustrativo

> "Ele [...] pelo seu anjo as enviou e as notificou a João, seu servo, o qual testificou da palavra de Deus, e do testemunho de Jesus Cristo, e de tudo o que tem visto."
> APOCALIPSE 1.1-2

Em trinta e nove ocasiões, João indicou que ele estava registrando coisas que havia visto. As suas palavras pintam quadros vivos que revelam o futuro por intermédio de símbolos e imagens memoráveis.

Os símbolos ocorrem ao longo de toda a Escritura Sagrada como veículos da divina revelação, porém este livro contém mais símbolos do que qualquer outro. Às vezes, estes símbolos representam pessoas. Por exemplo, no capítulo 1, Jesus é visto como um juiz com uma espada de dois gumes que sai da sua boca. No capítulo 13, o Anticristo é apresentado como uma besta que sai do mar, e o Falso Profeta como uma besta que se origina da terra.

Por que existe tanto simbolismo no livro de Apocalipse? Primeiramente, o simbolismo não é enfraquecido pelo tempo. Os símbolos bem escolhidos atravessam os séculos, permitindo, dessa forma, que nós os apliquemos não somente a tempos antigos ou futuros, mas também à nossa própria época. Eles criam um drama instigante que estimula os santos perseguidos e sofredores ao longo das eras.

Em segundo lugar, os símbolos transmitem valores e despertam emoções. Chamar um tirano de besta evoca um temor primitivo que a palavra *ditador* não consegue despertar. É mais representativo fazer referência ao sistema corrupto do mundo como sendo a Grande Babilônia, do que obscurecê-lo com uma lista mundana de adjetivos negativos.

Observe o que Eugene Peterson diz a respeito da forma como a representação do Apocalipse o afeta:

"A verdade do evangelho já está completa, revelada em Jesus Cristo. Não há nada novo a dizer sobre o tema. Porém, existe uma nova maneira de se dizê-la. Eu leio o Apocalipse não para adquirir mais informação, mas para reavivar a minha imaginação... [João] toma verdades que foram erodidas pelos chavões e pelo uso negligente e as coloca em ação diante de nós em uma 'dança animada e apaixonada de ideias'".[2]

E, por último, mas não menos importante, estes símbolos funcionavam como uma espécie de código espiritual que era, geralmente, compreendido pelos crentes, mas não pelas pessoas de fora. O livro de João circulou pelas igrejas durante o reinado de Domiciano (81-96 d.C.). Caso ele tivesse sido escrito em linguagem mais direta e prosaica e, ocasionalmente, caído na mão dos romanos, as pessoas associadas com o livro teriam sido executadas. O historiador Ethelbert Stauffer escreve:

"Domiciano foi [...] o primeiro imperador a perpetrar uma campanha real contra Cristo; e a Igreja respondeu ao seu ataque sob a liderança do último apóstolo de Cristo, João, autor do Apocalipse. [...] Domiciano foi o primeiro imperador a compreender que, por trás do 'movimento' cristão, havia uma figura enigmática que representava uma ameaça à glória dos imperadores. Ele foi o primeiro a declarar guerra a esta figura e, também, o primeiro a perder esta guerra: uma antecipação das coisas que haveriam de ocorrer".[3]

Um Livro Proveitoso

Apocalipse é o único livro da Bíblia que motiva os seus leitores prometendo uma bênção àqueles que lerem e obedecerem às suas palavras. A promessa é feita no seu início e no fim:

"Bem-aventurado aquele que lê, e os que ouvem as palavras desta profecia, e guardam as coisas que nela estão escritas; porque o tempo está próximo."
APOCALIPSE 1.3

"Eis que presto venho. Bem-aventurado aquele que guarda as palavras da profecia deste livro."
APOCALIPSE 22.7

A palavra *bem-aventurado* significa "feliz, alegre". Pode parecer estranho associar alegria com o drama, por vezes, assustador do livro de Apocalipse; porém, o Dr. Martyn Lloyd-Jones nos ajuda a compreender porque esta é uma reação lógica para aqueles que leem este livro:

> "Apocalipse foi escrito para que o povo de Deus que estivesse passando por perseguições terríveis e adversidades terríveis pudessem continuar a se regozijar. Ele é um livro que mostra a vitória final do Senhor sobre Satanás e todas as forças do mal. [...] Ele foi escrito para homens e mulheres que passaram por aflições, com objetivo de *ajudar,* não somente a pessoas que viveram há 2 mil anos atrás. [...] Se o seu entendimento do livro de Apocalipse não ajudar você a se alegrar, você não o entendeu corretamente".[4]

PROVEITOSO PARA APLICAÇÃO PESSOAL

João não estava interessado apenas em estimular a imaginação dos seus leitores. O seu objetivo era influenciar as suas vidas e modificar a forma como eles viviam. As Sagradas Escrituras são um guia de conduta, bem como uma fonte de doutrina. Sete vezes, no livro de Apocalipse, lemos esta expressão:

"Quem tem ouvidos ouça" (2.7, 11, 17, 29; 3.6, 13, 22). O que lemos neste livro deveria governar nossa conduta.

Nossa conduta nos dias de hoje é afetada por aquilo que sabemos sobre o ontem. O livro de Apocalipse nos fala sobre o plano de Deus para o futuro e nos assegura de que estamos no lado vitorioso. Ele, normalmente, parece mostrar que o inimigo está vencendo, mas Apocalipse coloca tudo em perspectiva. Satanás pode até vencer algumas batalhas presentes, porém o resultado da guerra já foi determinado — e Satanás já sabe qual é. Quando nós também conhecemos esta verdade, ela nos dá coragem para perseverar por meio dos reveses. Como marujos no meio do oceano que continuam a remar porque o mapa nos mostra uma ilha à frente, nós devemos também ter a coragem de seguir adiante.

Talvez seja este o motivo de o diabo tentar desestimular as pessoas de implementar a leitura deste livro tão incrível.

"O diabo já desviou milhares de pessoas desta porção da Palavra de Deus. Ele não quer que ninguém leia um livro que conte que ele foi lançado do Céu, acorrentado em um abismo infinito por mil anos e, por fim, lançado em um lago de fogo para ser 'atormentado dia e noite para todo o sempre'. Tampouco ele está ansioso para que se leia sobre o triunfo final do seu inimigo número um: Jesus Cristo. Quanto mais estudamos o livro de Apocalipse, mais compreendemos porque Satanás luta tão vigorosamente para manter o povo de Deus longe dele".[5]

PROVEITOSO PARA A ASSEMBLEIA PÚBLICA

A dramatização no início deste capítulo retrata uma assembleia da igreja do primeiro século, inspirada nos escritos do líder eclesiástico Justino Mártir (100-165 d.C.). Ele descreve a natureza da sua reunião de adoração na sua *Primeira Apologia:*

"No dia chamado Domingo, há uma reunião em um local daqueles que moram em cidades ou no interior, e as memórias dos apóstolos, ou os escritos dos profetas são lidos conquanto o tempo nos permita. Quando o leitor termina, o presidente, em um discurso, insta-nos e nos convida à imitação destas coisas nobres."[6]

As Beatitudes do Apocalipse
1. Bem-aventurado aquele que lê, e os que ouvem as palavras desta profecia, e guardam as coisas que nela estão escritas; porque o tempo está próximo. (Ap 1.3)
2. Bem-aventurados os mortos que, desde agora, morrem no Senhor. (Ap 14.13)
3. Bem-aventurado aquele que vigia e guarda as suas vestes, para que não ande nu, e não se vejam as suas vergonhas. (Ap 16.15)
4. Bem-aventurados aqueles que são chamados à ceia das bodas do Cordeiro (Ap 19.9)

5. Bem-aventurado e santo aquele que tem parte na primeira ressurreição; sobre estes não tem poder a segunda morte, mas serão sacerdotes de Deus e de Cristo e reinarão com ele mil anos (Ap 20.6)
6. Bem-aventurado aquele que guarda as palavras da profecia deste livro (Ap 22.7)
7. Bem-aventurados aqueles que lavam as suas vestiduras no sangue do Cordeiro, para que tenham direito à árvore da vida e possam entrar na cidade pelas portas. (Ap 22.14)

A leitura pública e a exortação eram parte integral das reuniões na Igreja Primitiva. Paulo orientou ao jovem Timóteo, por exemplo, com as seguintes palavras: "Persiste em ler, exortar e ensinar" (1 Tm 4.13).

Apocalipse 1.3 indica que a leitura pública do Apocalipse redundará na bênção especial da parte de Deus.

PROVEITOSO PARA ANÚNCIO PROFÉTICO

O terceiro versículo de Apocalipse 1 termina com a expressão *"o tempo está próximo"*, e Apocalipse 22.10 declara que "próximo está o tempo". Muitas pessoas têm interpretado estas expressões no sentido de que o cumprimento da profecia deve estar prestes a ocorrer. Isto tem gerado previsões precipitadas sobre o tempo do arrebatamento, da tribulação, do milênio e da segunda vinda de Cristo.

Entretanto, a expressão "o tempo está próximo" não necessariamente significa que o evento ocorrerá de imediato. Ela indica proximidade de um ponto de vista da revelação profética, que opera segundo o seu próprio cronograma. Dizer que um evento está próximo significa que ele será a próxima grande ocorrência do calendário profético. Estes eventos estavam próximos, neste sentido, quando João os registrou; eles eram o próximo grande evento no calendário e estão ainda mais próximos nos nossos dias. A profecia é o jeito de Deus nos dar um sonoro alerta para que possamos preparar o nosso coração e a nossa mente para as coisas que nos sobrevirão.

Um Livro Prático

Há mais de um século, William E. Blackstone escreveu um livreto chamado Jesus Is Coming: God's Hope for a Restless World (*Jesus Está Voltando: A Esperança de Deus para um Mundo Agitado*). Ele teve um impacto significativo sobre o mundo cristão e despertou muito do interesse atual no estudo das profecias. Naquele livreto, Blackstone dedicava um capítulo inteiro aos benefícios práticos do estudo das profecias, que ele chama de incentivo verdadeiro à vida santa. Ele escreve: "Nenhuma outra doutrina da Palavra de Deus apresenta um motivo mais profundo para crucificarmos a carne, para nos separarmos para Deus, para trabalharmos pelas almas, bem como nossa esperança e alegria e também coroa de regozijo do que esta doutrina".[7]

Blackstone prossegue apresentando quarenta benefícios listados na Bíblia recebidos pelas pessoas que estudam as profecias. Eu não disponho, aqui, de espaço para mencionar todos os quarenta, mesmo assim gostaria de compartilhar três destas vantagens que podemos obter com este estudo — especialmente no que diz respeito ao livro de Apocalipse.

O ESTUDO DA PROFECIA NOS MOTIVA A LEVAR VIDAS PRODUTIVAS

Algumas pessoas acreditam que uma consciência aguçada acerca da segunda vinda de Cristo nos transformará em pessoas preguiçosas que ficarão perambulando por aí olhando para o céu, numa espécie de transe inútil. Porém, na realidade, ocorre o contrário. No maior sermão já pregado sobre o Segundo Advento (o Discurso no monte das Oliveiras de Mateus 24-25), Jesus listou os "sinais dos tempos" e descreveu os eventos que cercariam a sua volta. A seguir, ele contou uma série de histórias que ilustravam a importância de ser produtivo e preparado. "Bem-aventurado aquele servo que o Senhor, quando vier, achar servindo assim" (Mt 24.46).

Denis Lyle, um pastor batista de Belfast, Irlanda do Norte, conta a história de um turista que visitou uma bela mansão na beira de um belo lago na Suíça. A casa era rodeada por jardins muito bem cuidados e ligados por caminhos igualmente organizados. Não se podia ver um mato sequer no local.

— Há quanto tempo o senhor cuida deste local? — perguntou o turista ao jardineiro.

— Estou aqui há vinte anos.
— E, durante este tempo, quantas vezes o proprietário veio à residência?

O jardineiro sorriu.
— Ele veio aqui somente quatro vezes.
— E pensar que, todo este tempo, o senhor manteve esta casa e este jardim em condições assim tão magníficas! — exclamou o visitante — O senhor cuida de tudo isso como se esperasse que ele viesse aqui amanhã mesmo.
— Ah, não! — respondeu o jardineiro — eu cuido da propriedade como se ele viesse hoje mesmo![8]

Jesus está voltando — talvez no próximo minuto, voltando em breve, talvez voltando ainda hoje. Estas são algumas das suas últimas palavras registradas na Bíblia: "Certamente, cedo venho" (Ap 22.20). Quanto mais estivermos cientes da iminência da sua volta, mais motivados estaremos na nossa obra por ele nestes últimos dias.

O ESTUDO DA PROFECIA NOS MOTIVA A LEVAR VIDAS POSITIVAS

O livro de Apocalipse também promove uma atitude mental positiva. À medida que o estudamos, começamos a perceber que tudo que está acontecendo no nosso mundo nos dias de hoje está seguindo certo rumo. No livro de Apocalipse, como em nenhum outro livro, vemos a mão soberana de Deus sobre os acontecimentos do mundo. Nós o vemos no controle, embora muita coisa aqui neste mundo pareça fora de controle.

João falou que Jesus Cristo é "o príncipe dos reis da terra" (Ap 1.5). Esta não é uma declaração acerca do futuro Reino de Cristo. Trata-se de uma declaração acerca do seu Reino presente. Jesus não somente *será* Rei, Ele *já é* Rei sobre os reis da terra.

Vernard Eller traz à tona este ponto, de forma bastante enfática:

> Estamos aqui no coração da mensagem de João. E ele é este: as coisas não são o que parecem ser! De tudo [...] a maior parte de nós consegue ver, parece claro que "os reis da terra" estão onde está a ação: deles vem a força que faz as coisas acontecerem; deles vêm as ações que determinam o curso da história [...]

Não, as coisas não são o que parecem! Ao contrário da sua própria opinião arrogante, estas pessoas não têm em mãos as rédeas da história. A primeiríssima observação de João acerca dos reis da terra é uma proclamação de que eles mesmos têm um soberano, isto é, eles estão sendo governados. Este soberano [...] já conquistou a vitória decisiva e estabeleceu o seu controle. [...] Deus é o poder real revestido de aparente impotência; o Mal é um poder aparente que é, na realidade, impotente. As coisas não são o que parecem! Jesus é Senhor — e não somente sobre nós [...] que aceitamos seu senhorio, mas sobre todas as demais pessoas, até, e inclusive, sobre os reis da terra.[9]

À medida que as condições do mundo se degeneram, Jesus disse que nós não deveríamos entrar em depressão, nem ficar abalados em confusão. Antes, devemos [levantar a nossa] cabeça, porque a [nossa] redenção está próxima (cf. Lc 21.28). Depois de Paulo informar os tessalonicenses acerca da volta de Cristo em breve ao seu povo, ele disse: "Portanto, consolai-vos uns aos outros com estas palavras" (1 Ts 4.18).

Nosso mundo está num estado de depressão, e medicamentos antidepressivos estão sendo consumidos numa velocidade nunca vista anteriormente. De acordo com um estudo recente, o uso de antidepressivos chegou a níveis absurdos nas últimas décadas. Na verdade, um em cada dez norte-americanos, hoje em dia, faz uso de algum tipo de medicamento antidepressivo. Entre mulheres na faixa dos quarenta aos cinquenta anos, o número chega a uma a cada quatro, ou seja, 25% delas.[10]

Quando eu li estas estatísticas, lembrei-me de Provérbios 12.25: "A solicitude no coração do homem o abate, mas uma boa palavra o alegra." Creio haver situações em que a *medicação* é absolutamente necessária, porém a *meditação* normalmente é melhor. Quando lemos o livro de Apocalipse, algumas das primeiras palavras que encontramos são estas: "Eis que vem com as nuvens, e todo olho o verá" (1.7). Quando enxergarmos o retorno do nosso Senhor, estaremos tratando as nossas almas com "boa palavra".

O ESTUDO DA PROFECIA NOS MOTIVA A LEVAR VIDAS EM PUREZA

Eis aqui um benefício final que vem com o estudo do Apocalipse: ele reforça a pureza nas nossas vidas. Há muitos anos, um pastor renomado chamado Dr. J. C. Massee foi a uma apresentação que ele sentiu que não deveria ter ido. Depois de alguns minutos, ele, abruptamente, levantou-se e deixou o recinto. Os seus amigos o acompanharam e perguntaram o que havia de errado. O Dr. Massee explicou que Jesus poderia voltar a qualquer momento. "Eu não quero que ele me encontre aqui!" — disse ele.[11]

A Bíblia diz: "Quando ele se manifestar, seremos semelhantes a ele; porque assim como é o veremos. E qualquer que nele tem esta esperança purifica-se a si mesmo, como também ele é puro" (1 Jo 3.2-3).

O estudo do Apocalipse não é apenas para "malucos por profecias" ou para "Especialistas na Segunda Vinda de Jesus". Ele deve ser feito por todo cristão que ama Jesus Cristo e espera o seu retorno. Ele é abrangente, agradável e transformará nossas vidas. Apocalipse é um livro prático, com benefícios tangíveis, e as pessoas que o estudam levam vidas mais felizes, mais santas e mais saudáveis.

Um Livro com Propósito

Apocalipse 1.7-8 apresenta o duplo propósito do livro como um todo, que é afirmar a volta de Cristo e o seu reinado final sobre a terra.

O RETORNO DO REI

"Eis que vem com as nuvens, e todo olho o verá, até os mesmos que o traspassaram; e todas as tribos da terra se lamentarão sobre ele."
APOCALIPSE 1.7

A Bíblia costuma expressar com mais frequência a segunda vinda de Cristo fazendo uso da palavra grega *parousia*. Este é o termo grego utilizado para descrever "vinda" ou "advento", mas que veio a ser aplicado, num sentido mais técnico, à vinda de Cristo. A palavra grega carrega conotações específicas que são úteis: a *parousia* é uma entrada que imediatamente transforma a situação existente na qual ela entra.

Imagine um professor que, por alguns instantes, sai da sala de aula. Assim que ele sai da sala, os alunos começam a falar alto, e a bagunçar, e a jogar bolinhas de papel uns nos outros. Só que, quando o professor retorna à sala de aula, tudo muda. Na *parousia* do professor, os estudantes se acalmam, e a ordem é restaurada. Esta poderia ser uma representação simplificada do que ocorrerá quando o Rei dos reis retornar ao nosso mundo. Tudo será transformado — o mal será calado, a ordem será restaurada, e a justiça reinará.

Apocalipse 1.7 faz parte de uma longa sequência de verdades bíblicas. Daniel predisse que o Messias viria nas nuvens: "Eu estava olhando nas minhas visões da noite, e eis que vinha nas nuvens do céu um como o filho do homem!" (Dn 7.13) No sermão das Oliveiras, Jesus falou da sua vinda em termos similares: "Então, aparecerá no céu o sinal do Filho do Homem; e todas as tribos da terra se lamentarão e verão o Filho do Homem vindo sobre as nuvens do céu, com poder e grande glória" (Mt 24.30).

João complementou as palavras de Jesus ao descrever o que cada pessoa experimentará na sua segunda vinda. Quando o Rei retornar, "todo olho o verá" (Ap 1.7). Naquele momento, a grande pergunta para todos nós será se os nossos olhos estão cheios de lágrimas de alegria e gratidão por aquilo que o Rei fez por nós, ou de lágrimas de tristeza e terror pelo juízo que nos aguarda.

O REINO DO REI

"Eu sou o Alfa e o Ômega, o Princípio e o Fim, diz o Senhor, que é, e que era, e que há de vir, o Todo-Poderoso."
APOCALIPSE **1.8**

Alfa e ômega — a primeira e a última letra do alfabeto grego — apontam não somente para a eternidade de Cristo, mas também para o seu poder que a tudo inclui. Em Gênesis, lemos sobre como Satanás subverteu os primeiros seres humanos e usurpou o título de "o príncipe deste mundo" (Jo 12.31). Desde então, nós, seres humanos, temos vivido naquilo que C. S. Lewis chama de "território ocupado pelo inimigo". A terra ainda pertence a Deus; porém, Ele não movimentou as suas tropas imediatamente a fim de expulsar Satanás dela.

Isto não é uma questão de falta de poder, mas sim uma questão de cronologia da batalha (Ef 1.10). Por ser o Alfa e o Ômega, Ele é maior do que os limites do tempo. Ele antecede o início da Criação e sobrevive ao dia final da humanidade. Ele é eterno e onipotente. E, quando chegou o tempo certo, Jesus começou a sua campanha para reconquistar a sua legítima soberania sobre a terra.

O livro de Apocalipse é o relato desta campanha. Ela fala da sua indicação ao trono por parte do Pai, da sua batalha contra as forças do mal, da sua vitória final e do seu relacionamento com os remidos.

Por causa do triunfo de Cristo, o seu povo é apresentado como vencedor. Nos três primeiros capítulos do Apocalipse, Cristo faz sete promessas "ao vencedor", e uma expressão similar ocorre cinco outras vezes no livro. O significado básico da palavra *vencer* é "conquistar" ou "chegar à vitória". A promessa de vitória é certa, porém a sua realidade final aguarda o retorno do Rei.

O profeta Daniel previu esta vitória muito antes de João, e ele escreveu sobre ela com a mesma clareza: "Eu estava olhando nas minhas visões da noite, e eis que vinha nas nuvens do céu um como o filho do homem; e dirigiu-se ao ancião de dias, e o fizeram chegar até ele. E foi-lhe dado o domínio, e a honra, e o reino, para que todos os povos, nações e línguas o servissem; o seu domínio é um domínio eterno, que não passará, e o seu reino, o único que não será destruído" (Dn 7.13-14).

De modo semelhante, o Novo Testamento não deixa dúvida acerca da vitória final de Cristo: "Aquele que testifica estas coisas diz: Certamente, cedo venho. Amém! Ora, vem, Senhor Jesus!" (Ap 22.20). Está no coração de todo crente unir-se aos santos da antiguidade no anseio por este dia, tal como exclamou João ao terminar a redação do seu rolo: "Ora, vem, Senhor Jesus!" (Ap 22.20) Em todo caso, enquanto aguardamos, lembremo-nos disso:

> "Nós continuamos vivendo no tempo da crise descrita por João, e [...] a Revelação que ele recebeu de Jesus continua sendo a resposta definitiva às grandes questões contemporâneas. [...] É tempo de redescobrirmos o livro de Apocalipse e a sua mensagem de esperança.
>
> Em um mundo onde [mais de 100 mil] cristãos são martirizados por causa da sua fé a cada ano, nós continuamos precisando da Revelação que Jesus concedeu a João.
>
> Em um mundo onde a Igreja permanece terrivelmente falha e toda semana assistimos mais uma igreja fechar as portas e se transformar em um clube noturno, restaurante ou mesmo numa mesquita, precisamos, mais do que nunca, da Revelação que Jesus entregou a João.
>
> Trata-se de uma Revelação que transforma todas as coisas. É uma revelação de que Deus está no seu Trono e está colocando em ação as suas estratégias a partir da sala de controle celestial."[12]

Capítulo 2

Os Mártires

Já passava das dez horas numa manhã de domingo, quando Daniel Goldman, um advogado em ascensão de um escritório de advocacia de Turim, Itália, finalmente resolveu levantar da cama. Ele pegou a sua xícara matinal de café e lançou-se na sua poltrona favorita diante do televisor. Ele não tinha nada para fazer antes de Raquel retornar da igreja; ambos almoçariam juntos no seu restaurante favorito mais tarde.

Raquel Elon. Daniel se acalentava só em pensar no nome dela. Ele havia encontrado aquela garota de cabelos negros e lisos em bar mitzvah cinco meses atrás. A sua atração foi imediata e mútua, e à medida que o amor foi crescendo, eles começaram a falar em casamento.

Uma mulher da empresa de *marketing* onde Raquel trabalhava a havia convidado para uma reunião cristã e, dentro de poucas semanas, ela já havia aceitado Jesus. Essa manhã era a segunda vez em que ela ia àquela pequena igreja.

A sua conversão em nada incomodou Daniel. No que lhe dizia respeito, ele poderia seguir qualquer religião que lhe fizesse sentir bem — ou não seguir nenhuma religião, se ela assim achasse melhor! Ele havia deixado de frequentar a Sinagoga no dia em que foi para a Universidade, e a sua única ligação com a fé judaica dos seus pais era algum casamento ocasional, ou o *bar mitzvah*.

Uma notícia repentina chamou a atenção de Daniel e tirou-o do seu devaneio. Segundo relatos caóticos vindos de várias partes do mundo, milhares de pessoas haviam desaparecido subitamente. Pessoas haviam desaparecido de postos de trabalho, carros, aviões, navios e instalações militares, provocando uma devastação em larga escala. Carros se acidentaram. Aviões mergulharam em direção ao solo. Usinas de gás explodiram. Cidades ficaram às escuras devido a cortes maciços de energia. Daniel assistia, incrédulo, à medida que as estimativas dos desaparecidos subiam à casa dos milhões.

Não demorou muito para que o apresentador do telejornal, em pânico, anunciasse algo muito estranho: "Pelos relatos que nos chegam, até o momento, parece que todos os desaparecidos eram pessoas que professavam a fé em Jesus Cristo. Aqui no nosso estúdio, temos um pastor jubilado, Marco Conti, que nos ajudou a entender mais a respeito do que está acontecendo".

O ex-pastor explicou a crença dos cristãos chamada de "arrebatamento", segundo a qual todos os servos de Deus seriam levados ao Céu e poupados dos tumultos políticos e desastres naturais que antecederiam a segunda vinda de Cristo.

— O senhor acha mesmo que foi isso o que aconteceu? — perguntou o apresentador.

— É claro que não! — Marco deu uma risadinha e sacudiu a cabeça. — Os cristãos iluminados dos nossos dias entendem todos os milagres bíblicos, inclusive o nascimento virginal, as ressurreições e as profecias, como mitos que tinham a intenção de transmitir verdades mais gerais, tais como a capacidade humana de descobrir vida espiritual interior.

— Pois é, só que, aparentemente, todos os que desapareceram eram cristãos praticantes.

— Bem... nem todos — disse o pastor com um sorriso. — Eu continuo aqui.

Daniel olhou para o seu relógio de pulso. Já era hora de Raquel estar em casa.

Ele ligou para o celular dela. Ninguém atendeu. Então, ele continuou ligando por mais meia hora, até que teve a ideia de ir de carro até a pequena igreja.

Os carros — inclusive o de Raquel — continuavam no estacionamento. Ele adentrou a porta que continuava aberta. Os bancos estavam vazios; porém, uma meia dúzia de homens e mulheres continuavam por ali, com um olhar aturdido.

— O que está acontecendo? — perguntou Daniel.

— Veja os bancos — uma mulher respondeu com voz recortada.

Os bancos estavam cheios de bíblias, boletins e bolsas. Daniel procurou, até que encontrou uma bíblia na cor de lavanda, que reconheceu pertencer a Raquel. Ele caiu ao chão, quase sem perceber que os sussurros que ouvia eram seus mesmos.

• • •

Daniel permaneceu naquele estupor por alguns dias. Ele se arrastava mecanicamente pela vida, cumprindo as suas obrigações no escritório de advocacia, sem o entusiasmo e criatividade costumeiros. O próprio escritório estava com problemas, pois Daniel havia perdido catorze dos seus quinze melhores empregados no desaparecimento cataclísmico. O aumento repentino do trabalho trouxe uma sobrecarga inesperada aos advogados que restaram e às suas equipes. Daniel, entretanto, ficava grato com a distração que as horas extras lhe proporcionavam.

A primeira nação a recuperar o seu equilíbrio foi a Grã-Bretanha. O arquiteto da recuperação foi o seu brilhante primeiro-ministro, Judas Christopher, que identificou os problemas mais urgentes e formou equipes de trabalhadores recrutados para limpeza e reconstrução e para preencher as posições que ficaram em aberto. Em poucas semanas, embora as pessoas ainda estivessem relutantes, a Grã-Bretanha estava novamente de pé como sociedade organizada.

Outras nações da Europa não seguiam tão bem, e muitos países estavam afundando no caos profundo a cada semana que passava. A maior parte dos líderes da Europa suplicava ao herói britânico que viesse organizar as suas nações completamente devastadas. O primeiro-ministro Christopher graciosamente oferecia a sua ajuda e, de forma lenta, porém gradual, a Europa foi se recuperando.

Todas as noites, Daniel assistia aos desdobramentos da situação enquanto trabalhava depois do expediente. O primeiro-ministro britânico costumava aparecer na televisão, sempre demonstrando confiança e um ar de preocupação. Porém, algo nele provocava calafrios em Daniel. Ele sentia que o charme daquele homem era uma fachada e que os seus olhos estavam em algo que ia muito além da ajuda às pessoas necessitadas. Daniel sabia, a partir de vários *blogs* que lia, que Christopher havia exigido um alto grau de controle interno das várias nações desesperadas, em troca da sua liderança.

Certo dia, quando Daniel estava trabalhando, o seu telefone tocou:

— Preciso me encontrar com você em meu escritório — Era o sócio majoritário do escritório de advocacia.

Quando Daniel entrou, o seu chefe não conseguiu olhar nos seus olhos, e os seus dedos tremiam compulsivamente segurando um lápis.

— Daniel — disse ele sem conseguir olhar nos olhos de Daniel — Eu preciso demitir você.

Daniel tentou absorver a pancada:

— Mas, por que isto?! O que foi que eu fiz de errado?!

— Você não fez nada de errado. Pelo contrário, você tem sido leal, o seu trabalho tem sido impecável, sem falar que você tem assumido, consistentemente, responsabilidades adicionais. O problema é que... o problema é que todos sabemos que a empresa está em falta de mão de obra depois desse grande desaparecimento. Você tem tentado desesperadamente recrutar novos advogados.

— Então, por que é que o senhor está me demitindo?

— Não tenho liberdade para entrar em detalhes. Por favor, não me faça mais perguntas. Isto não ajudará em nada. Em todo caso, eu estou dando a você uma generosa indenização de encerramento de contrato de trabalho. Inclusive, ela já foi até depositada na sua conta corrente.

Ainda relutante, Daniel retornou para a sua escrivaninha e encaixotou todos os seus pertences. Mesmo perplexo, o jovem advogado não tinha dúvida de que em breve encontraria um novo emprego. Todos os escritórios de advocacia de Turim estavam desesperados por advogados desde o grande desaparecimento em massa de pessoas. Nas semanas que se seguiram, Daniel enviou o seu *Curriculum Vitae* para todas as empresas da cidade. Todas o rejeitaram.

Numa manhã, depois de um mês dando murro em ponta de faca, ele caiu exausto na sua poltrona, preocupado com o que mais poderia ser feito. Ele sabia que ainda tinha muito dinheiro; ele possuía certa quantia em poupança, mesmo antes do dinheiro recebido na indenização. O problema é que aquele dinheiro não duraria para sempre.

O telefone tocou:

— Alô!? Daniel Goldman? — A voz até que era familiar, mas Daniel não conseguiu identificá-la de imediato. — Aqui é o Mateus Pearlman.
— Mateus, meu velho amigo! Faz muito tempo que a gente não se vê. Como é que você está, afinal?!
— É... vou levando. Acabei de saber que você foi demitido. Bem-vindo ao clube.
— Não me diga que você também foi? Mas você não era sócio na sua empresa?
— É isso mesmo, mas isso já não faz mais diferença. Todos estamos sendo demitidos, Daniel.

Daniel não sabia onde Mateus queria chegar com aquela conversa, e houve um momento de estranho silêncio entre os dois.

— Podemos nos encontrar para tomar um café? — perguntou Mateus. — Precisamos conversar. Pessoalmente.

•••

Tão logo eles conseguiram um canto em uma mesa remota em um café local, Mateus foi direto ao assunto:
— Isso é obra de Judas Christopher! Nós descobrimos que ele é antissemita desde as suas entranhas. Ele forçou o nosso próprio primeiro-ministro covarde a se livrar de todos os judeus na Itália.
— Mas, qual a razão disso?
— Nossa demissão é só o primeiro passo. Os judeus de outras cidades da Itália estão sendo recolhidos e despachados em trens, tudo na surdina. Não sabemos para onde eles estão sendo enviados. Tudo o que sabemos é que ninguém mais tem voltado do local para onde nos enviam. Nós acabamos de saber que Turim será a próxima cidade, e esta "limpeza" poderá começar a qualquer momento.
— A quem exatamente você se refere quando fala em *nós* nesta conversa? — Perguntou Daniel.
— Estou falando de uma rede oculta organizada para ajudar os judeus nesta crise. — Mateus se reclinou em direção a Daniel. — Nós montamos uma sede secreta no porão de uma fábrica abandonada. Nós chamamos a sede de "Câmbio". Estamos ligados a "Câmbios" de outras cidades por intermédio de uma rede de comunicação que reúne informação para ajudar judeus a escaparem para a França. Você precisa vir se encontrar conosco.

Mateus lançou um olhar inconfundível a Daniel e disse:

— Venha hoje à noite, Daniel. Pode não haver outra oportunidade.

Naquela noite, seguindo as instruções de Mateus, Daniel foi até à sede do Câmbio. Ele parou o seu carro a três quadras de distância e caminhou até o velho galpão. Como um ladrão prestes a arrombar uma casa, ele olhou em todas as direções antes de entrar no beco que ficava entre o último muro ainda de pé e a fábrica também em frangalhos, ali ao lado. Assim que entrou, ele desceu a escadaria até o porão e bateu suavemente na porta de metal.

Ele foi imediatamente admitido em uma área que, outrora, fora uma sala de armários e local de recreação de um galpão. Mateus o saudou com um sorriso largo. Dezoito ou vinte outras pessoas, tanto homens quanto mulheres, estavam sentadas em mesas desarrumadas espalhadas pelo local. Mateus sentou Daniel numa cadeira que mais se parecia com uma doação do Exército da Salvação e, depois de apresentá-lo aos seus colegas, foi direto ao assunto.

— Como eu disse a vocês, nós temos esta operação oculta coletiva com o objetivo de ajudar os judeus de todas as partes a fugir da limpeza étnica perpetrada por Judas Christopher. Nós também temos outro objetivo: somos todos judeus messiânicos, que é outro nome para cristãos que...

— Você? Um cristão? — Daniel não podia acreditar no que estava ouvindo. — Mas você sempre foi um judeu tão fiel!

— O grande desaparecimento de todas estas pessoas me forçou a fazer algumas reflexões sérias na minha alma — disse ele. — E desde a minha conversão, eu me uni a estes irmãos e irmãs, não somente nesta tarefa de salvarmos os nossos companheiros judeus, mas também na tarefa de salvarmos as suas almas.

— Por que você desejaria se tornar um cristão justamente *agora*?

— Bem... eu não conhecia muito sobre o cristianismo antes de isso acontecer. Só que o fato de apenas os cristãos terem sido levados no Arrebatamento chamou a minha atenção. Eu sabia que aquilo significava algo importante. Por isso, peguei uma bíblia com comentários e descobri que tudo isso já havia sido predito. Quanto mais eu estudava, mais eu descobria que o cristianismo é, na verdade, o cumprimento do Judaísmo. Assim, acabei me tornando um crente no Messias, o qual foi crucificado e ressuscitou.

— E o que você me diz destas outras pessoas que trabalham com você? — perguntou Daniel. — Como foi que elas se converteram?

— O Arrebatamento abriu as suas mentes para o cristianismo, assim como ocorreu comigo. Nossos caminhos se cruzaram em vários momentos, e estamos nos reunindo para compartilhar o que estamos aprendendo.

O rosto de Mateus brilhou, como que aquecido por um fogo que vinha do seu íntimo.

— Você realmente comprou essa ideia, hein! — disse Daniel.

— Sem dúvida. Recebi uma revelação de que eu sou um dos 144 mil evangelistas judeus, ao redor do mundo, que foram chamados para levar as pessoas à fé no Messias.

Daniel desviou o olhar e falou:

— Ah, deixa disso, Mateus. Como seria possível você saber de tudo isso?

Mateus já estava preparado para aquela pergunta. Ele tomou em mãos a sua bíblia — que, mesmo tendo poucas semanas de uso, já demonstrava sinais de desgaste — e apontou para várias passagens que explicavam como a vinda de Jesus cumpria centenas de profecias das Escrituras Sagradas dos hebreus. Ele continuou a mostrar passagens do Novo Testamento que explicavam os atuais acontecimentos perturbadores, os horrores que se levantavam no horizonte e a sua missão naquilo tudo.

Mateus fechou a sua bíblia e olhou, com um semblante fechado, para o seu amigo, e disse:

— Daniel, você compreende que a morte e ressurreição do nosso Messias, tal como tudo o que estamos enfrentando nos dias de hoje, foram profetizados neste livro? Agora, eu quero que você faça duas coisas.

— Estou ouvindo.

— A primeira: suplico a você que se converta ao Messias antes que seja tarde demais. A segunda: você precisa sair da Itália imediatamente.

Daniel estava preparado nos dois pontos. Mateus o levou para uma sala adjacente, onde ele abriu o livro de Romanos e explicou o evangelho em mais detalhes. Daniel entregou a sua vida a Jesus, sabendo muito bem que o preço a pagar seria altíssimo. Só que agora que ele compreendera o sacrifício que Jesus havia feito em seu lugar, ele estava disposto a entregar qualquer coisa — até mesmo a sua vida, se necessário fosse.

Mateus explicou que a primeira coisa a fazer, pela manhã, seria ir ao banco e retirar todas as suas economias. Logo depois de ele voltar para casa, um furgão de uma empresa de encomendas expressas estaria esperando para levá-lo. Ele deveria levar apenas uma maleta, e dali seria levado diretamente para a sede do Câmbio de Grenoble, na França, junto com outros refugiados judeus.

O problema é que outro choque já aguardava Daniel na sua agência bancária no dia seguinte: o governo já havia confiscado todo o dinheiro que ele possuía. Ele estava, finalmente, dando-se conta da gravidade da sua situação. Ele, então, correu para casa, trancou as portas e fechou todas as janelas.

Enquanto arrumava apressadamente a sua maleta, ele ouviu batidas furiosas em sua porta. Numa olhadela por entre as persianas, ele avistou cinco homens armados e trajando uniformes das forças armadas italianas. Ele ouviu novamente as batidas, só que dessa vez elas foram fortes o suficiente para estremecer as janelas. Daniel agarrou a sua maleta e saiu correndo pela porta dos fundos. Ele ouviu a janela da frente da casa estilhaçar-se, seguida por um forte estrondo de botinas pesadas em madeira. Naquele momento, gritos e passos fortes se ouviram na porta dos fundos. Ele correu e desceu as escadarias que davam acesso ao porão. Tão logo os seus perseguidores adentraram o porão, ele conseguiu quebrar uma das pequenas janelas que ficavam quase a nível do solo e escapar através dela, deixando para trás a sua maleta.

Daniel desceu o beco por trás das casas da sua vizinhança. Ele conseguia ouvir os soldados gritando atrás dele, mas eles estavam longe demais para poder enxergá-lo. Não demorou muito para ele estar exausto e os seus joelhos fraquejarem. Ele sabia que não seria capaz de continuar a correr por muito tempo. Ele contornou uma esquina e quase bateu numa caçamba de lixo. Daniel conseguiu se lançar ali dentro e puxou a tampa sobre o seu corpo. Momentos depois, os soldados passaram correndo, xingando em voz alta.

Tremendo e apavorado, Daniel permaneceu ali por mais de uma hora antes de tomar coragem de sacar do bolso o seu telefone celular. Só então ele ligou para Mateus e explicou o que lhe havia acontecido:

— Seja lá o que você for fazer, não venha para cá — disse Mateus com voz tensa. — Eles estão no nosso encalço e nós estamos espalhados. Judeus de todo o país estão sendo apanhados e despachados para câmaras de gás que foram feitas segundo o modelo de Auschwitz e Dachau. Estamos todos correndo um grave risco de morte. Você precisa fugir para a França imediatamente, mas não por rodovia. Você precisará vir pelo meio do mato, e à noite.

Assim que o sol se pôs, Daniel Goldman começou a sua trilha solitária em direção ao oeste, rumo à França, em meio aos campos e bosques, protegido pela escuridão da noite. Ele era obrigado a superar cada obstáculo um a um: cães que latiam, cercados, riachos e cercas de fazendas. Num certo ponto, ele caiu num barranco sem perceber, e algum fazendeiro próximo deve ter ouvido a sua queda, porque vários tiros foram disparados em sua direção. Ele conseguiu escapar dali sem maiores problemas, só que a fome começava a apertar. Ele até conseguiu apanhar milho dos campos e frutas de algumas regiões arborizadas onde passava, mas o que ele colhia mal dava para mantê-lo de pé.

Finalmente, depois de quatro longas noites, ele havia coberto mais de cinquenta quilômetros até a fronteira. Ele seguiu um caminho através dos Alpes, por uma fenda próxima à rodovia e enfim chegou à França, com o sol nascendo às suas costas. Daniel agora estava seguro para pedir uma carona às margens da rodovia e, seguindo as instruções do seu amigo, ele encontrou a sede do Câmbio que os judeus haviam estabelecido ali.

• • •

O Câmbio de Grenoble forneceu comida e abrigo para Daniel, até que ele conseguiu um emprego em um escritório local de advocacia. Ele trabalhou com relativa segurança por três anos, doando grande parte do seu salário para o Câmbio e voluntariando-se para ajudá-los às noites. Ele continuava a crescer na sua fé, reunindo-se com os seus companheiros do Câmbio à noite para estudar as Escrituras e discutir como aplicá-las às suas vidas.

Um a um, os desastres profetizados que Mateus havia mostrado para Daniel na sua bíblia começavam a se materializar. Países ao redor do mundo enfrentavam um aumento marcante na incidência de secas, contaminação da água e epidemias infecciosas. Um grandioso terremoto devastou vários países, matando milhões de pessoas.

Sinais terríveis também apareceram no campo da política. Todos os países da Europa uniram os seus governos e as suas forças militares, o que significava que a França deixara de ser um lugar seguro para os judeus. Daniel voltou a ser demitido, só que dessa vez ele estava melhor preparado, tendo guardado todas as suas economias no seu apartamento, e não mais em um banco.

Daniel sabia que a busca por um emprego seria vã, por isso preferiu se unir à fraternidade do Câmbio de Grenoble. Contrabandear judeus pelas fronteiras agora não fazia mais sentido, porque nenhum país estava mais livre das perseguições. Apesar disso tudo, o Câmbio continuava a sua missão de ajudar os judeus. Eles concentraram os seus esforços na conversão e construíram uma rede de igrejas subterrâneas.

Nos meses que se seguiram, o mundo todo se tornou um caldeirão de miséria e morte. Safras inteiras foram perdidas. Epidemias se espalharam de forma desenfreada. A comida se tornou escassa e com preço exorbitante, e a violência cresceu na disputa pela pouca ração alimentar disponível. Pessoas de todas as nações estavam morrendo de fome todos os dias. Mesmo assim, estes horrores produziam um efeito positivo: eles trouxeram um sucesso espantoso para Daniel e para os judeus messiânicos da fraternidade do Câmbio. Algumas pessoas estavam começando a compreender a futilidade de se depender dos seus próprios esforços e estavam começando a se voltar para o alto em busca de socorro e esperança.

O pulso de ferro de Judas Christopher agora tinha o controle de, praticamente, todo o mundo civilizado. Não demorou muito tempo depois de ele ter assumido a posição de líder das nações europeias, para ele exigir que todas as pessoas do planeta o reconhecessem como o seu deus. Para exigir obediência, Christopher decretou que ninguém poderia comprar ou vender qualquer mercadoria ou bem consumível, inclusive alimento, roupa, imóvel, sem antes obter um número de permissão fornecido pelo governo. E nenhum número de permissão seria emitido para qualquer pessoa que se recusasse a adorá-lo.

Na noite que se seguiu ao decreto, os judeus que se refugiavam na fraternidade do Câmbio de Grenoble se reuniram para debater esta nova crise:

— Este Anticristo, Judas Christopher, acaba de decretar a sentença de morte a todos os adoradores do Deus único e verdadeiro — disse um dos membros.

— A pergunta é: o que podemos fazer a respeito disso? — perguntou outra pessoa do grupo.

— Seja lá o que fizermos — respondeu Daniel. — não poderemos nos dobrar diante desta besta monstruosa. Isto sim seria a nossa sentença de morte eterna.

— Você está certo, mas eu não vejo uma solução. A morte parece inevitável para todos nós.

— Não necessariamente — respondeu outro membro. — Podemos nos esconder no deserto, ou nos prédios que ficaram abandonados depois do Arrebatamento. Podemos nos alimentar de caça ou coleta de alimentos.

— Existe também um número crescente de gentios que detesta a tirania de Christopher — acrescentou Daniel. — Sem dúvida, muitos deles estariam dispostos a nos oferecer abrigo.

— É realmente necessário que recusemos este número do governo? — perguntou alguém. — Em circunstâncias normais, obviamente, nós não faríamos nenhum tipo de concessão. Mas, veja bem, o que estamos enfrentando agora vai muito além do normal. É, literalmente, uma situação de vida ou morte. Seria mesmo errado aceitar um número somente para sobreviver, enquanto, no nosso coração, nós continuamos com a nossa aliança com o Deus verdadeiro?

— Sua colocação é muito interessante — disse uma pessoa do outro lado da sala. — Até mesmo o Apóstolo Paulo disse aos coríntios que eles poderiam consumir livremente a carne que havia sido oferecida aos ídolos. "Não façam perguntas" — disse Paulo — "Simplesmente ajam. Estes ídolos não são deuses de verdade, e vocês sabem que todo alimento vêm do único Deus verdadeiro".

— Só que ele também disse para não se consumir comida quando os outros souberem que ela foi oferecida aos ídolos — disse Daniel. — A luz que refletimos aos outros é crítica. Essa é uma razão pela qual muitos mártires estavam dispostos a morrer — eles não negariam o seu Senhor somente para salvar o seu próprio pescoço.

— Amém! — O coro de vozes ecoou pelo ambiente.

— Precisamos modelar para os outros a coragem que os mártires do passado modelaram para nós.

A reunião terminou com a adoção de uma firme resolução para rejeitar os números emitidos pelo governo e animar todos os judeus messiânicos a fazerem o mesmo. O grupo formou várias forças-tarefas. Alguns localizaram casas onde os judeus poderiam se esconder. Outros procuraram gentios conhecidos por serem simpáticos aos judeus perseguidos. Outros, ainda, pensaram em formas de distribuir os alimentos e as roupas doadas.

• • •

Não era um exagero dizer que este novo decreto representava uma sentença de morte àqueles que não declarassem a sua aliança a Judas Christopher. Embora algumas famílias conseguissem sobreviver, tirando o seu sustento, com muito custo, da caça de animais selvagens, e consumindo plantas comestíveis, ou, ocasionalmente, trazendo de forma clandestina pacotes de alimentos para os seus esconderijos, a ameaça sempre era iminente. Os cristãos judeus eram perseguidos, torturados e mortos. Eles eram torturados por diversas formas — empalação, estiramento, chicoteamento até a morte, eram lançados a animais selvagens famintos, queimados em postes de madeira, decapitados, lançados de penhascos, esquartejados, ou esfolados vivos. Porém, no meio desse banho de sangue, a fraternidade do Câmbio continuava o seu ministério, com os seus membros dedicando sua energia para converter, alimentar e ocultar os judeus perseguidos sempre que possível.

Numa noite, bem tarde, Daniel sentou-se diante de uma mesa grande com outros vinte líderes do Câmbio. A reunião tinha por objetivo conseguir abrigo para um judeu recentemente desalojado e que estava ali sentado no meio deles. Ele havia acabado de perder a sua casa e a sua esposa na perseguição. Sua filha de sete anos estava ali, sentada no seu colo, com o terror estampado no seu olhar.

Subitamente, a porta foi arrombada, e o homem que estava de guarda entrou apressado, batendo e trancando a porta atrás deles.

— Eles chegaram! Eles nos encontraram!

Imediatamente, todos seguiram para o túnel de fuga. Em poucos instantes, a porta se estilhaçou, e as tropas de Christopher invadiram o local. Enquanto isso, os judeus saíam pela porta de fuga e se espalhavam rapidamente em direção ao bosque que ficava nas redondezas.

Cinco membros do seu grupo foram apanhados imediatamente, porém Daniel e outros conseguiram adentrar a mata. Disparos foram ouvidos atrás deles, seguidos por um grito de uma menina pequena. Daniel parou imediatamente e virou-se para trás, afastando-se da cobertura protetora das árvores. O pai da menina caiu paralisado no chão. A garota caiu de joelhos ao lado dele, soltando um grito agudo de terror.

Um soldado se abaixou e agarrou os seus cabelos compridos. Daniel nem pensou duas vezes — ele mergulhou em cima do soldado, lançando-lhe ao solo, agarrou a menina e correu de volta para a mata. Três soldados vieram correndo atrás dele.

Com a menina nos braços, Daniel sabia que não conseguiriam fugir dos seus perseguidores. Ele parou e sentou-se ofegante.

— Saia correndo! — sussurrou ele com veemência. — Corra o máximo que puder para dentro da mata. Lá você encontrará uma família, escondida numa cabana, que receberá você.

A garota ficou estática até que Daniel a virou de costas e a empurrou em direção ao caminho que ela deveria seguir.

— Corra! — gritou ele.

A garota obedeceu, e Daniel se virou para evitar que os soldados a seguissem. A luta durou apenas alguns segundos antes de o cabo de uma arma atingir a sua cabeça e ele cair, inconsciente, com o rosto no pó do chão.

• • •

Daniel acordou numa prisão suja, com a cabeça latejando. Vários outros prisioneiros estavam apinhados na mesma cela. Junto a ele, estavam três companheiros da fraternidade do Câmbio.

— Alguém dos outros escapou? — murmurou ele.

— Dois escaparam. Ben, Léa e Simão foram mortos à queima-roupa, e o restante de nós está aqui.

— Estes três são verdadeiros mártires. Eles foram fiéis até o fim. — Daniel sentiu as lágrimas brotando dos seus olhos.

Não demorou muito para que vários guardas uniformizados destrancassem a cela e dela retirassem cinco prisioneiros. Uma hora depois, eles retornaram e levaram mais cinco prisioneiros. Daniel, os seus três companheiros e mais outro prisioneiro foram levados a seguir. Os guardas os levaram até um local sombrio e cheio de equipamentos sinistros.

Daniel reconheceu alguns deles: uma roda de tortura, um poste de madeira para chicoteamento e uma mesa manchada de sangue, sobre a qual as vísceras dos prisioneiros iam, lentamente, sendo retiradas.

Um guarda o agarrou e o amarrou à força no poste de madeira. Eles removeram as suas roupas, acorrentaram os seus pulsos acima da sua cabeça e o açoitaram com chicotes entremeados com metais até que as suas costas ficaram esfarrapadas, com os ossos à vista. Eles lançaram o outro prisioneiro na roda de tortura com as mãos e pés amarrados, e as cordas foram esticadas com tanta força que as suas juntas se desconjuntaram. O homem gritava de agonia. Os outros três eram mantidos acorrentados, forçados a assistir, enquanto aguardavam a sua vez.

Incapazes de se manter de pé, Daniel e o seu companheiro foram arrastados daquele local até um pátio fechado, onde um carrasco aguardava de pé com um machado na mão. O carrasco apoiava o seu pé em um bloco de madeira com manchas marrom-avermelhadas na sua lateral.

Dois soldados deram um passo à frente para forçar Daniel a ir até o local da sua execução, junto ao bloco de madeira, mas ele insistiu que se poria de pé e iria caminhando por conta própria. Enquanto caminhava até o bloco, ele começou a cantar — suavemente, de início, depois com volume e emoção crescentes. Era um velho hino que ele havia aprendido dos seus companheiros na fraternidade do Câmbio:

Ó, vitória em Jesus,
Meu Salvador, para sempre.

Logo em seguida, ele se ajoelhou, colocou a cabeça no bloco, fez uma oração, enquanto o carrasco erguia o machado.

Um momento depois, Daniel se levantou daquela posição de ajoelhado sem sentir qualquer dor. Ele olhou ao redor e viu, para sua surpresa, que estava ao lado de um enorme altar no formato daquele que ele havia visto na representação do Templo de Salomão — só que dessa vez, tratava-se de ouro puro e reluzente. Junto dele, estavam muitos dos seus amigos judeus cristãos e outros crentes que haviam sido martirizados antes dele, inclusive os três que haviam sido mortos na tentativa de fuga da fraternidade do Câmbio. Enquanto ele olhava ao redor, ainda espantado, os seus três companheiros de cela chegaram e se puseram ao seu lado, com aparência saudável e perfeitos.

Ao mesmo tempo em que se deleitava na glória daquele novo lugar, Daniel não conseguira deixar de sentir uma ponta de dor ao se lembrar do sofrimento que os cristãos continuavam sentindo na terra.

Quase que em uníssono, ele e os seus companheiros de martírios clamaram:

— Por quanto tempo, ó Senhor, Tu que és santo e verdadeiro, até que Tu venhas a julgar e vingar o nosso sangue sobre aqueles que habitam na terra?

Uma voz respondeu bela e ressonante como um trovão retumbante, insistindo que eles tirassem um repouso merecido, enquanto aguardavam um pouco mais de tempo. O sofrimento dos seus companheiros servos em breve cessaria.

E, naquele momento, Daniel sentiu que algo estava sendo posto sobre os seus ombros. Era uma túnica magnífica, feita de um branco deslumbrante e bordada com ouro. Todas as suas perguntas se dissiparam quando ele descansou, confiante de que tudo estava bem nas mãos poderosas do seu Senhor e Salvador.

• • •

A BASE BÍBLICA POR TRÁS DESTA HISTÓRIA

A história da redenção foi escrita pelo sangue dos mártires, tal como ocorreu com esta história de Daniel.

Já no Antigo Testamento, lemos sobre os planos de Faraó destruir todos os bebês do sexo masculino nascidos das mulheres hebreias. Quando os judeus estiveram sob o domínio do império persa, Satanás inspirou Hamã, o malvado favorito do rei Assuero, a articular um plano para matar todos os judeus do seu país. No segundo século antes de Cristo, Antíoco Epifânio se tornou um dos inimigos implacáveis de Israel, atacando Jerusalém e executando os judeus que se recusavam a se dobrar diante de Zeus. Herodes tentou destruir Jesus massacrando todos os bebês do sexo masculino nascidos em Belém.

As primeiras páginas da história eclesiástica nos falam de Estêvão, que foi apedrejado até a morte por insistir que os líderes religiosos judeus haviam assassinado Jesus (At 7). Herodes fez com que o apóstolo Tiago fosse executado (12.1-2). Policarpo, bispo de Esmirna, foi queimado amarrado a um poste de madeira por se recusar a adorar a César. Apocalipse 2.13 menciona Antipas, um membro da igreja de Pérgamo que foi executado por causa da sua fé. Outros, ainda, morreram sob o reinado cruel do imperador Domiciano por causa do seu testemunho cristão.

Muitos cristãos de Roma sofreram nas arenas. Os crentes da Idade Média tiveram que enfrentar a Inquisição. Os Huguenotes e outros grupos protestantes foram massacrados ou exilados durante a Reforma. Centenas de crentes chineses perderam a vida durante o "Levante dos Boxeadores", e cristãos russos foram enviados para campos de trabalhos forçados, ou para a Sibéria.

O povo da nação escolhida por Deus tem sofrido martírio ao longo de toda a história. A perseguição de Hitler foi tão intensa sobre os judeus da Europa que alguns acreditam que a população judia da Europa foi reduzida a menos que o número de judeus que deixou o Egito debaixo do comando de Moisés.[1] Na Alemanha, em 1938, centenas de Sinagogas foram destruídas num espaço de poucos dias, e as vitrines de milhares de negócios, cujos proprietários eram judeus, foram apedrejadas. O campo de concentração de Auschwitz estava equipado para executar milhares de judeus por dia; o campo de tortura de Treblinka, instituído por Hitler, tirou a vida de mais de um milhão de pessoas em poucos anos de funcionamento.

O infame Adolf Eichmann, ao expressar o ódio dos nazistas pelos judeus, declarou: "Eu pularei sorrindo na minha sepultura, pois a ideia de que tenho cinco milhões de vidas humanas na minha consciência é, para mim, motivo de tremenda satisfação!"[2]

A profecia de Moisés acerca da perseguição dos judeus tem sido cumprida de formas literais ao longo da história:

> "E o SENHOR vos espalhará entre todos os povos, desde uma extremidade da terra até à outra extremidade da terra; e ali servirás a outros deuses que não conheceste, nem tu nem teus pais; servirás à madeira e à pedra. E nem ainda entre as mesmas nações descansarás [...] porquanto o SENHOR ali te dará coração tremente, e desfalecimento dos olhos, e desmaio da alma. E a tua vida como suspensa estará diante de ti; e estremecerás de noite e de dia e não crerás na tua própria vida. [...] Pela manhã, dirás: Ah! Quem me dera ver a noite! E à tarde dirás: Ah! Quem me dera ver a manhã! Isso pelo pasmo de teu coração, com que pasmarás, e pelo que verás com os teus olhos.
> DEUTERONÔMIO **28.64-67**

João afirma que o fim de todas as coisas ainda não chegou. Ainda veremos mais mártires no futuro. "E, havendo aberto o quinto selo, vi debaixo do altar as almas dos que foram mortos por amor da palavra de Deus e por amor do testemunho que deram. E clamavam com grande voz, dizendo: Até quando, ó verdadeiro e santo Dominador, não julgas e vingas o nosso sangue dos que habitam sobre a terra?" (Ap 6.9-10). Estas almas debaixo do altar são um testemunho do sofrimento e da perseguição indescritíveis que ocorrerão durante o período da Tribulação.

O Contexto do seu Martírio

> "E, havendo aberto o quinto selo, vi debaixo do altar as almas dos que foram mortos por amor da palavra de Deus e por amor do testemunho que deram."
> APOCALIPSE **6.9**

Quem são estes mártires? Para nos ajudar a responder esta pergunta importante, precisamos, primeiramente, lembrar que João os coloca no futuro, num período em que a Igreja já foi arrebatada e os mortos em Cristo já ressuscitaram. Assim sendo, estes mártires não são da era em que a Igreja vive agora.

Além disso, como os mártires clamam pelo juízo sobre os seus opressores neste nosso mundo terrestre, os seus assassinos, obviamente, ainda estarão vivos aqui na terra. Isto sugere, de forma enfática, que estes mártires são santos fieis que foram mortos durante o período da Tribulação.

Depois de a Igreja ser tomada deste mundo, Deus voltará a sua atenção novamente para Israel. Durante o período de Tribulação de sete anos, muitos judeus retornarão para Deus, tal como foi o caso de Daniel Goldman na nossa história fictícia. Na sua carta aos romanos, Paulo escreveu: "Porque não quero, irmãos, que ignoreis este segredo (para que não presumais de vós mesmos): que o endurecimento veio em parte sobre Israel, até que a plenitude dos gentios haja entrado. E, assim, todo o Israel será salvo, como está escrito: De Sião virá o Libertador, e desviará de Jacó as impiedades" (Rm 11.25-26).

Esta é outra forma de dizer que Israel, como nação, será salvo. A cegueira parcial do povo será removida, e muitos judeus se voltarão para Deus e rejeitarão o Anticristo durante a Tribulação.

Por causa disso, o Anticristo martirizará tantos deles que o seu sangue escorrerá feito um rio.

Mas, se nenhum crente será deixado na terra no início daqueles sete anos de Tribulação, como as pessoas serão salvas? Primeiramente, Deus enviará as suas duas testemunhas ao mundo para profetizar e realizar milagres portentosos. "E ouvi o número dos assinalados, e eram cento e quarenta e quatro mil assinalados, de todas as tribos dos filhos de Israel" (Ap 7.4)

É possível que outro meio também seja utilizado. O Dr. Henry Morris também sugeriu um testemunho "silencioso":

Milhões e milhões de cópias da Bíblia e de porções da Palavra de Deus têm sido publicadas nos principais idiomas e distribuídas ao redor do mundo. [...] A remoção dos crentes do mundo pelo Arrebatamento não removerá da terra a Palavra de Deus, e multidões, sem dúvida, sentir-se-ão forçadas a ler a Bíblia [...] Desta maneira, multidões se converterão ao seu Criador e Salvador naqueles dias e estarão dispostas a dar o seu testemunho à Palavra de Deus e até mesmo [...] as suas vidas, à medida que buscam persuadir o mundo de que as calamidades que lhe estão sobrevindo são juízos da parte do Senhor.[3]

No período da Tribulação, o martírio será tão comum quanto ele hoje é incomum no Ocidente. Os que confiarem em Deus naquele tempo serão conclamados a demonstrar a sua fé — normalmente pagando com a sua própria vida. "E eles o venceram pelo sangue do Cordeiro e pela palavra do seu testemunho; e não amaram a sua vida até à morte" (Ap 12.11).

Embora os crentes durante este período experimentem perseguição intensificada, isto não será nada novo para o povo de Deus. O salmista já descrevia o martírio dessa maneira: "Sim, por amor de ti, somos mortos todo dia; somos reputados como ovelhas para o matadouro" (Sl 44.22). Durante o cativeiro de Israel em Babilônia, três jovens judeus retrataram o modo de pensar dos mártires quando eles estavam dispostos a morrer em vez de adorar a imagem feita de ouro do rei da Babilônia. Ao serem ameaçados com a morte pelo fogo, eles responderam: "Eis que o nosso Deus, a quem nós servimos, é que nos pode livrar; ele nos livrará do forno de fogo ardente e da tua mão, ó rei. E, se não, fica sabendo, ó rei, que não serviremos a teus deuses nem adoraremos a estátua de ouro que levantaste" (Dn 3.17-18).

O profeta Zacarias falou do dia futuro de tribulação como um tempo em que dois terços de toda a população judia serão mortos. Deus, porém, prometeu: "E acontecerá em toda a terra, diz o Senhor, que as duas partes dela serão extirpadas e expirarão; mas a terceira parte restará nela. E farei passar essa terceira parte pelo fogo, e a purificarei, como se purifica a prata, e a provarei, como se prova o ouro; ela invocará o meu nome, e eu a ouvirei; direi: É meu povo; e ela dirá: O Senhor é meu Deus" (Zc 13.8-9).

O livro de Apocalipse identifica os inimigos de Deus como aqueles que derramaram o sangue dos santos, e dos profetas, e das testemunhas, e dos servos do seu povo (Ap 16.6; 17.6; 18.24; 19.2). Jesus falou do período da sua vinda como um tempo de sofrimento intenso no seu sermão no monte das Oliveiras: "Mas todas essas coisas são o princípio das dores. Então, vos hão de entregar para serdes atormentados e matar-vos-ão; e sereis odiados de todas as gentes por causa do meu nome. Nesse tempo, muitos serão escandalizados, e trair-se-ão uns aos outros, e uns aos outros se aborrecerão" (Mt 24.8-10)

O erudito estudante da Bíblia Richard Bauckham resume o martírio durante o período da Tribulação nestas palavras: "Apocalipse retrata o futuro como se todos os cristãos fiéis fossem martirizados. [...] Não se trata de uma predição literal de que todos os cristãos fiéis serão, de fato, levados à morte. Porém, ele exige que todo cristão fiel esteja preparado para morrer."[4]

A Causa do Martírio

> "E, havendo aberto o quinto selo, vi debaixo do altar as almas dos que foram mortos por amor da palavra de Deus e por amor do testemunho que deram."
> APOCALIPSE 6.9

Os mártires de Apocalipse 6 foram mortos pela mesma razão que João foi exilado: "Eu, João, que também sou vosso irmão e companheiro na aflição, e no Reino, e na paciência de Jesus Cristo, estava na ilha chamada Patmos, *por causa da palavra de Deus e pelo testemunho de Jesus Cristo*" (Ap 1.9, grifo acrescentado). Estes santos também foram sacrificados sobre o altar da devoção ao seu Deus, pelo seu testemunho e pela sua fidelidade à Palavra de Deus. Precisamos lembrar que, quando a Igreja for arrebatada, as restrições hoje impostas pelo Espírito Santo serão completamente removidas da terra. Os soberanos daquela época se concentrarão nos seguidores de Cristo, quando derem vazão à sua ira e rebelião contra Deus.

O "testemunho que eles guardaram" é uma referência provável ao juízo que estes crentes proclamarão. À medida que os acontecimentos da Tribulação forem transcorrendo, eles alertarão o mundo de juízos ainda mais severos que sobrevirão às pessoas. Eles pregarão arrependimento e ajuste de contas e acabarão sendo mortos por causa da sua mensagem.

Estes pregadores da Tribulação se unirão a uma longa sequência de corajosos profetas que falarão contra a impiedade da sua geração:

Samuel profetizou a Eli por causa dos seus filhos ímpios, Hofni e Fineias, que o juízo sobreviria à sua casa (1 Sm 3).

- Elias denunciou que Israel estava recorrendo aos profetas de Baal, e, como resultado, a sua vida foi ameaçada (1 Rs 18).
- Isaías profetizou que, por causa da sua infidelidade, o povo de Judá seria levado ao cativeiro e o Templo de Jerusalém seria destruído (Is 64).
- A profecia de Jeremias foi tão ofensiva aos seus ouvintes que ele foi colocado acorrentado no meio do povo (Jr 40).
- Jonas informou ao povo de Nínive uma mensagem da parte de Deus, segundo a qual, caso eles não se arrependessem, a cidade seria destruída em quarenta dias (Jn 3).
- O próprio Jesus profetizou juízo na sua mensagem no Sermão das Oliveiras (Mt 24).

O Dr. W. A. Criswell apresenta este lembrete, que é parte da própria natureza da proclamação de juízo de um profeta:

"Onde quer que haja um verdadeiro profeta de Deus, haverá pregação de juízo. Estes tais ministros modernos de Deus, que só falam de coisas legais... Estes homens não falam do Inferno, do Diabo, nem do juízo de Deus. [...] Na nossa época de pessoas iluministas e sofisticadas [...] nós nos levantamos e falamos do amor de Jesus, falamos de paz, falamos de tudo o que é belo e formoso. Porém, não nos esqueçamos [...] o mesmo livro que nos fala sobre o bem, também nos fala sobre o mal. O mesmo Apocalipse que nos fala sobre o Céu, fala-nos também sobre o Inferno. A Bíblia que nos apresenta o Senhor Jesus como o Salvador é a mesma Bíblia que nos apresenta o Diabo como o inimigo e adversário que causa ruína e destruição. As duas coisas andam juntas. Se não há nada do que devamos ser salvos, na verdade, não precisamos de um Salvador."[5]

A Consequência do Martírio

> "E, havendo aberto o quinto selo, vi debaixo do altar as almas dos que foram mortos por amor da palavra de Deus e por amor do testemunho que deram."
> APOCALIPSE **6.9**

Neste ponto do relato de João, a cena muda da terra de volta para o Céu. Aqui, João tem uma visão daqueles que serão martirizados por causa da sua fé em Cristo. Eles estão "debaixo do altar", que é também onde o sangue dos sacrifícios, no período do Antigo Testamento, era derramado (Êx. 29.12).

A palavra usada para descrever a morte daqueles mártires da Tribulação é de uso exclusivo do apóstolo João. Ela é traduzida como "mortos", mas também poderia ser traduzida como "massacrados". *Massacrados* seria um termo técnico utilizado nos rituais sacrificiais judaicos que fala da natureza especial destas testemunhas judias. "Para o mundo eles foram destruídos, mas para Deus eles foram oferecidos como sacrifício a Ele. Eles deram as suas vidas ao Senhor, e o Senhor olhou por eles como seu povo. Eles são os *seus* mártires".[6]

O Clamor do seu Martírio

> "E clamavam com grande voz, dizendo: Até quando, ó verdadeiro e santo Dominador, não julgas e vingas o nosso sangue dos que habitam sobre a terra?"
> APOCALIPSE **6.10**

O clamor dos mártires por vingança é outra evidência de que eles não são sofredores da era da Igreja. O clamor de um mártir da era da Igreja, por exemplo, é o clamor de Estêvão, o primeiro mártir da Igreja: "Senhor, não lhes imputes este pecado" (At 7.60). Porém, aqueles que são perseguidos durante a Tribulação poderão clamar o juízo divino com toda propriedade em função do "Tempo da Graça" já ter passado. Aquele será o "Dia do Juízo" de Deus.

Louis T. Talbot observa:

> "Um homem ora segundo a atitude que Deus está tomando em relação ao mundo na dispensação na qual ele vive. O tempo presente é chamado

de tempo da graça. Deus está demonstrando [...] misericórdia para com os piores dentre os homens, e somos instruídos a orar por aqueles que nos usam com desdém. Porém, no período da Tribulação, Deus estará exercendo o seu juízo sobre a terra".[7]

O Consolo do seu Martírio

"E a cada um foi dada uma comprida veste branca e foi-lhes dito que repousassem ainda um pouco de tempo, até que também se completasse o número de seus conservos e seus irmãos que haviam de ser mortos como eles foram."
APOCALIPSE 6.11

O Senhor proporciona cinco consolos para estas almas martirizadas:

1. O REFÚGIO

A visão destes servos fiéis debaixo do altar tem o objetivo de transmitir a sua redenção e proteção. Donald Grey Barnhouse explica:

"Não devemos pensar que João teve uma visão de um altar com almas saltitando na sua parte inferior. O ensino do Antigo Testamento, como um todo, é no sentido de que o altar era o lugar onde ocorria o sacrifício de sangue. Estar 'debaixo do altar', na visão de Deus, era estar coberto por aquele mérito que Jesus Cristo proporcionou ao morrer na cruz. É uma imagem que fala da justificação. [...] Estas testemunhas martirizadas estão cobertas pela obra do nosso Senhor Jesus Cristo".[8]

2. A TÚNICA

Deus, no seu gracioso amor e misericórdia, galardoa cada mártir com uma túnica. Este galardão levanta uma pergunta interessante: Que tipo de corpos tinham aqueles mártires? Se estes são os santos que morreram durante a Tribulação, as Sagradas Escrituras nos afirmam claramente que eles não receberão o corpo da ressurreição até o fim da Tribulação (Ap 20.4-6).

Os estudiosos ficam divididos acerca dos santos que morrem receberem corpos provisórios no Céu antes dos corpos ressurretos, ou se somente a parte espiritual do seu ser estará no Céu àquela altura. O Dr.

Os Mártires

John Walvoord oferece uma possível resposta com base nesta passagem de Apocalipse:

> "Os mortos martirizados aqui representados não ressurgiram dentre os mortos, tampouco receberam corpos da ressurreição. Todavia... eles já receberam as suas túnicas. O fato de eles terem recebido túnicas quase que certamente implicaria que eles foram revestidos de algum tipo diferente de corpo. Uma túnica não poderia ficar dependurada em uma alma ou espírito que fosse imaterial. Não se trata do corpo que os cristãos têm hoje, isto é, o corpo feito a partir da terra, tampouco do corpo ressuscitado de carne e osso, do qual Cristo falou depois da sua própria ressurreição. Trata-se de um corpo provisório, apropriado para a sua presença no Céu, mas que será substituído, por sua vez, pelo corpo ressuscitado, eterno, entregue no momento do retorno de Cristo."[9]

3. UM DESCANSO

Quando os mártires perguntam quanto tempo resta até que as suas mortes sejam vingadas, "foi-lhes dito que repousassem ainda um pouco de tempo" (Ap 6.11). Este tempo específico sob o quinto selo é o primeiro dos dois períodos da Tribulação, quando os crentes serão martirizados. O Senhor não respondeu à sua oração por vingança porque a taça da iniquidade humana ainda não estava cheia — alguns "companheiros servos" e "irmãos" precisariam ainda passar pela morte. Somente quando o segundo contingente de mártires for massacrado é que Deus passará a agir em juízo.

Neste ínterim, enquanto os mártires aguardam para serem vingados, eles devem descansar:

> "E ouvi uma voz do céu, que me dizia: Escreve: Bem-aventurados os mortos que, desde agora, morrem no Senhor. Sim, diz o Espírito, para que descansem dos seus trabalhos, e as suas obras os sigam."
> APOCALIPSE 14.13

4. VINGANÇA

"E saiu do altar outro anjo, que tinha poder sobre o fogo, e clamou com grande voz ao que tinha a foice aguda" (Ap 14.18). Este é o anjo do juízo, enviado para vingá-los. A sua tarefa será "[vindimar] as uvas da vinha da terra" (v. 19), que representam as obras malignas da humanidade. A seguir, ele lançará os cachos de uva "no grande lagar da ira de Deus" (v. 19). A profecia conclui: "E o lagar foi pisado fora da cidade, e saiu sangue do lagar até aos freios dos cavalos, pelo espaço de mil e seiscentos estádios" (v. 20).

Esta representação do juízo é uma das imagens mais marcantes da ira de Deus contra as obras malignas da humanidade na Bíblia. Nesta passagem, as orações dos mártires são respondidas à medida que Deus tripudia os ímpios, fazendo com que o sangue deles escorra como o suco de uva que é espremido numa prensa.

5. UM GALARDÃO

Os santos martirizados serão honrados no Céu para sempre; mas, mesmo antes disso, eles serão honrados na terra durante o Milênio: "E vi tronos; e assentaram-se sobre eles aqueles a quem foi dado o poder de julgar. E vi as almas daqueles que foram degolados pelo testemunho de Jesus e pela palavra de Deus, e que não adoraram a besta nem a sua imagem, e não receberam o sinal na testa nem na mão; e viveram e reinaram com Cristo durante mil anos" (Ap 20.4). Durante o Milênio, estes santos experimentarão a justiça e a paz que lhes faltaram durante as suas vidas. Depois de experimentar a ressurreição no outro lado do seu martírio, eles serão convidados a governar junto com Cristo no seu Reino justo, santo e jubiloso.

A Coragem do Martírio

Vibia Perpétua foi uma bela jovem de vinte e dois anos de origem nobre que morou em Cártago no ano de 203 d.C. Ela se casou e teve um filho pequeno, do qual cuidava. Ela estava estudando o cristianismo quando o imperador Sétimo Severo emitiu um decreto proibindo as conversões tanto ao judaísmo, quanto ao cristianismo. Ignorando o decreto, Perpétua foi batizada. Dois dias depois, a sua conversão foi descoberta, e ela foi encarcerada e condenada à morte.

O pai de Perpétua, um homem pagão, veio visitá-la no cárcere com o seu filho nos braços e implorar que ela renegasse a Cristo, a fim de salvar a sua vida.

— Filha — disse ele — tenha piedade de meus cabelos brancos; tenha piedade do teu pai. Não me lances nesta desgraça. Considera os teus irmãos, a tua mãe, a tua tia: vê, aqui, o teu filho, que não pode viver sem ti. Não destrua a todos nós.

Perpétua chorou diante da aflição do seu pai e tentou consolá-lo:
— Meu pai, tu vês este jarro. Podemos chamá-lo por outro nome além do que ele tem?
— Não — disse ele.
— Tampouco eu posso me chamar por outro nome que não seja aquele que tenho: sou uma "cristã" — respondeu ela. — Neste julgamento, o que Deus determinar haverá de ocorrer. Nós não estamos mais nas nossas próprias mãos, e sim nas mãos de Deus.

O pai dela saiu dali chorando amargamente.

No dia 7 de março, Perpétua e outra mulher cristã foram levadas à arena. Primeiro, elas foram açoitadas; a seguir, um touro selvagem foi solto em cima delas. Perpétua foi chifrada e mutilada, mas ainda assim continuou viva até que gladiadores entraram na arena e a apunhalaram até à morte.[10]

Quando pensamos no martírio de cristãos, temos a tendência de pensar na história de testemunhas da antiguidade, como Perpétua, que sacrificaram as suas vidas por causa da sua fé. No entanto, não é só na antiguidade que as pessoas têm morrido por causa da sua fé. Nos dias de hoje, os cristãos ao redor do mundo também têm sofrido martírio.

Por exemplo, no verão de 2005, dois jovens de Bangladesh, Lipial Marandi, de vinte e um anos, e Tapan Kumar Roy, de vinte e sete, mostraram o filme *JESUS* para visitantes na sua casa. Eles foram ameaçados de morte caso não parassem de fazer aquilo. Por não concordarem com o que ouviram e não pararem de exibir o filme, os ameaçadores arrombaram a sua casa na calada da noite, sequestraram-nos e os mataram a golpes de facão.[11]

Relatos como este, nos dias de hoje, não são raros. Estudos de diversas organizações mostram que, nos dias de hoje, um cristão é martirizado a cada quatro ou cinco minutos. Para termos uma noção da perseguição aos cristãos nos dias de hoje, considere os seguintes fatos:

- Mais cristãos foram martirizados no século XX do que em todos os séculos anteriores combinados.
- Na Coreia do Norte, é ilegal ser cristão, e cerca de cinquenta mil cristãos já foram enviados para campos de trabalhos forçados naquele país.
- Os cristãos são perseguidos em mais de 65 países, dentre os 193 países do mundo.

- Na Nigéria, cerca de 300 igrejas foram destruídas, e 612 cristãos foram mortos em 2013.
- Desde 2010, o tratamento aos cristãos degenerou rapidamente no Irã. O regime daquele país monitora os cultos nas igrejas, já baniu os cultos feitos no idioma *farsi* e prende todos os convertidos.
- Na Índia, foram adotadas leis anticonversão em cinco estados, e estas leis são, frequentemente, usadas como pretexto para perturbar cultos em igrejas e molestar os cristãos. É comum que pastores sejam surrados ou mortos, que templos cristãos sejam destruídos e que convertidos sejam forçados a abandonar as suas casas.
- Mais de um milhão dos 1,5 milhão de cristãos do Iraque tiveram que abandonar o país desde a queda de Saddam Hussein, devido ao aumento na perseguição aos cristãos naquele país.
- Em agosto de 2013, trinta e oito igrejas foram completamente queimadas, e vinte e três outras foram danificadas em uma violenta revolta contra os cristãos coptas do Egito.[12]

Como podemos ver, tanto a partir da história, como dos eventos atuais, a perseguição e o martírio têm sido a norma para os cristãos. E, como nos mostra Apocalipse 6, esta também será a norma para o futuro. O senhor das trevas deste mundo decaído não consegue tolerar a oposição ao seu programa, que visa aniquilar tudo aquilo que é bom e justo.

Estes mártires — do passado, do presente e do futuro — proporcionam vários exemplos de coragem que deveriam nos inspirar a um compromisso mais profundo com Cristo e a uma determinação de nos posicionarmos firmemente ao seu lado, custe o que custar.

CAPÍTULO

3

Os 144 MIL

ELI JACOBS CAMINHAVA VAGAROSAMENTE da Sinagoga para casa com a cabeça e ombros baixos. Este erudito judeu ortodoxo aparentava ter muito mais do que os seus cinquenta e seis anos de idade, especialmente neste dia.

Eli estava bastante desanimado. A sua congregação, outrora burguesa, em Hadera, Israel, havia definhado como água em período de seca, até que restaram somente doze membros. Incapaz de continuar bancando o sustento de um rabino, a congregação havia implorado que Eli, um ex-professor de religião da Universidade Hebraica de Jerusalém, assumisse a posição de seu líder.

Eli não poderia contestar o convite. Afinal de contas, ele não tinha outras responsabilidades familiares, como ser pai e marido. Ele sempre esteve tão imerso nos seus estudos que nem teve tempo sequer para se casar.

— Que tipo de filho é você?! — queixava-se a sua mãe incansavelmente. — Você se casou com os seus livros! Do jeito que a coisa está, como é que você vai me dar netos?!

Embora Eli tivesse dedicado a sua vida ao judaísmo, ele sempre teve a sensação de que, em algum momento, a religião havia tomado um curso errado na sua vida.

A maioria dos judeus de Israel era, agora, do grupo dos Sionistas, mais secularizados do que religiosos. Poucos tinham qualquer expectativa da vinda de um Messias real. E, embora Eli fosse profundamente dedicado, mesmo as suas próprias crenças não tocavam mais o seu coração. Ele executava as suas obrigações na Sinagoga com um crescente senso de indiferença.

Certa noite, Eli estava sentado em seu escritório, sentindo-se cansado, apesar de não ter trabalhado muito naquele dia. Como de costume, o seu rádio estava sintonizado na Kol Ha Musica, a estação de rádio de música clássica de Tel Aviv. Ele olhava sem perceber que a Torá estava aberta na sua escrivaninha, até que um coral magnífico tocou fundo a sua alma e começou a dissipar o seu mal-estar. Ele já havia ouvido aquela peça várias vezes; tratava-se do "Último Acorde Perdido", de Sir Arthur Sullivan. Acontece que, naquela noite, a música falou fundo ao seu coração como nunca antes.

A letra descreve um compositor exausto, sentado junto ao seu órgão, que deixa as suas mãos perambularem pelas teclas. Involuntariamente, elas atingem um magnífico acorde de música "semelhante ao som de um grandioso Amém". O acorde salta diretamente do órgão para a alma do compositor e, embora tente desesperadamente encontrá-lo de novo, ele não consegue! Por fim, ele desiste e percebe que só no Céu será capaz de ouvir aquele acorde outra vez.

— Esta é a história da minha vida — disse Eli, num sussurro. — Eu costumo sentir algo indefinido que anseio conhecer a fundo; o caso é que, assim como este acorde, isto também me escapa.

Ele fechou a sua Torá, desligou o rádio e foi para a cama.

Na manhã seguinte, Eli se sentou em sua tenda costumeira no restaurante, na beira da rua, e pediu o seu café da manhã típico. Momentos depois, ele ouviu o seu nome ser chamado com um sotaque escocês tão marcante quanto melado de cana. Ele levantou os olhos e viu um homem de cabelos brancos, de rosto rosado, que aparentava os seus sessenta anos, de pé, ao lado da sua mesa.

— Professor Jacobs? — voltou a dizer o homem.

Com a cabeça, Eli disse que sim.

— Eu sou Wallace Duncan, um pastor cristão que acaba de ser enviado para Hadera, por uma Sociedade Missionária de Edimburgo. Posso me sentar com o senhor?

Com a cabeça, Eli disse que sim.

— Estou tentando me encontrar com o senhor — disse Duncan — porque parece que o senhor e eu somos os únicos líderes religiosos não-muçulmanos da cidade. Apesar de nossas crenças serem bastante diferentes, pensei que o senhor pudesse me ajudar a me ambientar e iniciar meu trabalho aqui na cidade.

O escocês explicou a sua missão: no momento, cerca de setenta e cinco cristãos moram em Hadera, e eles imploraram à sociedade missionária que lhes enviasse um pastor. Ele havia sido enviado para organizar as igrejas que se reuniam separadamente em casas numa congregação unificada.

— Hadera tem mais cristãos do que judeus devotos — disse Eli, meneando a sua cabeça.

Com o desenrolar da conversa, os dois homens foram descobrindo que tinham muito em comum: ambos amavam os mesmos livros, as mesmas músicas e eram fãs ávidos do beisebol americano. Uma hora depois, os dois se despediram e concordaram em se encontrar novamente na sexta-feira.

Os dois se encontraram para compartilhar o café da manhã todas as sextas-feiras, nas três semanas seguintes, e a amizade entre eles foi se fortalecendo. Com os atuais tumultos na Europa, era inevitável que o professor judeu e o pastor escocês debatessem política e a influência crescente do primeiro ministro britânico Judas Christopher.

— Já ouvi até rumores de que a União Europeia deseja se unir em um único império e fazer com que Christopher seja o seu cabeça — disse Eli.

— Estou convencido de que estes são os primeiros tremores de uma revolta iminente que provocará os desastres de escala global que foram preditos pela nossa *Tanakh*, o que nós cristãos chamamos de Antigo Testamento e, também, por vários livros do Novo Testamento — respondeu Duncan.

Eli ficou em silêncio, com a testa enrugada.

— O que está acontecendo? — Duncan perguntou.

Havia algo em Duncan que o tornava uma pessoa agradável de se relacionar, e Eli viu-se como alguém que expunha abertamente as suas dúvidas sobre a fé à qual ele havia entregue a sua vida. Ao terminar, ele sorriu com pesar.

— Acho que sou um judeu ortodoxo curioso em saber se ainda creio mesmo no judaísmo.

Duncan permaneceu quieto por um momento, com o queixo apoiado sobre as mãos unidas.

— Eli, você conhece muita coisa sobre o cristianismo?

— Só de ouvir falar. Nunca estudei a fundo.

— Espero que você não considere a minha pergunta ofensiva, mas eu preciso fazê-la. Você estaria disposto a ouvir como o cristianismo cumpre a maior parte das profecias da *Tanakh*?

— Claro, estou pronto para ouvir de você — respondeu Eli, para a surpresa de Duncan.

— Muito bem! Já que é assim, começamos no café da manhã da próxima sexta-feira.

• • •

Na sexta-feira seguinte, Eli estava cheio de perguntas quando entrou no restaurante para se encontrar com o pastor Duncan. O seu amigo não estava lá, e Eli percebeu que tanto os clientes quanto os funcionários do café estavam de olhos fixos na TV.

— O que está acontecendo? — perguntou ele.

Uma das garçonetes respondeu sem tirar os olhos da tela:

— Milhares de pessoas desapareceram de Israel. Elas simplesmente sumiram da face da terra! E estão dizendo também que setenta e cinco pessoas desapareceram aqui de Hadera.

— Sem falar que milhões e milhões desapareceram ao redor do mundo — acrescentou outro freguês. — Houve desastres em tudo quanto é lugar. Só em Tel Aviv caíram dois aviões.

Depois de aguardar no restaurante por um tempinho, Eli decidiu que o seu amigo, definitivamente, não viria ao encontro marcado. *Seria ele, também, uma das pessoas desaparecidas?* Eli ficou a se questionar.

Ele perdeu o apetite e retornou à sua casa para assistir ao noticiário. Todos os canais — pelo menos os que ainda estavam no ar — relatavam que o mundo estava um caos. Pelo que se pôde observar, as pessoas haviam desaparecido no mesmo instante — onde quer que estivessem, independentemente do que estivessem fazendo. Logo ficou claro que todos aqueles que se foram eram cristãos, embora quase um quarto dos pastores americanos e britânicos tivessem ficado.

—Ah, então quer dizer que foram só os cristãos que desapareceram, vejam só! — sussurrou Eli, meneando a cabeça ironicamente. — Eu não faço ideia do que isto signifique, mas isto deve falar algo sobre a validade do cristianismo.

Nas semanas seguintes, ele começou a estudar as profecias da *Tanakh* com os membros da sua Sinagoga. Porém, como o eunuco etíope do livro de Atos, as pessoas andavam tropeçando sem ter que lhes explicasse o que estavam lendo. Eli caiu em desânimo.

"Profetas Autoentitulados Criam Tumulto em Jerusalém" — esta era a notícia de capa estampada no maior jornal de Tel Aviv. O pulso de Eli se acelerou quando ele leu esta história. Dois pregadores de rua desconhecidos, que chamavam a si mesmos de "as duas testemunhas", estavam perambulando pelas ruas e parques de Jerusalém, chamando os judeus a se arrependerem dos seus pecados e a reconhecerem o rabino Jesus como o verdadeiro Messias e a retornarem ao seu antigo chamado para serem uma nação santa.

Eli jogou de lado o seu jornal e disse:

— Talvez estes dois homens possam responder às minhas dúvidas.

Na mesma hora, ele estava dentro de um ônibus que seguia viagem para Jerusalém.

Assim que chegou lá, ele descobriu que os dois homens, conhecidos pelos moradores do local como "as duas testemunhas", costumavam falar no Parque Sacher de Jerusalém. Ele tomou um táxi para lá a fim de ver por si mesmo.

O parque ficava cheio de casais que passeavam, corredores, famílias fazendo piquenique, e por todo lado se ouvia o barulho de raquetadas de tênis. Todavia, um som estranho chegou aos seus ouvidos vindo de longe: um misto de gritos dissonantes e de baixo-calão. Curioso, ele seguiu o barulho e não demorou muito para ele perceber a fonte. Uma multidão furiosa estava arremessando frutas estragadas e ovos podres em dois homens que falavam em cima de dois bancos. Enquanto ele caminhava, policiais apareceram e dispersaram a multidão incontrolável.

Os dois homens, vestidos de ternos pretos surrados, correram até uma fonte d'água, onde eles tentavam limpar a sujeira da sua roupa. Eli os seguiu.

Ao se aproximar, o homem mais alto disse:

— Saudações, professor Eli Jacobs.

Eli ficou boquiaberto e gaguejou:

— C-como você me conhece?

— Foi Deus quem nos revelou! Sabemos que você vinha desde que você saiu de Hadera.

Eli espantou-se sem acreditar no que ouvia.

— Quem são vocês, afinal de contas?

— Somos dois profetas de Deus. Venha. Vamos encontrar um local aconchegante para conversar.

Eles o levaram até um banco em um parque próximo, debaixo da sombra de um cedro de copa larga. Diante da insistência deles, Eli contou a sua história, desde as suas dúvidas crescentes sobre o judaísmo até as suas tentativas fúteis de encontrar o significado atual para antigas profecias da *Tanakh*.

— Você já leu o livro cristão do Apocalipse? — perguntou o homem de menor estatura.

Quando Eli admitiu que não havia lido, o homem disse:

— Sendo assim, nós o leremos com você. Traga amanhã a sua *Tanakh*, e nós traremos nossas bíblias. Abriremos seus olhos para verdades sobre as quais você jamais suspeitou que existissem.

Ao longo das semanas seguintes, as duas testemunhas mostraram a Eli como os livros proféticos judeus, como Daniel e Ezequiel, confirmavam o que estava escrito no Apocalipse de João. Eles continuaram a comparar estas profecias com os acontecimentos mundiais, enfatizando a influência crescente de Judas Christopher em toda a Europa nos eventos caóticos que se seguiram ao Arrebatamento.

— Estes eventos prefiguram os desastres mundiais profetizados nos livros que estivemos estudando.

Eli sacudiu a cabeça, numa tentativa de colocar todas estas ideias em ordem:

— Gostaria de saber o que poderíamos fazer a respeito disso.

— Isto nós podemos dizer a você! — disse o homem mais alto. — Deus retirou os cristãos do mundo para se concentrar na sua promessa de trazer o seu povo escolhido, os judeus, de volta para a presença dEle. Em verdade, Deus enviou você até nós porque você tem um papel a desempenhar neste plano. Você deve ser um evangelista do Senhor para todos os que haverão de ouvir.

— Mas eu sou apenas uma pessoa comum. Como eu poderei...

— Não, você não é apenas uma pessoa comum, assim como Elias também não foi nos dias iníquos do rei Acabe. Da mesma forma como Deus reservou sete mil israelitas que não se dobraram diante de Baal,

Os 144 mil

Ele também escolheu milhares de líderes judeus como você para se tornarem evangelistas ao redor do mundo. Todos eles são novos convertidos que se converteram a Cristo depois do Arrebatamento. Muitos deles já estão em ação.

— Como pode ver, você não é o primeiro que Deus enviou para nós — disse a segunda testemunha. — Em breve, teremos 144 mil pessoas como você: 12 mil de cada uma das antigas tribos de Israel, que liderarão um movimento mundial para evangelização do mundo para Cristo, antes do fim dos tempos.

— Mas eu nem mesmo sou cristão!

— Você não está preparado para se tornar um deles?

— Estou! — A voz de Eli estava slóbria, mas também tinha um tom de exultação. — Eu creio que Jesus Cristo é verdadeiramente o Filho de Deus. — Ele deixou aquela verdade penetrar no seu ser por alguns instantes. — E agora?

— Volte amanhã novamente, e diremos mais o que fazer.

• • •

Naquela noite, no seu quarto de hotel, Eli Jacobs sonhou com acordes vagos e distantes de uma canção magnífica. Quando a canção terminou, o seu coração ficou condoído por algum mistério interessante que ultrapassava o horizonte. Mesmo não conseguindo se lembrar da melodia depois de acordar, ele sabia que acabara de ouvir um acorde perdido, semelhante àquele que tanto havia atormentado o compositor Sullivan. Os seus ecos inapreensíveis o encheram de um júbilo indescritível.

Quando Eli chegou ao parque naquela tarde, uma multidão ainda mais agitada estava ao redor das duas testemunhas. À medida que eles se aproximavam, os agitadores começavam a arremessar objetos nos mensageiros, só que os objetos não eram mais lixo e ovos; agora eram pedras!

Numa explosão de fúria, Eli correu em direção aos bárbaros, gritando com eles a fim de que parassem com aquilo. Porém, quando se aproximou, foi ele quem parou estático. Embora o ar estivesse cheio de pedras sendo arremessadas a curta distância, as testemunhas permaneciam ilesas. Até que a multidão, frustrada, desistiu de lançar as pedras e se dispersou.

— O que acabou de acontecer?! — gritou Eli. — Como foi possível que nenhuma destas pedras tenha atingido vocês?!

— Deus prometeu nos proteger de todo mal até que nossa missão esteja completa — disse um deles.

— E foi por isso que pedimos para você voltar — acrescentou o outro.

Os três homens se sentaram num banco enquanto as duas testemunhas começaram a sua explicação:

— Quando vocês e os outros evangelistas forem pelo mundo, muitos rejeitarão a sua mensagem. Você enfrentará o mesmo tipo de rejeição que viu sendo despejada sobre nós. Quando as pessoas ouvirem que as secas, as pragas, os terremotos e as contaminações que agora começam a cobrir a face da terra são alertas de Deus, elas irão, como se diz popularmente, atirar contra o mensageiro e despejar a sua ira contra vocês.

— Bem, isso não é muito agradável de se ouvir — disse Eli. — Mas até que valerá a pena se a nossa nação apóstata retornar ao seu chamado original.

— Isso é totalmente verdadeiro! — disse o homem mais alto. — A boa nova é que Deus selou e assegurou você para este propósito.

•••

Eli retornou para Hadera mais leve e animado. No sábado seguinte, ele deu o seu testemunho diante da sua congregação de doze pessoas e contou a eles como as profecias da *Tanakh* se coadunavam com o Novo Testamento, como ele explicava o desaparecimento dos cristãos e previa os futuros acontecimentos mundiais. Três dos moços, estudantes universitários, aceitaram avidamente a sua explicação e imediatamente se tornaram crentes.

O restante dos membros retirou-se da Sinagoga.

— Como você pôde trair todo o nosso legado dessa forma? — questionaram eles com veemência.

Eli e os três novos convertidos se encontraram na sua casa naquela tarde, reconhecendo que eles eram, possivelmente, os únicos cristãos em uma cidade de, aproximadamente, cem mil pessoas.

Eli explicou o que eles estavam prestes a enfrentar:

— De acordo com as profecias, perseguições horríveis em breve sobrevirão a Israel e aos judeus no mundo inteiro. Precisamos persuadir nosso povo a reconhecer o Jesus ressurreto como o Messias profetizado, renunciar aos seus pecados e reassumir o seu papel como povo santo de Deus.

Para a surpresa de Eli, todos os três estudantes sentiram a urgência do chamado e estavam prontos para se juntar àquela campanha evangelística. Um seguiu para a Inglaterra, um para os Estados Unidos, e outro para a Alemanha.

Eli permaneceu em Israel e, modelando o seu ministério conforme o apóstolo Paulo, começou a viajar de cidade em cidade pregando nas sinagogas locais. Quase sempre, os rabinos que presidiam a congregação o expulsavam daquele lugar antes mesmo de ele completar a sua mensagem. Apesar disso, muitas pessoas entendiam a sua mensagem. Tipicamente, 25% a 35% dos ouvintes ouviam a sua mensagem e criam no Evangelho. Destes, três ou quatro, normalmente, sentia o chamado de se juntar ao esforço evangelístico. Eli estava animado!

Um evangelista na Áustria, sentindo que o seu telefone e as suas conexões de *e-mail* não eram mais seguras, organizou uma rede de radioamadores para conectar a maior quantidade possível de evangelistas judeus. Eli comprou um rádio e descobriu, por meio desta rede, que os moços que ele enviara para a Inglaterra enviaram novos missionários que também enviaram missionários que, por sua vez, haviam, também, enviado outros missionários, até que os judeus messiânicos agora estivessem pregando a Cristo em todas as nações de fala inglesa. Outros evangelistas relatavam êxitos semelhantes em todos os países do mundo.

Em pouco tempo, havia 144 mil evangelistas pregando no mundo inteiro, e depois disso levantou-se uma tremenda perseguição. Quando os desastres preditos pelas duas testemunhas começaram a sobrevir ao mundo impenitente, as pessoas começaram a culpar os judeus messiânicos pelas calamidades. Não demorou muito para que estes evangelistas começassem a sofrer a mesma fúria que foi lançada sobre as duas testemunhas.

As pessoas os odiavam — não só pela sua mensagem, mas também porque a sua vida santa e pura expunha a imoralidade dos ouvintes, que os rechaçavam, cuspiam nos evangelistas e tentavam impedir a sua proclamação com maldições e violência. Mesmo assim, como o Senhor havia selado estes pregadores exatamente para este propósito, eles foram capazes de perseverar sem maiores problemas.

• • •

Foi na cidade de Be'er Sheva, no sul de Israel, que Eli experimentou o seu sucesso mais espetacular — e o seu primeiro gosto da perseguição!

De todos os lugares em que Eli havia ido, as sinagogas locais de Be'er Sheva haviam sido particularmente receptivas à sua mensagem. Guiados pelo Espírito de Deus, estes novos convertidos uniram os seus recursos e alugaram o Auditório Municipal André Minkoff e convidaram o público em geral para uma conferência pública a ser ministrada por esse controvertido professor Jacobs.

Nabal Cohan era o proprietário de uma das muitas casas noturnas de Be'er Sheva. Quando ouviu falar deste evento a ser realizado na cidade, Cohan convocou todos os proprietários de estabelecimentos que trabalhavam no ramo, ou similares, como: saunas masculinas, serviços de acompanhantes para executivos, bares, cassinos e bordéis — para uma reunião de emergência. Mais de setenta pessoas vieram à reunião.

— Senhores, todos sabemos que uma epidemia de pregadores judeus messiânicos infestou nossa nação — disse inicialmente Cohan.

— Um dos mais notáveis destes homens falará no Auditório Minkoff amanhã à noite. Tenho certeza de que vocês sabem o que a pregação dessa gente fez com o nosso tipo de negócio em outras cidades.

— Sabemos sim — respondeu o gerente de um cassino. — Depois que esse professor falou em Ashkelon, os negócios na nossa rede caíram na faixa dos 30%.

Vários proprietários citaram outros exemplos de perdas financeiras e de fechamento de empresas no seu ramo de negócios em outras cidades.

— Vejo que vocês estão entendendo o problema que temos — disse Cohan. — Então a pergunta é: Como faremos para calar este homem?

As pessoas lançavam ideias ao vento, em meio à fumaça de tabaco. "Vamos contratar um pistoleiro para matar Jacobs?", "Vamos sequestrá-lo e retirá-lo secretamente da cidade?", "Que tal plantarmos um carro-bomba?", "Que tal enviarmos capangas para dar uma surra nele?", "Ou, talvez, plantar pessoas para fazer intervenções incômodas no seu discurso com o objetivo explícito de tumultuar?"

Ninguém havia chegado a uma conclusão, até que um gerente de um serviço de acompanhantes disse:

— Por que nos livrarmos de Jacobs, quando podemos usar ele e os seus para nosso proveito?

— Como assim? — perguntou Cohan.

— Poderíamos desacreditá-lo publicamente. Pensem no que isso poderia significar: a sua pregação poderia ser cancelada, e o que seria ainda melhor, as pessoas que ele já converteu desconsiderariam a sua mensagem e retornariam para os seus velhos hábitos. Eles serão novamente nossos.

— Isso não vai dar certo — alguém respondeu. — Não vamos conseguir pegá-lo fazendo algo errado. Esses judeus messiânicos são tão certinhos quanto um piano de salão.

— E por um acaso eu disse que ele precisava fazer alguma coisa de errado? Basta fazermos *parecer* que ele esteja fazendo algo errado.

— Acho que estou "pegando" a sua ideia! — disse Cohan.

— Tudo o que precisamos fazer é pegá-lo, levá-lo à força para dentro de alguma das nossas casas, e depois largá-lo lá dentro — continuou o homem a descrever a sua ideia. — Ele correrá direto para a porta de saída, onde colocaremos várias equipes da imprensa com câmeras fotográficas e câmeras de televisão filmando a saída dele. Pensem no dano que causaremos à sua causa quando esta cena for transmitida por canais do mundo todo.

— E pense também no ganho que teremos para a *nossa* causa. — acrescentou Cohan alegremente. O plano foi acatado de forma unânime.

• • •

Naquela noite, depois do jantar, Eli retornou ao seu quarto de hotel. Quanto ele passou o cartão de acesso ao quarto, dois homens muito fortes aparecerem por trás dele. Um deles colocou a mão sobre a sua boca, enquanto o outro deu uma chave de braços nele.

— Fica quietinho aí — disseram os dois brutamontes. — Você já falou demais até agora!

Eles o arrastaram pela escadaria dos fundos e o forçaram para dentro de um sedan que lhes aguardava.

Enquanto o carro acelerava, Eli disse em forma de gracejo:

— Se estiverem me levando pra jantar, não precisam se incomodar. Eu acabei de comer.

Sem obter nenhuma resposta, ele prosseguiu:

— Bem, então, enquanto estamos a caminho de qualquer lugar, permitam-me falar do Messias que os nossos ancestrais rejeitaram.

Enquanto Eli continuava a falar sobre Jesus, o carro entrou num beco e parou numa entrada de descarga de mercadorias pouco iluminada. A placa acima dizia "The Salome Club", tanto em hebraico, quanto

em inglês. Eli não esboçou resistência quando os dois homens o empurraram através da porta, para dentro da área de clientes do clube. Um deles segurava Eli já preso, enquanto o outro se aproximou de Nabal Cohan, que estava de pé a vários metros de distância.
— Estamos com o homem, Chefe!
— Ele deu algum problema para vocês?
— Nenhum tipo de resistência. Nem mesmo quando nós o colocamos aqui para dentro. Mas vou falar a verdade: estou feliz por me livrar dele. Ele veio pregando para nós o caminho inteiro! Por pouco não me tornei um judeu messiânico.
— Tudo bem, já está tudo pronto — disse Cohan. — Solte-o e diga-o que ele está livre para ir.

Acontece que, quando Eli foi solto, ele não saiu correndo para a porta, como esperavam os seus raptores. Em vez disso, ele se colocou de frente para o palco onde as garotas estavam fazendo o seu *show*, e ele encarou a plateia:
— Senhoras e senhores, eu gostaria de alguns minutos da sua atenção. Quero falar a vocês sobre o Messias que os nossos ancestrais rejeitaram.

Eli tinha pronunciado pouco mais de três frases quando um freguês bêbado se pôs de pé e gritou:
— Tirem este doido daqui! — Um coro de vozes foi ficando mais forte, e um dos seguranças do *show* correu para frente a fim de forçar o professor a sair pela porta dianteira.

Só que antes de ele chegar até Eli, ouviu-se outro grito:
— Deixem ele falar! Esse cara é corajoso!
— Isso mesmo, vamos pelo menos ouvir o que ele tem a nos dizer! — disse outra pessoa no outro lado da multidão.

Naquele momento, uma cadeira voou pelo ar e atingiu em cheio o segurança, deixando-o estirado no chão do clube. Mais cadeiras foram atiradas, vindo de todas as direções. Vários fregueses bêbados começaram a trocar socos, e outros rapidamente se juntaram à briga. Em poucos instantes, o caos se instalou, e a confusão estava formada. Copos estavam espalhados por toda parte, mesas estavam de ponta-cabeça, e bebidas estavam espalhadas por toda parte. Levou mais de dez minutos para que as sirenes começassem a serem ouvidas e a polícia irrompesse pela porta.

Uma hora depois, Eli Jacobs sentou-se numa cama dobrável, passando a ver o mundo por trás das grades da cadeia da delegacia da cidade. Ele foi acusado de incitação de tumulto.

— Quando chegará a hora de eu ser ouvido? — perguntou ele ao guarda da prisão.

— Talvez nunca — disse o guarda com um sorriso de desprezo. — A lei desta cidade está do lado dos empresários que você tentou arruinar, e ninguém quer arriscar ficar sem os impostos que eles arrecadam. Você, talvez, apodreça nesta cela, e ninguém jamais se lembrará de levá-lo a um tribunal.

— Bem — respondeu Eli — o apóstolo Paulo enfrentou coisa muito pior.

Naquela noite, ele voltou a sonhar com um coral que cantava a mesma canção maravilhosa. Quando ele acordou, a sua alma ansiava por ouvir aquela canção novamente, para se imergir naqueles acordes extáticos.

O guarda matinal cumprimentou Eli com agradável surpresa. Um dos principais magistrados da cidade havia se tornado um judeu messiânico depois de ouvir a pregação de Eli na cidade vizinha de Ashkelon. Depois de analisar as evidências, ele ordenou que o prisioneiro fosse solto. Ainda naquela noite, conforme programado, Eli Jacobs conseguiu entregar a sua mensagem no auditório André Minkoff.

• • •

Três anos e meio depois do Arrebatamento, o mundo foi sacudido por novos traumas — desde a profanação do Templo por parte de Judas Christopher e de um reinado de terror sem precedentes contra os judeus, até terríveis pragas e desastres naturais.

Quando parecia que o horror não poderia piorar, eis que ele se tornou ainda pior. Christopher foi eleito presidente das nações europeias; daquela posição de poder, ele colocou o restante do mundo debaixo dos seus pés — principalmente por meio da coerção econômica e de conquistas militares. Os desastres naturais aumentaram exponencialmente no mundo inteiro, provocando morte generalizada e miséria sem precedentes.

Eli e o restante da rede mundial de 144 mil evangelistas, agora, certos de que estavam numa corrida contra o tempo, passavam todas as suas horas de vigília chamando as pessoas ao arrependimento. Êxitos magníficos eram intercalados com rejeições violentas. Porém, as pessoas que eles levavam à fé se tornavam luminares vivos de amor e santidade, e muitos se tornaram campeões diligentes das Boas-Novas

— alguns pelo exemplo das suas vidas transformadas, e outros por não terem amado a própria vida mais do que a Cristo.

A espiral mundial rumo ao caos parecia inevitável, até que a tirania de Christopher começou a fomentar rebeliões. Para várias nações do norte da África e da Ásia, a situação se tornou insustentável. Elas formaram uma aliança e marcharam com os seus exércitos contra Christopher, cujas forças estavam estacionadas no território de Israel, preparando-se para dar vazão ao seu profundo ódio nutrido pelos judeus, destruindo Jerusalém.

Eli Jacobs ficou sentado na sua casa de campo em Hadera, com os tímpanos tomados pela cacofonia das bombas, dos mísseis, dos tiros, das salvas de artilharia e dos zumbidos dos aviões de caça. A batalha de Christopher contra os rebeldes aliados se espalhou por todo o território de Israel. Eli descobriu pela rede de radioamadores que um grandioso exército de chineses acabara de cruzar o rio Eufrates e estava, agora, marchando em direção ao fronte de batalha. Sentindo que o fim da Tribulação estava próximo, ele permaneceu em paz, seguro de que estava nas mãos do Senhor.

Naquela noite, ele teve um sonho tão real que mal pôde distingui-lo da realidade. No sonho, ele se encontrava em um lugar de esplendor, muito além da imaginação. Um grande trono se erguia diante dele, rodeado por cores deslumbrantes que mais lembravam pedras preciosas. Diante daquele trono, estava um mar tão calmo e tão claro quanto um cristal puro. Criaturas magníficas flutuavam sobre o trono.

Ele ficou tão absorvido pela majestade a qual fluía do trono que levou um certo tempo para perceber que ele não estava sozinho. De um lado, estava o estudante que ele enviara para a Inglaterra. Do outro, os outros dois homens de Hadera. A seguir, olhando para ele em reverência, Eli percebeu que estava no meio de uma grande multidão: o restante dos 144 mil cujos esforços haviam convertido muitas pessoas para o Messias.

A uma só voz, como se tivessem sido guiados de forma sobrenatural, Eli Jacobs e os outros começaram a cantar.

— Eu conheço este hino! — exclamou ele. Esta era a bela canção que tanto lhe escapara na sua vida na terra.

Ele ergueu a voz com alegria inigualável. Enquanto ele e os seus companheiros evangelistas cantavam o seu louvor a Deus, ele percebeu que aquilo não era um sonho. Ele, agora, estava verdadeiramente na sala do Trono do Céu.

A BASE BÍBLICA POR TRÁS DESTA HISTÓRIA

Durante a Tribulação, o Anticristo agirá para consolidar o seu poder e exaltar-se no Santo dos Santos em Jerusalém. Enquanto ele estiver esmagando aqueles que se recusam a se dobrar diante da sua estátua, ocorrerá o maior avivamento espiritual de todos os tempos. E este avivamento ocorrerá por meio do ministério dos 144 mil evangelistas judeus assinalados.

A história deles é outra demonstração dramática da maneira como Deus cuida do seu povo em tempos de provação e tribulação, fazendo-nos lembrar que "Deus não rejeitou o seu povo, que antes conheceu" (Rm 11.2).

Os 144 mil que servem fielmente a Deus durante o período da Tribulação são apresentados em Apocalipse 7.1-8 e novamente revisitados em Apocalipse 14.1-5. Eis o que a Bíblia nos fala sobre eles.

Eles São Selecionados dentre as Doze Tribos de Israel

> "E ouvi o número dos assinalados, e eram cento e quarenta e quatro mil assinalados, de todas as tribos dos filhos de Israel."
> APOCALIPSE 7.4

Apesar da absoluta clareza desta passagem nas Sagradas Escrituras, alguns eruditos identificam as 144 mil testemunhas como representantes da Igreja de Jesus Cristo. Permitam-me ser muito claro: as 144 mil testemunhas não representam a Igreja. Assim como os anciãos remidos já estão no Céu, a Igreja também já está — pois foi arrebatada entre os capítulos 3 e 4 do Apocalipse. Além do mais, em Apocalipse 14, os 144 mil e os anciãos estão presentes no Céu como dois grupos distintos. De acordo com J. A. Seiss, nenhum erro "deturpa tanto as Escrituras e, dessa maneira, distorce a fé dos homens, como esta tentativa constante de ler *Igreja* em lugar de *Israel,* e povos cristãos em lugar de tribos judias."[1]

A questão da identidade das testemunhas assinaladas é tão significativa que os nomes das tribos de Israel das quais elas procedem está listado em Apocalipse 7.4-8. Nesta passagem, somos informados que doze mil testemunhas foram escolhidas de cada uma das doze tribos.

Ao longo de toda a Escritura, o número doze está consistentemente associado a Israel. O sumo sacerdote judeu usava um peitoral que continha doze pedras preciosas; a mesa dos pães da proposição apresentava sempre doze pães sagrados; e há dozes portas na cidade de Deus — todos estes são representações das tribos de Israel. Mateus 19.28 nos fala de um dia, no futuro, no qual Jesus estará assentado no seu trono e os doze apóstolos "[se assentarão] sobre doze tronos, para julgar as doze tribos de Israel."

Estas representações de Israel que envolvem o número doze levam todos a este clímax em Apocalipse: os indivíduos assinalados das doze tribos de Israel.

Eles São Selados nas suas Testas

"E vi outro anjo subir da banda do sol nascente, e que tinha o selo do Deus vivo; e clamou com grande voz aos quatro anjos, a quem fora dado o poder de danificar a terra e o mar, dizendo: Não danifiqueis a terra, nem o mar, nem as árvores, até que hajamos assinalado na testa os servos do nosso Deus."
APOCALIPSE 7.2-3

Esta passagem não nos dá nenhuma informação específica sobre o que seria a natureza deste "selo do Deus vivo", exceto que ele servia para proteger os seus servos dos seus juízos sobre a terra. Apocalipse 14, entretanto, identifica o selo como sendo "o nome do Pai escrito nas suas testas" (cf. versículo 1).

Esta não é a primeira vez que Deus sela o seu povo contra a tribulação e contra a ira que procede dele mesmo:

- Quando Deus enviou o grande Dilúvio sobre a terra, Ele selou Noé e a sua família do restante da humanidade, de modo que as águas não os puderam tocar (Gn 6-8).
- Deus disse a Ló e à sua família que saíssem de Sodoma e Gomorra antes que o fogo descesse sobre eles, selando-os, dessa forma, contra o terrível juízo que sobreviria àquela terra (Gn 19).
- Deus selou o primogênito de todas as famílias judias que aplicaram o sangue sacrificial aos umbrais das portas das suas casas no Egito (Êx 12).
- Deus selou Raabe e a sua casa por intermédio do seu cordão escarlate quando Ele destruiu Jericó (Js 2.6).

- Embora Elias não tenha percebido, Deus havia selado sete mil israelitas nos seus dias, os quais não haviam se dobrado a Baal (1 Rs 19).

Eles São Servos do Deus Vivo

> "Não danifiqueis a terra, nem o mar, nem as árvores, até que hajamos assinalado na testa os servos do nosso Deus."
> APOCALIPSE 7.3

O selo do Deus vivo não será meramente uma marca exterior; ele também será um sinalizador moral. Estas testemunhas são descritas como "servos do nosso Deus". Elas são pessoas que não se dobraram ao Anticristo; antes se dedicaram com sinceridade a Deus.

Quando Jesus falou sobre sermos selados (Jo 6.27), Ele estava se referindo à vinda do Espírito Santo sobre Ele, que o capacitou para fazer as obras poderosas para as quais Deus lhe enviou.

Talvez o selo de Apocalipse 7 seja o mesmo que Paulo falou nesta passagem:

> "Mas o que nos confirma convosco em Cristo e o que nos ungiu é Deus, o qual também nos selou e deu o penhor do Espírito em nossos corações."
> 2 CORÍNTIOS 1.21-22

> "Em quem também vós estais, depois que ouvistes a palavra da verdade, o evangelho da vossa salvação; e, tendo nele também crido, fostes selados com o Espírito Santo da promessa."
> EFÉSIOS 1.13

> "E não entristeçais o Espírito Santo de Deus, no qual estais selados para o Dia da redenção."
> EFÉSIOS 4.30

O profeta Joel fez a ligação entre o ministério do Espírito Santo e os poderosos ministérios que ocorrerão no fim dos tempos:

> E há de ser que, depois,
> derramarei o meu Espírito sobre toda a carne,

e vossos filhos e vossas filhas profetizarão,
os vossos velhos terão sonhos,
os vossos jovens terão visões.
E também sobre os servos e sobre as servas,
naqueles dias, derramarei o meu Espírito.
E mostrarei prodígios no céu
e na terra,
sangue, e fogo, e colunas de fumaça.
O sol se converterá em trevas,
e a lua, em sangue,
antes que venha o grande e terrível
dia do SENHOR.
E há de ser que todo aquele que invocar o nome do SENHOR
será salvo;
porque no monte Sião e em Jerusalém haverá livramento,
assim como o SENHOR tem dito,
e nos restantes que o SENHOR chamar.
JOEL **2.28-32**

Esta descrição feita pelo profeta Joel se refere aos 144 mil que, pelo poder do Espírito Santo, falarão profecias, terão visões e operarão milagres durante o período da Tribulação.

Eles São Separados para Deus

"Estes são os que não estão contaminados com mulheres, porque são virgens."
APOCALIPSE **14.4**

Este versículo já causou muita confusão entre os comentaristas bíblicos. Muitos estudiosos interpretam "não estão contaminados com mulheres" como tendo o sentido de não terem cometido adultério *espiritual* (2 Co 11.2; Tg 4.4). Eu mesmo defendi esta interpretação tempos atrás. Apesar de esta continuar sendo uma possível interpretação, parece mais razoável assumirmos que estes servos selados do Altíssimo são homens celibatários.

Quando passamos a compreender as pressões do período da Tribulação, é fácil compreendermos porque estes 144 mil pregadores teriam muitas dificuldades com a vida matrimonial. Paulo nos apresenta o precedente na sua análise sobre a vida de solteiro em 1 Coríntios 7: "Isto, porém, vos digo, irmãos: que o tempo se abrevia; o que resta é que também os que têm mulheres sejam como se as não tivessem; [...] E bem quisera eu que estivésseis sem cuidado. O solteiro cuida das coisas do Senhor, em como há de agradar ao Senhor; mas o que é casado cuida das coisas do mundo, em como há de agradar à mulher. [...] E digo isso para proveito vosso; não para vos enlaçar, mas para o que é decente e conveniente, para vos unirdes ao Senhor, sem distração alguma" (vv. 29, 32-33, 35).

Se haverá um tempo em que será necessário servir a Deus sem nenhum tipo de distrações, este tempo, sem dúvida nenhuma, será o período da Tribulação!

Eles São Firmes na sua Fé

"Estes são os que seguem o Cordeiro para onde quer que vai. [...] E na sua boca não se achou engano; porque são irrepreensíveis diante do trono de Deus."
APOCALIPSE 14.4-5

As testemunhas judias possuem uma tremenda força de caráter, e o seu exemplo trará um avivamento em Israel durante o período da Tribulação. Por causa da declaração leal e fiel que as testemunhas farão do evangelho, milhões se converterão a Cristo durante este período de aflição.

Isto não deveria nos surpreender. Imagine o poder espiritual que seria emanado pelos 144 mil evangelistas incontaminados pelo mundo e puros nos seus pensamentos e palavras!

Eles Serão Poupados do Juízo Vindouro

"E, depois destas coisas, vi quatro anjos que estavam sobre os quatro cantos da terra, retendo os quatro ventos da terra, para que nenhum vento soprasse sobre a terra, nem sobre o mar, nem contra árvore alguma. E vi outro anjo subir da banda do sol nascente, e que tinha o selo do Deus vivo; e clamou com grande voz aos quatro anjos, a quem fora dado o poder de danificar a terra e o mar, dizendo: Não danifiqueis a terra, nem o mar, nem as árvores, até que hajamos assinalado na testa os servos do nosso Deus."
APOCALIPSE 7.1-3

O último versículo de Apocalipse 6 faz um anúncio e levanta uma pergunta importante: "Porque é vindo o grande Dia da sua ira; e quem poderá subsistir?" (v. 17).

O capítulo 7 dá a resposta ao anúncio e responde à pergunta por intermédio do que a visão de João revela a seguir. Ele vê quatro anjos "sobre os quatro cantos da terra", retendo os terríveis ventos dos juízos divinos, da mesma forma que um caçador segura cães de caça ávidos para apanhar uma presa. A expressão "quatro cantos" não indica que a Terra seja quadrada; antes, reflete os quatro quadrantes de uma bússola. João relata que estes ventos destruidores, que sopram para destruir a terra de todas as direções, estão sendo contidos. O apóstolo, então, observa como um quinto anjo vem do Oriente e instrui os quatro anjos para refrear os ventos por mais um tempo: "Não danifiqueis a terra, nem o mar, nem as árvores, até que hajamos assinalado na testa os servos do nosso Deus" (v. 3)

Assim como o sol que se levanta do Oriente para sustentar e preservar a vida na Terra, este anjo da divina proteção mantém os 144 mil fiéis pregadores a salvo do juízo de Deus.

Eles Estão Seguros em meio à Tribulação

"E olhei, e eis que estava o Cordeiro sobre o monte Sião, e com ele cento e quarenta e quatro mil, que em sua testa tinham escrito o nome dele e o de seu Pai."
APOCALIPSE **14.1**

Assim como os três moços hebreus foram mantidos vivos na fornalha ardente do rei Nabucodonosor, estes 144 mil hebreus também serão protegidos de Satanás e do Anticristo ao longo de todo o período da Tribulação. Mark Hitchcock faz esta ilustração triunfante:

"Em Apocalipse 14.1-5, João vê os 144 mil no fim da Tribulação de pés, triunfantes sobre o monte Sião — a cidade de Jerusalém. Observe que ele não enxerga 143.999. Todos os 144 mil foram divinamente preservados pelo Senhor. Nem mesmo um único deles foi deixado para trás."[2]

Eles São Bem-sucedidos no seu Ministério

"Depois destas coisas, olhei, e eis aqui uma multidão, a qual ninguém podia contar, de todas as nações, e tribos, e povos, e línguas, que estavam

diante do trono e perante o Cordeiro, trajando vestes brancas e com palmas nas suas mãos."
APOCALIPSE 7.9

Assim como eu, talvez você também tenha ouvido as pessoas falarem de um grande avivamento que ocorrerá na terra antes de Jesus voltar e levar a sua Igreja para o Céu. Eu realmente gostaria que isso fosse verdade. Porém, quando estudamos 2 Tessalonicenses 2, descobrimos que, na verdade, haverá infelizmente uma grande "apostasia" da fé (v. 3).

O avivamento grandioso que ocorrerá no futuro acontecerá *depois* do Arrebatamento, durante a Tribulação. E estes 144 mil evangelistas judeus assinalados encabeçarão o movimento. Eles receberão poder para pregar o evangelho para o mundo, e o resultado será um avivamento jamais visto por todos. Ajudados pelo impacto das duas testemunhas (Ap 11) e pelos efeitos chocantes das calamidades internacionais, os 144 mil evangelistas judeus percorrerão a terra com o evangelho de Jesus Cristo, e milhões serão salvos.

João descreve estes novos convertidos como "uma multidão, a qual ninguém podia contar" (Ap 7.9). Ele também deixa claro que estas pessoas serão levantadas "de toda tribo, e língua, e povo, e nação" (5.9; ver também 11.9; 13.7; e 14.6). Este vasto empreendimento evangelístico cumprirá as palavras de Jesus no seu Sermão das Oliveiras: "E este evangelho do Reino será pregado em todo o mundo, em testemunho a todas as gentes, e então virá o fim" (Mt 24.14).

Eles São Separados para o Reino

"Estes são os que vieram de grande tribulação, lavaram as suas vestes e as branquearam no sangue do Cordeiro."
APOCALIPSE 7.14

Os 144 mil evangelistas judeus serão especialmente preservados ao longo de todos os sete anos da Tribulação, de modo que eles estarão vivos quando o Milênio começar. Naquele momento, eles entrarão no Reino e reinarão com Cristo e com a sua Igreja glorificada. Isto levará ao cumprimento da promessa feita por Deus ao seu povo por intermédio dos profetas Ezequiel e Sofonias.

De acordo com Ezequiel 48, cada uma das doze tribos terá as suas próprias fronteiras geográficas demarcadas no Milênio. O profeta Sofonias representa este remanescente separado dessa maneira: "O remanescente de Israel não cometerá iniquidade, nem proferirá mentira, e na sua boca não se achará língua enganosa; porque serão apascentados, deitar-se-ão, e não haverá quem os espante" (Sf 3.13).

Eles Estão Cantando um Novo Cântico no Céu

"E olhei, e eis que estava o Cordeiro sobre o monte Sião, e com ele cento e quarenta e quatro mil, que em sua testa tinham escrito o nome dele e o de seu Pai. E ouvi uma voz do céu como a voz de muitas águas e como a voz de um grande trovão; e uma voz de harpistas, que tocavam com a sua harpa. E cantavam um como cântico novo diante do trono e diante dos quatro animais e dos anciãos; e ninguém podia aprender aquele cântico, senão os cento e quarenta e quatro mil que foram comprados da terra."
APOCALIPSE **14.1-3**

Ao longo da história, o povo de Deus tem escrito hinos de celebração para comemorar o triunfo do seu Senhor.

Moisés escreveu o primeiro hino de louvor registrado quando o Senhor retirou Israel da escravidão e derrotou os egípcios às margens do Mar Vermelho. "Então, cantou Moisés e os filhos de Israel este cântico ao SENHOR; e falaram, dizendo: Cantarei ao SENHOR, porque sumamente se exaltou; lançou no mar o cavalo e o seu cavaleiro" (Êx 15.1) Existe também o cântico de Débora, registrado em Juízes 5, e o cântico de vitória do rei Davi, em 2 Samuel 22, bem como o Salmo 18. Nestes cânticos de triunfo, os autores celebram as vitórias de Deus a seu favor.

Como João viu o Cordeiro de pé no monte Sião em triunfo, ele ouve uma voz do céu junto com o som dos harpistas, tocando e cantando um novo cântico diante do trono. Este é um coro diferente daquele que João viu anteriormente, que consistia de muito mais de 144 mil: "E olhei e ouvi a voz de muitos anjos ao redor do trono, e dos animais, e dos anciãos; e era o número deles milhões de milhões e milhares de milhares, que com grande voz diziam: Digno é o Cordeiro, que foi morto, de receber o poder, e riquezas, e sabedoria, e força, e honra, e glória, e ações de graças" (Ap 5.11-12).

Agora, João vê este coro menor (se é que um coro de 144 mil pode ser chamado de algo pequeno), e eles estão cantando um cântico que ninguém mais pode conhecer — pois ninguém passou pelo que estas testemunhas passaram. Elas são os que sofreram morte de sangue na Tribulação e que testemunharam grande carnificina e destruição. Eles, porém, viram muitas pessoas se converterem a Jesus por intermédio do seu ministério. Em função da sua experiência única, eles possuem um cântico de louvor que também lhes é peculiar.

Uma de minhas experiências mais marcantes como estudante no Seminário Dallas foi a minha primeira visita à capela. Jamais esquecerei o momento em que entrei na Capela Chafer e ouvi o capelão dizer: "Cavalheiros, coloquemo-nos de pé para cantar um hino". Quando quinhentos homens começaram a cantar louvores a Deus em voz alta, eu chorei. Se eu senti aquela emoção toda ao ouvir a voz de quinhentos varões, não consigo imaginar como será ouvir 144 mil vozes cantando louvores para o Cordeiro.

O compositor Eric Whitacre — vencedor do Grammy Award americano — nos dá uma ideia de como este coro poderia soar. Whitacre é muito conhecido pelo seu Coral Virtual, no qual pessoas de várias partes do mundo gravam as suas vozes em uma, ou mais partes de uma canção. Ele, então, faz a "mixagem" das melhores trilhas em um belo e magnífico coral e posta o resultado no YouTube.

O Coral Virtual de Whitacre 1.0 era composto de 185 cantores de doze países diferentes. O seu projeto mais recente, o Coral Virtual 3.0, combinava 3.746 inscritos, de 73 países e foi lançado em abril de 2012. Este coro já estava sendo chamado de "coral do tamanho da Internet" e de "mais belo coral do mundo". O fato é que o livro de Apocalipse revela um coro que "deixará no chinelo" o coro de Whitacre. O coro que João viu era composto de doze mil vozes de cada uma das doze tribos de Israel.

Observe que os 144 mil cantores são acompanhados por harpas. Você sabia que as harpas são mencionadas cerca de cinquenta vezes no Antigo Testamento? Em cada um dos exemplos, elas estão associadas com a alegria. A harpa nunca é tocada em momentos de luto ou tristeza. Quando Israel esteve no cativeiro, o salmista descreve a experiência do povo nestes termos: "Junto aos rios da Babilônia nos assentamos e choramos, lembrando-nos de Sião. Nos salgueiros, que há no meio dela, penduramos as nossas harpas" (Sl 137.1-2).

Uma nova canção, acompanhada pela harpa, é o tributo de dedicação de tempo que o povo de Deus oferece a Ele quando Ele vem ao seu resgate: "A ti, ó Deus, cantarei um cântico novo; com o saltério e com o instrumento de dez cordas te cantarei louvores. É ele que dá a vitória aos reis e que livra a Davi, seu servo, da espada maligna" (Sl 144.9-10).

Quando o povo de Deus reconhece as maneiras que Ele os têm libertado, ele responde com cânticos vivos e alegres de louvor. Esta, normalmente, tem sido uma marca do avivamento espiritual. Durante o Primeiro Grande Avivamento, Jonathan Edwards percebeu a profundidade com que o avivamento havia afetado o louvor da sua congregação em Northampton, Massachusetts:

> "Nossos louvores públicos estavam grandemente avivados, e Deus era servido tanto no nosso salmodiar, como na beleza da sua santidade. Raramente havia uma parte no culto divino no qual os santos de Deus em nosso meio tinham a graça demonstrada de modo tão marcante e o coração tão elevado, como nos hinos de louvor a Deus."[3]

Como relatou Jonathan Edwards, existe um poder emocional tremendo na música. Numa palestra intitulada "O Senso do Fim", o professor Jeremy Begbie nos fala de uma pregação em uma igrejinha simples da África do Sul:

> "Fui informado, pouco antes do culto, que uma casa logo depois da esquina da igreja havia sido totalmente destruída pelo fogo porque o homem que ali morava era suspeito de um roubo. Uma semana antes, um tornado havia passado pelo vilarejo, despedaçando cinquenta casas: cinco pessoas morreram em consequência. A seguir, contaram-me que, na noite anterior, uma gangue apanhou um dos nossos meninos, com catorze anos de idade, que participava da escola dominical, e o matou a golpes de facada.
>
> O pastor faz a seguinte oração de abertura do culto: 'Senhor, tu és o Criador e o Soberano, mas por que o vento veio como uma serpente e tirou os nossos telhados dessa forma? Por que uma turma tirou a vida de um dos nossos filhos, quando sabemos que ele tinha toda a sua vida pela frente? Vez após vez, Senhor, sempre estamos no meio da morte.'

E à medida que ele falava, a congregação respondia com gemidos e suspiros de horror. E, então, depois de terminar a sua oração, muito lentamente a congregação começou a cantar, a princípio de forma tímida, depois cada vez mais forte. Eles cantaram e cantaram, hino após hino de louvor — louvor a um Deus que, em Jesus, mergulhou no que há de mais horrível, a fim de nos dar a promessa de um final que vai além da nossa imaginação. Os cânticos davam àquela congregação um gosto do que seria o fim de todas as coisas."[4]

Por mais devastador que o período da Tribulação possa ser, fica claro que Deus jamais remove a sua mão completamente da Terra. Os 144 mil evangelistas judeus assinalados são a prova de que Deus continuará sendo soberano e que ainda orquestrará os eventos conforme os seus planos de vitória final, continuando a inspirar o seu povo a cantar cânticos de louvor ao seu grande nome.

CAPÍTULO
4

AS DUAS TESTEMUNHAS

O PRIMEIRO MINISTRO DE ISRAEL Yehudi Abrams sorriu ao posar para uma fotografia junto com o primeiro ministro britânico Judas Christopher. A multidão em Tel Aviv aplaudiu quando aqueles dois homens subiram até o púlpito cheio de microfones e diante de várias câmeras de televisão:

— Meus queridos cidadãos de Israel. — A voz de Abrams estava animada. — Estou feliz em anunciar a assinatura de um tratado sem precedentes, no qual o primeiro-ministro Christopher garante a paz entre Israel e os nossos vizinhos islâmicos, bem como a nossa defesa de qualquer outra nação agressora durante sete anos. Ele estacionará, de forma imediata, tropas britânicas em todo o território israelense para reforçar os termos do tratado. Além disso... — Abrams fez uma pausa, com a voz falhando de emoção. — Além disso, o primeiro-ministro Christopher prometeu generosamente providenciar fundos e proteção militar para que façamos a reconstrução do nosso Templo Santo no seu antigo local sagrado.

Gritos e aplausos vieram da multidão, à medida que Christopher subiu aos microfones.

— Em nome do meu país, gostaria de expressar nossa alegria de sermos os agentes que, finalmente, trouxemos a paz ao Oriente Médio. Por favor, estejam certos de que o Reino Unido, que esteve à frente do estabelecimento da sua nação em 1948, sempre será o seu fiel amigo e aliado.

Moshe Mendel, prefeito de Jerusalém, assistia do seu escritório à conferência transmitida pela televisão:

— Graças ao Senhor Deus de Israel — sussurrou ele, enquanto apertava as mãos, uma contra a outra, de alegria.

Durante anos, Jerusalém foi alvo de ataques terroristas por parte dos muitos inimigos de Israel. Agora, com a paz assegurada, Jerusalém e o restante de Israel poderiam desmantelar as caríssimas instalações militares que continuamente corroíam os recursos econômicos do país.

• • •

Nos meses que se seguiram ao tratado, Israel redirecionou a sua atenção e o seu dinheiro dos esforços na área militar para a resolução dos problemas domésticos da nação. Aparentemente, da noite para o dia, a prosperidade da nação explodiu. Por outro lado, com esta nova realidade, vieram também algumas mudanças culturais inesperadas. Seguindo o modelo do mundo ocidental, o povo de Israel começou a se afundar num lamaçal cada vez mais profundo na busca por prazeres e autoindulgência. Tal mudança alarmou o prefeito Mendel.

Em uma reunião com Yehudi Abrams, o prefeito colocou um calhamaço de papéis de 15 cm na mesa do primeiro-ministro:

— Mas o que significa tudo isso? — perguntou Abrams.

— Dê uma olhada nestas coisas. — disse Mendel, com voz tensa. — Por favor, dê apenas uma olhada, senhor primeiro-ministro.

Abrams folheou várias páginas do extenso documento:

— Isso aqui não passa de um monte de pedidos de aberturas de novas empresas. Por que você está trazendo isso para mim?

— O senhor não viu que tipo de assunto está sendo tratado nestes papéis aqui?

— Bem, sim, na verdade, eu vi... Aqui tem um para abertura de um cassino, outro para um clube noturno e outro para uma casa de *shows*. Já temos este tipo de estabelecimentos em Israel há décadas. Qual é o problema?

— Qual é o problema?! O senhor não está vendo que o nosso país está se transformando num verdadeiro lixo moral? Nós sempre exercemos restrições em conceder este tipo de licença, mas cada um destes

As duas Testemunhas

pedidos está sendo apoiado por abaixo-assinados vindos dos nossos próprios cidadãos. Se eu conceder cada um deles, teremos um clube de *strip* em cada esquina do nosso país. Precisamos rejeitar estes pedidos se quisermos manter um mínimo de nossa moralidade nacional.

— Bem, se isso é o que as pessoas desejam, quem somos nós para negar isso a elas? — Abrams falou com indiferença. — Afinal de contas, Israel é uma democracia, não é mesmo?

Sentindo que havia ficado sem escolha, Mendel liberou as licenças. Depois de retornar ao seu escritório, ele baixou a cabeça, numa tentativa de lidar com o sentimento de que o seu país estava entrando numa era de depravação sem precedentes.

• • •

Arão e Séfora, a namorada com quem ele já vivia junto, sempre jantavam cedo. Eles frequentavam um restaurante no primeiro andar de um prédio de Jerusalém e gostavam de certa privacidade antes da chegada da hora do *rush*. Certa noite, eles haviam acabado de iniciar a refeição quando a voz do *maître* * chamou a atenção dos dois para a parte frontal do restaurante.

— Sim, eu sei que os senhores estão vendo muitas mesas vazias — dizia ele para dois homens que acabavam de entrar. — Acontece que, bem, todas já estão reservadas para a noite. Os senhores poderiam tentar o restaurante David Diner, que fica a duas quadras daqui, nesta mesma rua.

— Ih, mas que coisa insuportável! — disse Séfora. — Olha só *pra* eles! Ah, eu estou muito satisfeita por Lazar estar mandando esses homens embora.

Os fregueses rejeitados estavam totalmente vestidos de preto, só que os seus ternos estavam, agora, desbotados e com manchas permanentes. Dava para ver que os seus joelhos e ombros estavam desgastados e que os fios começavam a se soltar dos seus paletós. Os dois homens usavam chapéus — um deles usava um fedora preto e oleoso, e o outro um boné Ascot britânico, também de cor preta. Os homens, em si, entretanto, tinham aspecto elegante, com a barba bem feita e bem aparada.

---

* N. do E.: Redução de *maître d'hôtel*, que é um chefe ou supervisor de garçons em restaurantes ou eventos.

— Está muito bem — disse o homem mais alto. — Queremos agradecê-lo pela sua recomendação.

Eles tocaram as abas dos chapéus e saíram dali.

Arão e Séfora terminaram o seu jantar e foram caminhar, como sempre faziam, no Parque Sacher. Faltava mais de uma hora para o pôr do sol, e o parque estava lotado de corredores ocasionais, adolescentes jogando basquete e famílias fazendo churrasco, enquanto as suas crianças brincavam de pique-pega. No perímetro do gramado, uma grande multidão de observadores estava reunida ao redor dos bancos do parque.

Arão apontou em direção a multidão.

— O que está acontecendo ali? — curioso, ele se aproximou.

— Ei, este é um daqueles maltrapilhos que vimos ser expulso do restaurante — disse Séfora.

Eles chegaram até à frente da multidão, onde as palavras do homem mais alto soavam claras e fortes:

— Homens e mulheres de Israel, vocês têm a sublime honra de serem um povo especial escolhido, a partir de todas as nações, para levar o Escolhido de Deus para a Terra. Vocês, porém, mataram o Messias que veio para salvá-los. Outras nações reconheceram e aceitaram aquele a quem vocês rejeitaram, e, por reverência, eles chamam Jerusalém de Cidade Santa. — O seu tom ficou ainda mais sério. — Só que eu quero dizer que vocês não são santos! O mal corre solto pela sua terra! A sua depravação faria Sodoma ficar vermelha de vergonha! Quero dizer que o Messias, a quem vocês rejeitaram, em breve retornará para erguer o seu trono de justiça e governar sobre vocês. E, a menos que vocês se arrependam do mal que estão cometendo, o seu juízo descerá como o machado de um carrasco sobre o pescoço de vocês, e vocês perecerão para sempre!

Uma voz gritou na multidão:

— Quer dizer que este homem que vocês afirmam que nós matamos vai sair rastejando da sua cova e nos colocar lá dentro? O que ele é, um zumbi? — Os risos explodiram na multidão.

— Vocês podem até escarnecer de nós, mas insistimos que atentem para o nosso alerta.

— Quem são vocês para nos chamarem de depravados e decretar o juízo sobre nós?

O companheiro do pregador subiu no banco.

— Nós somos as testemunhas de Deus, enviadas para chamar vocês, o povo de Deus, de volta para os padrões de santidade da Lei e dos Profetas, antes que seja tarde demais.
— Duas testemunhas?! — gritou outra voz. — Vocês querem dizer "duas testemunhas" ou *"duas testemunhas-sem-sabedoria"*?
A multidão agora soltava urros de alegria.
Depois de várias trocas de farpas, Arão agarrou a mão de Séfora e a levou de volta para a pista de caminhada.
— Por que é que estamos aqui parados ouvindo estes doidos? — disse ele.
— Mas e se os alertas deles fossem verdade? E se nós tivermos mesmo matado o Messias? E se Ele estiver vindo para nos julgar?
— Ah, para com isso, Séfora! Mesmo que Deus existisse, você acha mesmo que Ele tiraria um zumbi de uma sepultura e o colocaria num trono para ser rei sobre todos nós? Acho que isso é um pouco demais para nós, não é mesmo? Venha, vamos embora daqui.
Séfora o acompanhou, mas não deixou de olhar para trás, por sobre os ombros. Só que, ao contrário da mulher de Ló, ela desconfiava que estivesse mergulhando em Sodoma em vez de se afastar dela.

• • •

Nos meses que se seguiram, as duas testemunhas apareciam diariamente em todas as partes de Jerusalém — em parques, em praças públicas, nas esquinas, em mercados — em todos os lugares em que as pessoas estavam dispostas a ouvir. Às noites, elas, às vezes, alugavam salas de reuniões, onde reuniam multidões consideráveis, até que a polícia as retirava do local.
À medida que a notoriedade das duas testemunhas ia se espalhando, elas rapidamente se tornaram alvo da imprensa. Redes espalhavam trechos dos seus discursos pelo mundo inteiro, e comentaristas usavam as suas palavras para escarnecer do absurdo da fé cristã. Os dois homens também serviam de gozação para programas noturnos de entrevista e cartunistas políticos.
Não demorou muito, entretanto, para que o valor de entretenimento das duas testemunhas se esvaziasse e as pessoas passassem a ser intolerantes com a sua insistência contínua no arrependimento. Eles foram proibidos de ter acesso a prédios públicos. Foram expulsos das esquinas das ruas. Os vendedores se recusavam a atendê-los porque o seu

zelo profético irritava os demais clientes. E no seu lugar favorito — os parques públicos — as pessoas, agora, passaram a atirar ovos e comida estragada neles. Apesar disso tudo, as duas testemunhas não podiam ser contidas.

Numa certa noite, Arão e Séfora pararam para comprar alimentos depois do jantar. Ao sair do mercado, eles passaram perto de um canteiro de obras e se depararam com as duas testemunhas se dirigindo a uma multidão que escarnecia deles.

Arão se deteve:

— Séfora, vamos ali nos divertir um pouco. — Ele a puxou em direção à multidão.

— Ah, deixa disso, vamos embora, vamos. — disse ela. — Eu não quero que você ridicularize aqueles homens. Eles me assustam.

— Mas eu não vou ridicularizá-los. Eu só quero mesmo é fazer algumas perguntas perfeitamente razoáveis a eles. Ah, vamos lá. — Séfora o seguiu de forma relutante.

Arão conseguiu chegar até a frente da multidão e se dirigir ao orador. Quem falava desta vez era o homem de menor estatura.

— Meu senhor, por favor, o senhor nos alertou sobre o juízo iminente que está para vir sobre nós. Se estas advertências forem verdadeiras, então é certo que as devemos levar muito a sério, não é mesmo?

Alguns observadores se viraram e olharam bem sério para Arão.

Ignorando-lhes por completo, ele prosseguiu:

— Nós creremos nas suas palavras se vocês simplesmente nos derem um sinal provando que vocês são mesmo profetas de Deus. Arão apontou para uma vala, cheia da água acumulada pela chuva que caíra naquela manhã. — Meu senhor, faça-nos uma coisa: divida as águas daquela poça, assim como Moisés repartiu as águas do Mar Vermelho, e nós creremos na sua mensagem.

A multidão soltou risos baixinhos. As duas testemunhas se puseram de pé, serenas, olhando para Arão.

— Muito bem — disse Arão. — Talvez o meu teste tenha sido muito difícil. Vou propor um teste um pouco mais fácil, então. Eu ouvi falar que o profeta Elias fez com que o azeite do jarro de uma viúva continuasse intacto, independentemente do quanto ela o usasse.

Arão tomou da sacola de compras de Séfora um pequeno vidro de azeite de oliva e derramou o seu conteúdo no chão. Depois, ele segurou o vidro vazio no alto e disse:

— Eu só quero que vocês reencham este vidro, assim como Elias encheu o jarro daquela viúva, e todos nós creremos em vocês.

A testemunha respondeu:

— Você quer um sinal? Muito bem, eu darei um sinal a você; um sinal como aquele que Elias deu a Acabe, o rei iníquo: a chuva de hoje foi a última que você verá nesta nação durante os próximos três anos e meio.

O homem de maior estatura, então, veio à frente e disse:

— Eu também darei um sinal a você. Assim como Moisés transformou o Nilo em sangue, amanhã pela manhã, quando você se levantar, suas fontes de águas darão a vocês água contaminada e tão vermelha como o sangue. Vocês beberão dessa água vermelha porque não terão outra opção, e vocês sofrerão de toda sorte de doença, como foi com as pragas do Egito nos tempos antigos. A teimosia de vocês é o motivo destes sofrimentos que sobrevirão a vocês mesmos, para que possam reconhecer o poder de Deus e se converter a Ele, antes que males ainda piores sobrevenham a todos.

Gritos de ira foram vomitados da multidão, e, dessa vez, os objetos lançados sobre eles não eram mais comidas estragadas, e sim pedras! Apesar disso, os alvos continuaram ilesos. Pedras de todos os tamanhos passavam de raspão por eles sem atingi-los. A multidão chegava mais perto na esperança de poder alvejá-los, mas isto era impossível.

Furioso de que nenhuma das pedras estava acertando o alvo, o próprio Arão pegou do chão uma pedra do tamanho de uma bola de tênis.

— Não! — Séfora segurou o braço de Arão. — E se eles estiverem certos? Nós logo saberemos. Por favor, deixe-os em paz.

Na manhã seguinte, Séfora levantou cedo e, ainda meio sonolenta, foi à cozinha abrir a torneira para fazer um café. Quando ela olhou para o pote onde esquentaria a água, ela gritou e a deixou cair da sua mão. O pote ficou estilhaçado, e o líquido vermelho terracota se espalhou pelo chão.

• • •

A água ao longo de todo Israel ficou pútrida e vermelha com a chegada da estação chuvosa, mas sem que a chuva caísse. As águas do Mar da Galileia desceram a níveis absurdos. Fontes secaram, os aquíferos foram se esgotando, o rio Jordão se transformou num filete d'água e já não tinha mais forças para atingir o Mar Morto. Safras inteiras foram perdidas; videiras secaram; ovelhas e gado morreram. Caravanas contínuas de caminhões, trens e navios traziam água para Israel, mas nem isso era suficiente. Hospitais e necrotérios estavam com sua capacidade máxima.

Um dia, quando Séfora estava demasiadamente doente para trabalhar, ela estava deitada na cama meio dormindo, meio ouvindo aos resmungos de um comentarista de noticiário:

— E como estas catástrofes coincidentemente ocorreram depois das predições destes dois profetas misteriosos, a sua notoriedade explodiu ao redor do planeta. Ontem, eles jogaram mais gasolina na fogueira da controvérsia, como vocês verão nestas imagens.

Séfora pegou o controle remoto e levantou o volume do televisor. O rosto daqueles dois homens encheu a tela da TV. O homem mais alto estava falando:

— Povo de Israel e do mundo, por favor, ouçam o que vou dizer. Os desastres que vocês estão agora enfrentando são alertas de Deus, enviados, pela misericórdia dele, antes do seu juízo, a fim de chamá-los ao arrependimento. Mas mesmo assim, vocês não se arrependeram. Vocês continuam chafurdando no lamaçal da sua depravação.

Séfora ficou vermelha ao pensar no seu relacionamento com Arão. *Eu sei que morar juntos não é a melhor opção moral, mas com certeza ele está falando de coisas muito mais sérias do que isso.*

A testemunha prosseguiu:

— Vocês se desviaram do Deus que os chamou para serem um povo santo. E, pior do que isso, colocaram a confiança de vocês num homem que, em breve, infligirá mais mal sobre a nação dos judeus do que Faraó, Nabucodonosor, Antíoco, Herodes, o imperador Tito, Hitler, ou qualquer outro déspota que já viveu. Se vocês não se desviarem do mal, tenham certeza de que os desastres que hoje afligem vocês não passarão de espetadinhas de agulhas, se comparados às aflições que virão no futuro.

Da multidão, um repórter, então, ergueu a sua voz:

— Afinal de contas, quem é este ser maligno que vocês tanto denunciam?

— Vocês não sabem? Ele não é ninguém mais do que o primeiro ministro britânico Judas Christopher. Ouçam o meu alerta, e ouçam com atenção! Este homem em breve trairá a vocês todos. Ele blasfemará de Deus e exigirá a adoração incondicional e a obediência de vocês!

Rejeitem-no enquanto ainda há tempo e voltem-se para Deus, que os ama de verdade!

A cena agora retornou para o apresentador da rede de televisão:

— Temos aqui conosco o renomado pesquisador Reuben Cohen, que nos falará como a opinião pública está reagindo a estes últimos clamores.

O rosto de Cohen apareceu em *close* na tela.

— Nossos últimos levantamentos feitos em massa demonstram que poucas pessoas acreditam que a seca, a contaminação da água e as pragas nos alimentos sejam mesmo juízos vindos da parte de Deus. A maioria das pessoas está com raiva destes homens por eles estarem usando estes desastres naturais, coincidentemente, para reforçar a sua plataforma fundamentalista. Os judeus, em particular, sentem-se ultrajados por estes dois homens, autointitulados como "as duas testemunhas", terem denunciado Judas Christopher, o grande herói que nos trouxe a paz.

— E onde você acha que isso tudo vai terminar? — perguntou o apresentador.

— Francamente, eu temo que tudo isso acabe em violência — disse Cohen. — As pessoas já estão clamando para que estes dois agitadores sejam linchados.

Séfora desligou o televisor e sentou-se tremendo. O alerta das duas testemunhas soava nos seus ouvidos. *Mais juízo nos sobrevirá se não nos arrependermos.*

• • •

À medida que as duas testemunhas iam ganhando mais exposição pública, o prefeito Mendel começava a enfrentar mais pressão da opinião pública para tomar medidas contra eles. O seu gabinete havia sido invadido por pedidos de todas as partes do mundo, insistindo que ele detivesse aquelas duas pessoas que representavam uma ameaça a muitos. Contudo, como Mendel sempre mostrava a todos, as duas testemunhas não estavam fazendo nada ilegal.

Finalmente, o chefe da polícia de Jerusalém assumiu o caso para si. Sabendo que obteria amplo apoio da população, ele enviou um batalhão ao parque para prender aqueles dois pregadores incômodos. Quando os oficiais da polícia investiram contra aqueles dois homens, eles respiraram fundo, depois exalaram o ar. Uma onda de calor intenso sobreveio àqueles oficiais. Eles forçavam passagem em direção àqueles dois homens, mas uma chama invisível veio subitamente e os nocauteou, levando-os ao chão e fazendo com que eles ficassem se contorcendo e gritando com as pontadas da morte.

O chefe da polícia, então, despachou um segundo batalhão para atirar e matar as testemunhas. Os dois profetas permaneceram ali, serenos, enquanto os oficiais de polícia miravam as suas armas. Subitamente, tiros esparsos começaram a ser ouvidos em todo o parque. Quando os tiros cessaram, as testemunhas estavam ali, de pé, como dois carvalhos: firmes e fortes, inabaláveis e determinados. O homem de maior estatura disse:

— Vocês não poderão nos ferir enquanto não terminarmos a tarefa para qual Deus nos chamou a realizar.

• • •

À medida que os pronunciamentos verbais das duas testemunhas contra Judas Christopher se intensificavam, a fúria contra eles também se intensificava de igual forma. Eles estavam atraindo atenção demais, e este não era o tipo de publicidade que ele estava procurando. O prefeito Mendel era claramente incapaz de lidar com a situação; já estava mais do que na hora de assumir o controle daquela situação.

Christopher fez uma ligação para o primeiro-ministro Abrams:

— Você e este prefeito frouxo já deixaram estes dois vermes irem longe demais. Amanhã cedo, um contingente das nossas tropas estacionadas em Israel entrará aí e os exterminará de uma vez por todas.

— Mas, senhor, — respondeu Abrams. — a polícia de Jerusalém já tentou matá-los várias vezes. Eles parecem ser invencíveis.

— Isso não faz sentido! — devolveu Christopher. — Não existe ninguém invencível! *Pelo menos não ainda* — acrescentou ele para si mesmo.

Logo depois de raiar o sol do dia seguinte, as duas testemunhas estavam mortas na rua, derrubadas pelas primeiras balas disparadas pelo esquadrão britânico. Ninguém entendeu porque estes soldados conseguiram fazer o que todos os outros não conseguiram. Christopher, porém, não se importava com nada; ele, simplesmente, estava aliviado em saber que aquela praga maligna, finalmente, havia sido extirpada.

Imagens ao vivo do assassinato daqueles homens foram mostradas pela televisão para todo o planeta, e Christopher ordenou que os seus corpos fossem exibidos em público para que o mundo todo pudesse ver o fim humilhante que eles tiveram.

— Deixem seus corpos expostos por três dias e meio — ordenou ele. — Um dia por ano em que a acidez das palavras desses homens envenenou nossas vidas.

Estas notícias fizeram com que Israel celebrasse a morte deles com grande orgia e indulgência. A morte das testemunhas foi a notícia de capa de todos os jornais e programas de entrevistas do mundo inteiro. Guias turísticos desviavam excursões para dentro da cidade de Jerusalém apenas para mostrar aos turistas os corpos expostos daqueles homens.

Com a aproximação do meio-dia do quarto dia da celebração, o primeiro-ministro Abrams se colocou de pé num palanque especialmente construído sobre a praça pública no paço governamental. Atrás dele, estavam os maiores oficiais políticos e religiosos, e a praça à sua frente era um verdadeiro mar de gente. Os corpos das duas testemunhas, crivados de balas, estavam pendurados diante do primeiro-ministro em tecidos de algodão grosseiros em uma paródia macabra do que deveria ser um funeral. Os cadáveres estavam cinzentos, exceto pelas marcas arroxeadas por onde o sangue escorrera.

Abrams, então, dirigiu-se à multidão:

— Hoje, estão diante de vocês os corpos de dois incitadores que vinham arruinando a nossa existência por três anos e meio. Durante três dias e meio, nós celebramos as suas mortes, marcando o fim desta terrível devastação que a mitologia deles trouxe sobre nós. Estes agitadores insistiam em nos converter ao seu Cristo. Só que, agora, a morte deles mostra a todos a futilidade da crença em um deus que é incapaz de proteger aos seus próprios pregadores! A morte deles prova que Deus não existe e que, na verdade, não há necessidade nenhuma de que haja um Deus! O homem é completamente capaz de governar a si próprio.

Um aplauso vigoroso surgiu da multidão.

— Estas carcaças nojentas nem são dignas de um sepultamento! — emendou Abrams. — Ao invés disso, vamos descartá-los como lixo, que é o que eles são! Na antiguidade, o povo de Israel descartava o seu lixo por cima das muralhas de Jerusalém, no Vale de Hinom, para que ali ele se decompusesse e fosse incinerado. Nós daremos este mesmo destino a estes dois corpos. Sob os olhares do mundo inteiro, eles serão despejados no aterro sanitário para apodrecer diante do sol escaldante!

Ao sinal do primeiro-ministro, o motorista de uma pá mecânica, que aguardava na frente, ligou o motor, e o trator se moveu para frente. Ele parou bem diante dos dois corpos, com a concha abaixada para apanhá-los.

Naquele momento, as duas testemunhas se mexeram e se puseram de pé. Uma cor saudável veio sobre a sua pele e, sob os olhos extasiados da multidão, as suas feridas desapareceram por completo. Subitamente, houve um som ensurdecedor, parecido com um vento impetuoso, que espantou a praça. Os observadores perplexos olharam para o alto e viram uma nuvem brilhante que descia do céu em forma de redemoinho. Ela envolveu as duas testemunhas, como se fora um lençol, e depois subiu novamente. Após as nuvens subirem, as testemunhas não foram mais vistas em lugar nenhum.

A multidão ficou calada, e o terror na praça era quase palpável. Os repórteres dos canais de televisão estavam ali com os microfones ligados, mas ficaram sem palavras.

De repente, sem qualquer aviso, o chão começou a tremer. Os tremores eram fracos inicialmente, mas logo começaram a se intensificar, até que ficaram muito violentos. O pânico tomou conta do local, e as pessoas começaram a correr em todas as direções. O palanque que foi montado caiu, matando quase todas as autoridades nele presentes. A prefeitura atrás deles sacudiu até que se tornou em ruínas, esmagando centenas de pessoas na praça e outras centenas no seu interior. Outras edificações governamentais também viraram pó. Tubulações de gás se romperam. Incêndios se espalharam, consumindo centenas de pessoas. Rachaduras enormes se abriram no solo e engoliram outras centenas de pessoas. O primeiro-ministro e todo o seu gabinete morreram, junto com mais da metade dos membros do Parlamento.

Séfora olhava para a TV enquanto aqueles terríveis acontecimentos se desencadeavam diante dos seus olhos. Ela não conseguia absorver aquilo tudo. Embora fosse difícil de dizer com exatidão, mas, aparentemente, um décimo de toda Jerusalém havia sido destruída em questão de segundos. Ela, porém, ficou estranhamente alegre com a ressurreição e com a ascensão das duas testemunhas.

Sentindo-se convicta e envergonhada do seu próprio pecado, ela dobrou a sua cabeça. As lágrimas verteram dos seus olhos enquanto ela orou:

— Por favor, Senhor, perdoa-me. Eu prometo largar a minha imoralidade e seguir o teu Cristo, seja qual for o custo para mim.

Séfora passou o resto daquele dia encaixotando as suas coisas. Ela chamou um táxi, escreveu um bilhete de despedida para Arão e saiu do apartamento. Ela sabia que jamais voltaria a vê-lo novamente.

A BASE BÍBLICA POR TRÁS DESTA HISTÓRIA

A vinda das duas testemunhas marca o início do programa divino de testemunho do mundo durante o período da Tribulação. Embora alguns eruditos coloquem o seu surgimento no meio da Tribulação, eu creio ser mais provável que o seu ministério ocorra no início dela.[1]

O Arrebatamento, obviamente, retirará todos os cristãos do mundo de uma única vez, deixando apenas os incrédulos para lidar com a Tribulação iminente. Poderíamos até questionar se Deus deixaria mesmo estas pessoas completamente desassistidas, sem qualquer forma de se achegar a Ele. Porém, o amor de Deus jamais cessa, e Ele jamais deixou o mundo sem alguma forma do seu testemunho. A personagem fictícia Séfora, da nossa história, é um exemplo de como estes dois profetas poderiam influenciar algumas pessoas a se aproximar de Deus naqueles tempos terríveis que estão por vir.

Apocalipse 11 oferece descrições destas duas testemunhas, com base em diversas categorias: suas personalidades, suas profecias, seu poder, sua perseguição e sua proteção sobrenatural.

Suas Personalidades

"E darei poder às minhas duas testemunhas, e profetizarão por mil duzentos e sessenta dias, vestidas de pano de saco."
APOCALIPSE 11.3

As duas testemunhas não são símbolos da Lei e do Evangelho; tampouco representam o Antigo e o Novo Testamentos. Elas são pessoas reais que, ao mesmo tempo, atrairão atenção das pessoas e que serão odiadas. Elas falarão, realizarão milagres e morrerão como somente pessoas reais podem morrer.

As Sagradas Escrituras as descrevem como "as duas oliveiras e os dois castiçais que estão diante do Deus da terra" (Ap 11.4). Para os leitores de João, estas metáforas teriam sido um elo nítido e familiar com a profecia de Zacarias. Na visão de Zacarias, ele viu um castiçal de ouro com sete lâmpadas ladeadas por duas oliveiras que abasteciam de óleo dourado as lâmpadas (Zc 4.1-13) Foi, então, revelado ao profeta que as oliveiras eram "os dois ungidos, que estão diante do Senhor de toda a terra" (v. 14).

Zacarias estava falando sobre dois homens fiéis que viveram na sua época — Josué, o sumo sacerdote, e Zorobabel, o governador que estava encabeçando a restauração do Templo. Estes dois homens eram testemunhas da verdade de que Deus faz a sua obra "não por força, nem por violência, mas pelo meu Espírito" (Zc 4.6).

O livro do Apocalipse faz referência ao candelabro e às oliveiras como um sinal a Josué e Zorobabel, as duas testemunhas de Zacarias 4. Assim como o candelabro, eles também ardiam com brilho. E, a exemplo das oliveiras, eles forneciam combustível para os candelabros. Esta é a metáfora para o fato de que estas duas testemunhas citadas no livro de Apocalipse brilharão nas trevas da Tribulação e que eles serão abastecidos pelo Espírito de Deus.[2]

Sendo assim, quem são, exatamente, estas testemunhas? Jesus chamou estas duas testemunhas de "*minhas* duas testemunhas", o que significa que elas tinham um relacionamento especial com Ele; relacionamento este que não era compartilhado com as demais testemunhas (Ap 11.3, grifo do autor). Porém, apesar de os estudantes de profecia concordarem que estes personagens desempenham um papel singular na narrativa do final dos tempos, existe um debate muito extenso acerca da identidade de cada um deles.

A maior parte deles crê que uma das testemunhas seja o profeta Elias. Eis aqui algumas razões para isto:

1. O profeta Malaquias predisse que Elias viria antes do Segundo Advento preparar o caminho para o Messias: "Eis que eu vos envio o profeta Elias, antes que venha o dia grande e terrível do Senhor; e converterá o coração dos pais aos filhos e o coração dos filhos a seus pais; para que eu não venha e fira a terra com maldição" (Ml 4.5-6).

Alguns consideram que João Batista cumpriu por completo a profecia de Malaquias. Porém, mesmo que João tenha vindo no "espírito e na virtude" de Elias (Lc 1.17) — o que significa que o Espírito que enchia e capacitava Elias também enchia e capacitava João Batista — João não era uma reencarnação daquele profeta do Antigo Testamento. Na verdade, um grupo de judeus, ao investigar João, perguntou especificamente a ele se João era Elias que havia retornado a terra. A sua resposta foi um enfático: "Não sou!" (Jo 1.21) E é por esta razão que João não foi o cumprimento da profecia de Malaquias.

2. Elias foi miraculosamente elevado ao céu (2 Rs 2.9-11), assim como as duas testemunhas também o serão (Ap 11.12).

3. As testemunhas terão o mesmo poder para reter a chuva, tal qual teve Elias (1 Rs 17.1; Ap 11.6).

4. Elias clamou, e o fogo desceu do céu (2 Rs 1.10), tal como também farão as duas testemunhas (Ap 11.5).

5. A duração tanto da seca, nos dias de Elias (1 Rs 17.1; Lc 4.25; Tg 5.17-18), como do ministério das duas testemunhas (Ap 11.3, 6) é de três anos e seis meses.

Alguns estudiosos consideram que a segunda testemunha é Enoque, mas crê-se que Moisés seja a conclusão mais provável, pelas seguintes razões:

1. Moisés apareceu com Elias no monte da Transfiguração (Mt 17.3).

2. Deus deu poder e habilidade a Moisés para transformar toda a água do Egito em sangue (Êx 7.19-20), e as testemunhas receberão o mesmo poder (Ap 11.6).

3. Deus preservou o corpo de Moisés, de modo que ele pudesse ser restaurado (Dt 34.5-7); e os corpos das testemunhas também serão restaurados (Ap 11.11).

4. Satanás disputou com o arcanjo Miguel o corpo de Moisés (cf. Jd 9). É possível que, ao fazer isso, ele estivesse tentando obstruir o plano de Deus para os últimos dias.

5. Moisés e Elias representam a Lei e os Profetas. Como o ministério das testemunhas ocorrerá dentro da nação dos judeus, faz

sentido que representantes da Lei (Moisés) e dos Profetas (Elias) apareçam diante dos judeus.

Timothy Demy e John Whitcomb apresentam um forte argumento em defesa da identidade das duas testemunhas como sendo Elias e Moisés, ao descrever Apocalipse 11:

> "Não existem dois homens na história inteira de Israel dignos de maior respeito e apreço do que Moisés e Elias. Moisés foi o grande libertador e o grande legislador que Deus deu a Israel (Dt 34.10-12). Os judeus do primeiro século, na verdade, consideravam que Moisés lhes havia dado o próprio maná do deserto (Jo 6.32). E Deus levantou Elias para confrontar Israel numa época de grande apostasia nacional. Deus o vingou ao enviar fogo do céu e um 'carro de fogo e cavalos de fogo' para removê-lo deste mundo. Os judeus do tempo de Jesus tinham um conceito tão elevado de Elias que, quando viram os milagres de Jesus, alguns concluíram que Ele seria o próprio Elias que havia retornado (Mt 16.14)."[3]

Suas Profecias

> "E darei poder às minhas duas testemunhas, e profetizarão por mil duzentos e sessenta dias, vestidas de pano de saco."
> APOCALIPSE 11. 3

Estas duas testemunhas são verdadeiros profetas que falam por divina revelação sob a autoridade de Cristo. A duração do seu testemunho profético foi estabelecida em 1260 dias. Isto equivale a quarenta e dois meses, ou três anos e meio.

Chegamos a uma ideia sobre a natureza da sua profecia a partir da descrição das suas vestes. As testemunhas são vistas trajando panos de saco, o que é consistentemente apresentado nas Escrituras como uma expressão exterior de luto ou arrependimento. Jacó colocou pano de saco quando ouviu falar da suposta morte do seu filho José (Gn 37.34). Davi colocou pano de saco quando ouviu falar do assassinato de Abner (2 Sm 3.31). Observe que a dramatização no início deste capítulo toma a liberdade de retratar as duas testemunhas em ternos pretos, o equivalente contemporâneo às roupas de luto.

AS DUAS TESTEMUNHAS

A profecia destas duas testemunhas é entregue tanto para judeus, como para gentios. Alguns acreditam que seja esta a razão para serem duas pessoas. O conteúdo da sua profecia é juízo: primeiramente, sobre os judeus e, depois, sobre os gentios. De acordo com o livro de Apocalipse, eles pregarão a sua mensagem de juízo todos os dias ao longo de todos os três anos e meio do seu ministério.

Conforme as exigências da lei judaica, o seu testemunho é estabelecido porque existem duas pessoas: "Por boca de duas ou três testemunhas, será morto o que houver de morrer; por boca de uma só testemunha, não morrerá" (Dt 17.6). O depoimento de uma única testemunha poderia ser subjetivo, corrompido ou incompleto. Já duas testemunhas que concordem acabam corroborando com o relato mútuo e, desta maneira, confirmam a verdade da questão.

Nos tempos bíblicos, Deus normalmente servia-se de testemunhas para validar uma verdade. Dois anjos testificaram a ressurreição do Salvador (Lc 24.4,5). Dois homens vestidos de branco testificaram a sua ascensão (At 1.10,11). Deus, normalmente, também envia os seus missionários em duplas. Pense em Moisés e Arão, Josué e Calebe, Zorobabel e Josué, Pedro e João, Paulo e Silas, Timóteo e Tito. Os discípulos foram enviados dois a dois (Mc 6.7), e os setenta também foram instruídos a seguir em duplas (Lc 10.1). Estas duas testemunhas seguirão este padrão ao proclamar um dos chamados mais importantes ao arrependimento de todos os tempos.

Seu Poder

"E darei poder às minhas duas testemunhas, e profetizarão por mil duzentos e sessenta dias, vestidas de pano de saco."
APOCALIPSE **11.3**

O Espírito de Deus potencializará tanto as palavras quanto as obras das duas testemunhas, a fim de que elas convençam os seus ouvintes ao arrependimento e os convertam a Deus.

O PODER DA SUA PREGAÇÃO

Passemos a analisar a mensagem que o Espírito dará a estes profetas para ver porque eles despertarão tanto ódio. William R. Newell capturou a essência do conteúdo da sua pregação e da sua poderosa presença em Jerusalém:

"Dia após dia, o alvoroço aumentará à medida que estas testemunhas dão o seu testemunho. E qual será este testemunho?

1. Eles afirmarão que o Senhor Jesus Cristo, que foi rejeitado, é o "Senhor de toda a terra". Eles dirão: "Vive o SENHOR, Deus de Israel, perante cuja face estou, que nestes anos nem orvalho nem chuva haverá, senão segundo a minha palavra"...
2. Eles testificarão de modo destemido e sem rodeios sobre a iniquidade dos homens, na frente de todas as pessoas. É bem provável que você nunca tenha ouvido um pregador que tenha falado diretamente para você sobre o quão mau você é. Estas testemunhas dirão, de maneira incisiva, a uma multidão idólatra que está prestes a adorar o Diabo, nem mais nem menos, o que eles são diante de Deus!
3. Eles testificarão acerca do caráter dos juízos recentes... como tendo sido diretamente provocados por Deus, e advertirão dos juízos futuros — que serão infinitamente mais terríveis.
4. Eles denunciarão as afirmações blasfemas que a besta maligna em breve fará... isto é, o homem que será deificado! Eles também denunciarão toda a bondade humana como sendo mentira.
5. Eles testificarão que Jerusalém, embora sendo a cidade santa nos propósitos de Deus, espiritualmente é "Sodoma e Egito", além de anunciar juízos vindouros sobre a cidade e o seu povo. Eles dirão aos judeus que eles "mataram o Senhor Jesus" (1 Ts 2.15-16), e que Ele ainda há de ser o Rei sobre toda a terra.

Agora, um testemunho como este traz à tona a iniquidade dos homens. É compreensível que as pessoas se juntem para destruir estas testemunhas!"[4]

Os incrédulos resistem à verdade porque ela traz à superfície o conhecimento do certo e do errado que Deus lhes concedeu, mas que eles enterraram, a fim de seguir o seu comportamento ímpio sem dar ouvidos à sua consciência (Rm 1.18-21). É por isso que as pessoas exigirão que as duas testemunhas sejam assassinadas. Elas estarão convencidas de que os tiros nos mensageiros também farão calar a mensagem incômoda.

O PODER DAS SUAS PRAGAS

As duas testemunhas infligirão pragas sobre os incrédulos a fim de levá-los à fé e ao arrependimento. Estas pragas virão em três formas:

As duas Testemunhas

1. A praga da morte: Assim como as 144 mil testemunhas israelitas (Ap 7.3; 9.4), estas duas testemunhas estarão completamente protegidas durante os três anos e meio do seu testemunho. Elas receberão poder para se defender e aniquilar aqueles que tentarem feri-las: "E, se alguém lhes quiser fazer mal, fogo sairá da sua boca e devorará os seus inimigos" (11.5).

No passado, Elias fez descer fogo do céu (1 Rs 18.37-38; 2 Rs 1.10-12). Dessa vez, o fogo sairá diretamente da boca dos profetas.

Embora eles sejam o alvo do mundo todo, as testemunhas não poderão ser mortas enquanto não completarem a missão que lhes foi atribuída pelo Senhor. Elas enfrentarão ferrenha oposição, como nenhum outro servo humano de Deus jamais enfrentou, mas serão invencíveis até que a sua tarefa seja concluída.

2. A praga da seca: As Sagradas Escrituras descrevem estas testemunhas como tendo "poder para fechar o céu, para que não chova nos dias da sua profecia" (Ap 11.6). Esta seca em Israel, que durará três anos e meio, servirá como lembrança de um evento similar que ocorreu no Antigo Testamento: "Elias era homem sujeito às mesmas paixões que nós e, orando, pediu que não chovesse, e, por três anos e seis meses, não choveu sobre a terra" (Tg 5.17; veja também 1 Rs 17-18).

Os anos de seca parecem coincidir com os primeiros três anos e meio do período da Tribulação. Tanto a pregação das testemunhas como o seu poder de operar milagres parecem impedir que o Anticristo assuma o controle pleno da terra. Só quando eles são removidos do seu caminho, ele se torna capaz de dar continuidade na sua busca pelo domínio mundial.

3. A praga da doença: Assim como Moisés fez no seu confronto com Faraó no Egito, as duas testemunhas terão "poder sobre as águas para convertê-las em sangue" (cf. Ap 11.6). Isto corresponde a segunda trombeta de Apocalipse 8: "E o segundo anjo tocou a trombeta; e foi lançada no mar uma coisa como um grande monte ardendo em fogo, e tornou-se em sangue a terça parte do mar. E morreu a terça parte das criaturas que tinham vida no mar; e perdeu-se a terça parte das naus" (vv. 8,9). As testemunhas também terão poder "para ferir a terra com toda sorte de pragas, quantas vezes quiserem" (11.6).

Como já vimos, precisamos lembrar que estas duas testemunhas não realizarão estes milagres por rancor ou vingança. A intenção delas será despertar as pessoas para a sua pecaminosidade e levá-las ao arrependimento e à fé. Na nossa história, a personagem Séfora demonstra como esta tática pode ser efetiva em um coração que está aberto à verdade.

Sua Perseguição

"E, quando acabarem o seu testemunho, a besta que sobe do abismo lhes fará guerra, e as vencerá, e as matará."
APOCALIPSE 11.7

O destino final das testemunhas na terra será dramático, e ele virá nas mãos da Besta (também chamada de Anticristo).

A MORTE DAS TESTEMUNHAS

Apocalipse 11.7 fala da "besta que sobe do abismo". Esta é a primeira de trinta e seis referências à Besta no livro do Apocalipse. Não se trata, entretanto, do início da atividade da Besta. Por três anos e meio, pelo poder de Satanás, ele terá agido nos bastidores — consolidando governos e forjando um tratado de paz com Israel.

A meio caminho do período da Tribulação, quando as duas testemunhas tiverem completado a missão que lhes foi dada por Deus, a Besta quebrará este tratado com Israel e assassinará as testemunhas. O assassinato delas será o seu primeiro ato celebrado e lhe proporcionará uma grande hoste de seguidores.

A EXPOSIÇÃO DOS SEUS CORPOS

Na antiguidade, até mesmo os piores criminosos eram sepultados no dia da sua morte (Dt 21.22-23). Porém, a Escritura fala acerca das testemunhas: "E jazerá o seu corpo morto na praça da grande cidade que, espiritualmente, se chama Sodoma e Egito, onde o seu Senhor também foi crucificado" (Ap 11.8).

Esta "grande cidade" mencionada neste versículo é Jerusalém, que Henry Morris descreve, simultaneamente, como "a cidade santa" e "a cidade onde morrem os profetas de Deus". É em Jerusalém que os exércitos da Besta "aprisionarão e assassinarão [as testemunhas] e deixarão os seus corpos a céu aberto na rua para serem vistos por todos os seus inimigos."[5]

Apesar das armadilhas religiosas de Jerusalém, João descreve a Cidade Santa em termos insidiosos, comparando-a a dois dos lugares mais iníquos da história: Sodoma, conhecida pela sua perversão sexual; e o Egito, famoso pela sua perseguição à nação judaica. A degeneração de Jerusalém ocorrerá depois da sua libertação miraculosa das mãos dos exércitos de Gogue feita por Deus. Tudo isso ocorrerá apesar de o Templo do período da Tribulação estar sendo reedificado no seu local histórico e dos antigos sacrifícios judaicos estarem sendo restaurados. Exteriormente, Jerusalém parecerá melhor do que nunca; mas interiormente, ela terá o fedor da podridão e da morte, tal como Sodoma e o Egito.

Apocalipse 11 prossegue dizendo: "E homens de vários povos, e tribos, e línguas, e nações verão seu corpo morto por três dias e meio, e não permitirão que o seu corpo morto seja posto em sepulcros" (v. 9). Anos atrás, os críticos ridicularizavam este versículo como uma "profecia" impossível de ser cumprida. Nos dias de hoje, entretanto, com o avanço da Internet, das redes sociais e das transmissões de televisão via satélite, ninguém mais duvida da possibilidade de que um acontecimento como este possa ser visto por uma plateia verdadeiramente mundial. Tim LaHaye escreve:

> "Nossa geração é a primeira que pode, literalmente, ver o cumprimento de Apocalipse 11.9, quando lemos que o mundo inteiro verá um acontecimento tão incrível. Esta é mais uma indicação de que estamos chegando mais próximos do fim dos tempos, porque teria sido humanamente impossível, há apenas alguns anos, que o mundo inteiro pudesse ver estas testemunhas nas ruas ao mesmo tempo."[6]

O PRAZER DOS SEUS INIMIGOS

Como se a exposição vilipendiosa dos cadáveres já não bastasse, as massas da sociedade transformarão a morte deles em um feriado: "E os que habitam na terra se regozijarão sobre eles, e se alegrarão, e mandarão presentes uns aos outros; porquanto estes dois profetas tinham atormentado os que habitam sobre a terra" (Ap 11.10).

Esta é a única menção de qualquer espécie de júbilo sobre a terra durante todo o período da Tribulação. Um autor descreve a cena usando as seguintes palavras: "Agora vem a revelação verdadeira do coração do homem: gozo, horrendo, insano, desumano, infernal, gozo macabro! Existe um deleite real diante da morte das testemunhas de Deus — um *deleite* total e ilimitado. Uma espécie de feriado-natalino-infernal se segue".[7]

A sua Proteção Sobrenatural.

"E, depois daqueles três dias e meio, o espírito de vida, vindo de Deus, entrou neles; e puseram-se sobre os pés, e caiu grande temor sobre os que os viram."
APOCALIPSE 11. 11

As mortes das testemunhas e a humilhação pública dos seus corpos expostos não será o fim da história. Três dias e meio depois do seu assassinato, dois milagres ocorrerão diante dos olhos do mundo inteiro.

SUA RESSURREIÇÃO

Em primeiro lugar, o "espírito de vida, vindo de Deus" voltará a entrar neles. Este é o mesmo Espírito, ou sopro, que trouxe Jesus de volta à vida.

Assim como o planeta inteiro testemunhará a morte destes profetas, o planeta inteiro também testemunhará o seu retorno à vida. Como é de se imaginar, este acontecimento chocante provocará medo e terror indescritíveis. Este é um milagre que a Besta não será capaz de copiar.

SEU ARREBATAMENTO

Depois que as testemunhas retornam à vida, ouve-se "uma grande voz do céu, que lhes dizia: Subi cá. E subiram ao céu em uma nuvem; e os seus inimigos os viram" (Ap 11.12). Isto não é nada mais do que o arrebatamento das duas testemunhas.

Em todo caso, existe uma diferença marcante entre o Arrebatamento da Igreja e o arrebatamento destes dois profetas. Paulo descreve o Arrebatamento da Igreja como algo que ocorrerá "num momento, num abrir e fechar de olhos, ante a última trombeta" (1 Co 15.52). Os crentes serão removidos de forma tão repentina que ninguém os verá partir. O arrebatamento das duas testemunhas, por outro lado, será visto pelo mundo todo — inclusive pelos seus inimigos (Ap 11.12).

Henry Morris descreve o terror que os inimigos de Deus experimentarão quando observarem a ascensão das duas testemunhas:

"Todos os inimigos [das testemunhas], todos aqueles que haviam rejeitado a sua palavra e regozijado quando eles haviam morrido, especialmente a Besta, que as havia caçado até a morte [...] ficarão perplexos ao assisti-los ascender alto nos céus até a presença do seu Senhor. O termo grego traduzido como 'viram' (*theoreo*) é uma palavra forte que implica um 'olhar com perplexidade'. A visão será suficiente para lançar o terror sobre o coração dos mais arrogantes dos seus inimigos. Segundos antes, aqueles homens estavam alegres, em suprema confiança de que Cristo finalmente havia sido derrotado e o homem de Satanás estava assentado sobre o trono da vitória. Só que agora, Cristo volta a triunfar. A ascensão dos profetas ao Céu era uma predição terrível de que juízos ainda maiores estavam prestes a vir sobre a terra. As festividades, que duraram três dias e meio, estavam prestes a serem seguidas por mais três anos e meio de juízos ainda mais severos do que tudo o que se viu anteriormente."[8]

SUA VINGANÇA

Enquanto toda a Jerusalém assiste ao arrebatamento das duas testemunhas, um grande terremoto abalará a cidade, de modo que uma décima parte dela se transformará em escombros. Este será um terremoto literal que significará o Juízo de Deus sobre a terra e que resultará na morte de sete mil pessoas só em Jerusalém (Ap 11.13). J. A. Seiss observa, de modo áspero: "Aqueles que não quiseram sepultar os cadáveres das duas testemunhas, agora vão ser enterrados vivos nos escombros das suas próprias casas, e no inferno para todo o sempre."[9]

O idioma que descreve a morte dos sete mil é digno de nota. O texto original, na verdade, fala em "homens de nome" em vez de "pessoas". Assim como na dramatização do início deste capítulo, estes sete mil homens podem ser líderes ou indivíduos bem conhecidos.

A grande alegria que o mundo expressa diante da morte das duas testemunhas será abafada por um grande pavor. Como Apocalipse 11.13 nos revela, os que restaram "ficaram muito atemorizados e deram glória ao Deus do céu." Não devemos pensar nesta resposta temerosa de fé em termos de uma conversão a Deus por arrependimento, e sim como um estado temporário de terror que não evoca qualquer transformação de coração.

John Phillips oferece uma descrição vívida do arrebatamento destas duas testemunhas:

"Imagine a cena: as ruas de Jerusalém banhadas pelo sol, a multidão num feriado vinda de todos os cantos da terra para olhar com os seus próprios olhos os corpos daqueles dois homens detestáveis, as tropas uniformizadas da Besta e a guarda do Templo. Ali estão todos, homens diabólicos de todos os reinos debaixo do céu que vieram dançar e fazer festa diante do triunfo da Besta. E, então, eis que acontece! Enquanto a multidão se espremia diante do cordão policial para olhar com curiosidade os dois corpos ressecados, eis que ocorre uma súbita mudança. A cor daqueles dois homens muda de repente, de um tom cadavérico para um brilho róseo e viçoso da juventude. Os membros já enrijecidos voltam a se movimentar! Ó, que visão espetacular! Eles se levantam! As pessoas caem para trás, desmaiam e se recompõem."[10]

O ministério das duas testemunhas reflete o amor e a misericórdia de Deus sobre os incrédulos endurecidos, embora, aparentemente, apenas alguns atentarão, de fato, para a mensagem de redenção. A ressurreição e o arrebatamento destes profetas será um dos momentos mais dramáticos que o planeta Terra experimentará. E estes sinais marcarão o início do fim de todos os inimigos de Deus.

CAPÍTULO

5

O DRAGÃO

UMA LUZ DOURADA dançava ao redor dos anjos enquanto eles se reuniam no segundo céu. A vasta assembleia aguardava com expectativa enquanto Lúcifer, o maior e mais formoso dos arcanjos, abria caminho para frente. Em instantes, ele assumiria o seu assento supremo no grande congresso angelical para relatar as últimas instruções de Deus a eles.

Porém, em vez de subir os degraus que davam acesso ao púlpito de mármore, Lúcifer puxou de lado o seu ajudante mais próximo, Miguel, um arcanjo semelhante a ele mesmo.

— O congresso terá que esperar — disse Lúcifer. — Despeça as pessoas da assembleia. Precisamos conversar agora mesmo.

Miguel fez o anúncio, e a reunião se dispersou, deixando somente os dois arcanjos ali de pé. Miguel podia ver, pela fisionomia sombria de Lúcifer, que o assunto não era dos mais agradáveis.

— Você está encrencado, Lúcifer? O que houve?

— Como você sabe, eu estou voltando do terceiro céu, onde Deus está entronizado. Ele me revelou o seu último projeto. É algo muito grande e ousado. Ele acabou de criar um novo mundo físico embaixo do primeiro céu. É um lugar sumamente glorioso, talvez a coisa mais formosa que Ele já tenha feito, fora nós dois mesmos. Ele está povoando este novo mundo com um novo tipo de criaturas, e Ele as modelou com base nEle mesmo, concedendo a eles inteligência, livre-arbítrio e criatividade. Ele as encarregará de dominar e de cuidar desse novo mundo e soprará nelas o seu próprio Espírito.

— Lúcifer, estou estarrecido! Por que isto não seria uma boa notícia? Por que você está tão incomodado?

— Por que isto me incomoda?! Vou dizer a você por que! — gritou Lúcifer. — Deus quer que nós, os seus anjos, ministremos a estas novas criaturas. Nós devemos ser os seus mensageiros, protegendo-as e assistindo-as nos seus pequenos desafios. Como Ele poderia esperar que nós, a mais alta ordem das criaturas de todo o Universo, rebaixemo-nos a ponto de ficar correndo de um lado para o outro e servindo a seres inferiores a nós?! Deveríamos *dominar* sobre eles, e não servi-los! Vou dizer uma coisa a você, Miguel, não devemos tolerar uma coisa dessas!

Alguns minutos depois, Lúcifer reconvocou aquele grande concílio de todos os anjos. Quando todos estavam reunidos, ele subiu os degraus que davam acesso ao púlpito e se dirigiu às legiões de poderosos seres que estavam diante dele. Inicialmente, ele explicou a nova atribuição que Deus lhes tinha dado e, a seguir, para surpresa de todos, ele falou asperamente do seu desprezo pela ideia:

— Nós cumprimos as tarefas que Deus determina. Cuidamos e protegemos a sua criação. Por que esta exigência de nos submetermos eternamente à sua vontade e sufocarmos a nossa própria vontade? Quero dizer a vocês, meus camaradas oprimidos, que não devemos mais aceitar este estado de degradação. Ouçam-me, e ouçam-me atentamente: nós temos o poder para nos apossarmos do Trono de Deus.

Miguel, sentado na primeira fileira logo abaixo do púlpito, deu um passo à frente imediatamente:

— Meu querido capitão, pense bem no que você está falando. Você se esqueceu de quem nós somos? Como estas criaturas que acabaram de ser formadas na terra, nós também somos criação de Deus. Ele nos deu um papel vital no seu Reino universal e nos fez para que tivéssemos alegria em servi-Lo. Quem somos nós para desafiar o nosso Criador?

À medida que o debate entre os dois poderosos arcanjos ia esquentando, a fúria de Lúcifer também se inflamava. A sua ira crescente começou a contaminar alguns dos anjos da assembleia, e à medida que o seu ódio crescia, os gritos dos rebeldes cresceram até que um grande coro de vozes começou a ecoar o ultraje do seu líder. Tamanho apoio verbal fez aumentar a crença de que Lúcifer havia conquistado a lealdade irrestrita dos outros anjos. Até que ele levantou a sua mão, e toda a hoste ficou em silêncio.

— A afirmação de vocês confirma que estão comigo. Assim sendo, eu conclamo a todos para virem junto comigo à batalha — ordenou ele.

— Nós exoneraremos aquele tirano arrogante que humilha e oprime a todos nós. Tomaremos o seu trono e faremos do seu terceiro céu o nosso lugar de habitação. Vocês estão juntos comigo?

As suas palavras foram respondidas com uma vibrante manifestação de concordância.

Acontece que Lúcifer havia cometido um erro de cálculo. Os anjos que o haviam apoiado eram apenas os mais barulhentos, porém eles não passavam de cerca de um terço do número total daquela assembleia. Mesmo assim, Lúcifer permanecia determinado. Ele reuniu o seu exército que seguiu adiante em marcha e, imediatamente, percebeu que o seu avanço fora impedido por Miguel, que havia reunido o restante dos anjos contra ele.

Os dois exércitos entraram em confronto numa batalha sobrenatural de titãs. O exército de Miguel fez com que o exército rebelde recuasse, precipitando-o do segundo céu.

O líder caído ouviu a voz de Miguel falar do alto:

— Lúcifer, você sempre foi meu amigo, e eu fico profundamente angustiado em saber que você rompeu com a nossa unidade. Você escolheu o ódio ao amor, o orgulho à humildade, o mal ao bem, e as trevas à luz. Já que é assim, Deus decreta que o seu nome não será mais Lúcifer, o portador da luz. De hoje em diante, você se chamará Satanás, o adversário. Você não será mais uma criatura de amor e formosura. Você será um dragão, uma criatura odiada e maligna cujas afirmações e enganos levarão aqueles que ouvirem a você para o fogo eterno!

Num instante, ainda se remoendo por dentro, Satanás apareceu sentado ao lado de um riacho naquele planeta que acabara de ser criado. Um pensamento o deixava obcecado: *Como poderei trapacear a Deus e reconquistar o poder?* Depois de muito pensar, ele se ergueu e chamou os seus tenentes até si. Ali, ele apresentou um plano detalhado pelo qual eles poderiam tomar de Deus aquele novo mundo que Ele havia criado, aniquilar os seus habitantes e fazer dele o seu novo domínio.

— Apesar de ser um reino demasiadamente pequeno para um ser da minha categoria — gabou-se ele — ele servirá como uma base de poder da qual poderemos lançar futuros ataques, até que tenhamos arrastado conosco todo o universo das mãos de Deus.

— Mas, como poderemos fazer isso? — perguntou um dos seus subalternos. — Você nos disse que Deus colocou o seu próprio Espírito dentro dos dois seres humanos criados. Isto lhes dará um poder que não poderemos vencer.

Satanás, com um sorriso forçado, disse:

— Quando Deus explicou essa nova criação para mim, Ele disse que, se o casal humano o desobedecesse em algum momento, o seu Espírito seria retirado deles, e eles morreriam. Nossa tarefa, então, é fazer com que o homem e a mulher desobedeçam a Deus. Eu os levarei a crerem que Deus não é um benfeitor, e sim um tirano egoísta.

Satanás retirou-se da presença dos seus tenentes e se disfarçou numa das mais astutas dentre todas as criaturas. E, fazendo uma mistura de mentiras e meias-verdades, ele seduziu o casal a rejeitar o seu Criador. Só que, para a sua consternação, o casal não morreu de modo imediato. Deus os confrontou com a sua desobediência e revelou a dor, o sofrimento e a morte que, por fim, sobreviria a eles como resultado daquele ato de desobediência. Por outro lado, Ele também prometeu algo que o seu sedutor jamais lhes alertou — que um dos seus futuros descendentes restauraria tudo o que eles haviam perdido e esmagaria a cabeça de Satanás.

Ao ouvir esta profecia, Satanás se sentiu novamente ultrajado no seu coração. Ele, então, convocou um batalhão completo dos seus demônios mais ferozes para implementar uma guerrilha que impediria a vinda do Redentor prometido. Ao longo dos séculos, eles atacaram a família, os reis e a nação que tinha a missão de fazer com que a promessa de Deus virasse realidade. Porém, nem Satanás, nem as suas legiões conseguiram impedir que a criança prometida viesse a nascer.

• • •

Foi no reinado do imperador romano Tibério que o líder do batalhão satânico se apresentou a ele com a notícia de que um homem chamado Jesus acabara de ser batizado no rio Jordão.

— O que faz você pensar que Ele seja o Redentor prometido? — perguntou Satanás, já sabendo a resposta.

— Quando Ele se ergueu das águas, uma voz veio dos céus e proclamou que Ele era o Filho Unigênito do próprio Deus. Por trinta anos,

O DRAGÃO

Ele foi conhecido simplesmente como Jesus de Nazaré, mas, agora, a sua verdadeira identidade foi revelada ao mundo. Este Jesus é o homem a quem tanto aguardávamos com temor.

O diabo, imediatamente, transportou-se até o rio Jordão. Chegando ali, ele viu Jesus caminhando sozinho no deserto árido entre Jerusalém e o Mar Morto. Satanás o seguiu até Ele parar numa planície desolada, onde não havia nenhum tipo de vegetação. Por quarenta dias, ele assistia a forma como Jesus jejuava e orava. O adversário pensou consigo mesmo: — *Este é o momento! Agora que Ele está fraco e com fome, vai acabar aceitando qualquer coisa que eu Lhe oferecer.*

Para a surpresa de Satanás, Jesus não esboçou qualquer resistência diante da sua aproximação:

— Eles dizem que você é o Filho de Deus. Mas por que eu deveria acreditar nisso? Se for verdade o que falam, deve ser muito fácil você provar isto, não é mesmo? Olhe pra você, está morrendo de fome. Basta transformar uma destas pedras num belo pão de fôrma, e eu crerei em você!

— Está escrito — disse Jesus ao tentador — "Nem só de pão viverá o homem, mas de toda palavra que sai da boca de Deus".

Satanás, então, levou Jesus até o pináculo do Templo.

— Já que você é o Filho de Deus, atire-se daqui de cima. Com certeza, os anjos virão salvá-lo. Veja todas aquelas pessoas no pátio externo ali embaixo. Quando elas virem este milagre acontecendo, imagine só: elas crerão em você instantaneamente!

Mais uma vez, Jesus se recusou a dar ouvidos a ele.

Por fim, Satanás o levou a uma alta montanha, onde ele apresentou a Jesus uma visão panorâmica, revelando-lhe todos os grandes reinos deste mundo. E, enquanto abria os braços sobre toda aquela paisagem magnífica que estava abaixo deles, disse:

— Tudo isso será seu se você simplesmente cair de joelhos agora mesmo e me adorar.

Então, com uma voz carregada de poder e autoridade, Jesus disse:

— Afaste-se de mim, Satanás! Pois está escrito: "Adorarás o Senhor teu Deus, e a Ele somente servirás".

Quando Satanás retornou e se sentou diante do conselho, ninguém se atreveu a perguntar se o seu ataque havia sido bem-sucedido. A fúria no seu rosto já dizia tudo.

O conselho ficou num silêncio contido, até que o líder resolveu se dirigir a todos.

— Não há dúvida de que este Jesus é, verdadeiramente, o Filho de Deus. Se nós não nos livrarmos dele – e logo! – todos os planos que imaginamos desde o nosso exílio irão por água abaixo. E o que é pior, se este Cristo chegar ao poder, Ele tentará nos retirar também deste mundo, assim como nós fomos expulsos do céu.

Uma voz dentre os demônios reunidos lamuriou:

— Tudo o que nós tentamos falhou. O que mais podemos fazer?

— Podemos mudar de estratégia — respondeu Satanás. — Já que não podemos vencer Jesus no confronto direto, precisamos trabalhar nos bastidores. Sabemos, a partir das profecias de Deus feitas a Adão e Eva e também a outros, que Jesus é o Messias enviado para salvar a humanidade da morte que nós infligimos sobre eles. Se pudermos enganar os judeus a respeito deste propósito e fazer com que eles duvidem da sua identidade como o Messias prometido, eles se voltarão contra Jesus.

— Mas como é que faremos isto? — perguntou um dos escudeiros de Satanás.

— Precisamos usar o orgulho religioso e nacional dos seus líderes – especialmente dos fariseus – para que eles tenham a percepção de que Jesus não é o Messias, e sim uma fraude montada para destruir o seu poder como nação. Sem dúvida, Ele tentará obter o apoio deles por meio de palavras de sabedoria e milagres. Sendo assim, precisamos cegar os seus olhos para o bem que Ele fará e também fazer com que eles sintam inveja da sua popularidade crescente. Nada enfurece mais um fariseu do que a ideia de alguém que usurpe a sua influência!

• • •

Os líderes judeus eram, verdadeiramente, fáceis de manipular. Uma fagulha de inveja em cima da influência crescente de Jesus já havia sido jogada no coração deles e, pelos próximos três anos, Satanás e os seus seguidores fizeram com que aquela chama se transformasse numa paixão ardente pela morte de Jesus. O diabo percebeu que a vitória começara a despontar no seu horizonte. Determinado a não deixá-la escapar dos seus dedos, ele mesmo entrou na briga, incitando a avareza de um dos seguidores mais íntimos de Cristo.

Foi na noite em que se festejava a Páscoa judaica que o Dragão fez o seu primeiro movimento. Quando Jesus chegou ao monte das Oliveiras com três dos seus discípulos para orar, o ar começou a ficar pesado.

Satanás conseguia ver legiões e mais legiões de anjos pairando sobre a montanha.

Enquanto Jesus orava, Satanás persuadiu Judas a levar um bando de oficiais judeus armados até o monte das Oliveiras. Chegando lá, ele deveria identificar o seu Mestre com um beijo de saudação. Satanás não havia encontrado nada para celebrar desde a sua queda, mas a ironia de usar um beijo — uma expressão de amor — como um ato de traição, foi o mais próximo que ele conseguiu chegar deste feito.

Jesus foi imediatamente preso e levado diretamente para Anás, o sumo sacerdote, para ser julgado. Provocado por Satanás, o sumo sacerdote levou Jesus a um julgamento tendencioso, utilizando falsas testemunhas e acusações forjadas. Então, Anás o enviou para o julgamento final, diante do governador romano, Pôncio Pilatos.

Na manhã seguinte, Jesus foi levado diante de Pilatos, na escadaria de um alojamento romano chamado de *Fortaleza Antonia*. Uma multidão irrequieta de judeus já estava ali reunida para assistir os procedimentos. Satanás sabia que Pilatos era fraco — ele temia ofender o Imperador e perder o seu cargo, e também temia ofender os judeus e provocar um motim regional. Logo ficou aparente que ele não queria executar Jesus. Em vez disso, ele tentou aplacar o apetite por sangue dos líderes judeus ao fazer com que Jesus fosse açoitado, para, depois, liberá-lo.

Satanás fez ressoar o seu alarme sobre as suas tropas:

— Rápido! Desçam em massa no meio daquela multidão! Incitem todos a um estado de ódio desmedido! Quero que eles fiquem tão enfurecidos que os governantes temam uma insurreição iminente do povo naquele momento!

Os demônios fizeram o seu trabalho. Não demorou muito para que o ar ficasse cheio de vozes que clamavam por sangue. Como o seu mestre esperava, Pilatos cedeu às pressões e entregou Jesus aos judeus para ser crucificado.

Enquanto Jesus se contorcia na cruz, Satanás se vangloriava em triunfo. Quando ele ouviu o Filho Unigênito de Deus gritar: "Deus meu, Deus meu, por que me desamparaste?" e, por fim, viu o seu corpo torturado dar o último suspiro de vida, a exultação de Satanás chegou ao clímax!

Satanás se regozijava com o fim melancólico daquilo tudo. Ele havia conseguido distorcer o plano de Deus. A humanidade não seria mais redimida; o seu grande Redentor havia sido destruído. A terra estava pronta para a invasão. Satanás soltou gargalhadas altas e incontroláveis que ressoaram por todos os recônditos dos salões do Inferno.

Três dias depois, enquanto Satanás estava conduzindo uma assembleia geral dos anjos decaídos, um barulho agudo, parecido com um vento impetuoso, interrompeu as suas palavras. O seu volume foi aumentando até que ele se tornou quase insuportável. Um forte clarão de luz se ergueu sobre eles e explodiu no meio das portas maciças, espalhando cacos de pedra e lascas de grossas colunas. Tudo o que restou das portas do Inferno foi um buraco vazio que, agora, exalava uma fumaça negra.

A força do impacto lançou todos os demônios ao chão. Gritos de terror encheram o ambiente, enquanto eles estavam caídos e agachados temendo se levantar.

— Parem de gemer e ponham-se todos de pé! — esbravejou Satanás.
— Jesus conseguiu escapar, e a morte, a nossa arma mais poderosa, voltou-se contra nós. Não fomos capazes de conter o Mestre da Vida. Ele rompeu as cadeias da morte, e podem ter certeza de que, agora, Ele retornará ao seu corpo e irromperá daquele túmulo, da mesma forma!
— E o que podemos fazer? — gritou um dos demônios.
— Primeiramente, precisamos encarar a realidade. — disse Satanás com voz embargada. — Não poderemos lutar contra Deus. Mesmo que conseguíssemos massacrar todos os seres humanos e espalhar as suas carcaças ao redor do planeta todo, Jesus simplesmente faria com que todos ressuscitassem, da mesma forma como Ele mesmo ressuscitou. Nosso destino está selado. Mas eis aqui o que podemos fazer. — disse Satanás com voz mais firme agora. — Podemos até ser derrotados no final, mas deixaremos um ferimento em Deus, levando conosco o maior número possível de seres humanos, que são tão preciosos para ele. Ainda podemos tornar as vidas das pessoas miseráveis. Sem falar que podemos enchê-las de doenças, aflições, dores e conflitos e até mesmo levar muitas delas para a morte eterna. Precisamos reprimir tudo o que faça lembrar o nosso fim inexorável e redobrar os nossos esforços para defraudar ao Deus a quem odiamos.

• • •

Nos séculos seguintes, Satanás e os seus rebeldes desfrutaram de sucessos espetaculares. Apesar disso, a sua frustração aumentou ainda mais. Mesmo que eles perseguissem imediatamente os cristãos ou lhes desviassem e defraudassem, eles não seriam capazes de destruí-los.

O DRAGÃO

Os cristãos verdadeiramente dedicados usavam armaduras sobrenaturais nas quais a sua malignidade não poderia penetrar. Além do mais, aqueles cristãos oravam — uma atividade que o adversário não conseguia suportar. Parecia que Deus sempre respondia às suas súplicas por ajuda, seja da forma como eles esperavam, ou de alguma maneira gloriosa.

— Mesmo quando nós os matamos, eles nos derrotam — reclamou um deles. — Quando nós os separamos dos seus corpos, os anjos de Deus os tomam e os escoltam com segurança.

Em desespero, Satanás abandonou toda a cautela e começou a preparar o terreno para o seu último grito: uma perseguição global ao povo de Deus. Sentindo que este fim estava se aproximando, o seu anseio por veneração e adoração se inflou novamente, ficando ainda mais intenso desta vez. Se ele quisesse satisfazer aquela cobiça original, algo deveria ser feito com rapidez.

Cegado pela sua crença de que era mesmo igual a Deus, Satanás não percebeu que tudo que ele fazia era, na verdade, uma imitação. Tudo não passava de uma réplica grotescamente distorcida das obras de Deus. A sua estratégia como um todo não passava de uma falsificação das obras do seu rival.

Este padrão de imitação, por fim, levou Satanás a se manifestar em forma humana. Entretanto, ele sabia que seria impossível reproduzir a maravilha da Encarnação em um corpo. Em vez de se tornar um bebê, ele identificou um líder político em ascensão com poder e influência e que havia demonstrado a sua lealdade por meio de uma tirania implacável, oferecendo a este mesmo líder político o que ele havia oferecido a Jesus: o domínio sobre todos os reinos do mundo. Este líder ascendente aceitou sem pestanejar!

Satanás lhe providenciou um cúmplice — um Falso Profeta que foi revestido de poderes demoníacos que o tornavam um arremedo maligno do Espírito Santo de Deus. Agora, Satanás também se apresentava em forma de trindade — uma "sataníssima trindade" composta pelo diabo, pelo Anticristo e pelo espírito da iniquidade.

A influência de Satanás no mundo chegou a níveis sem precedentes, à medida que os seus dois cúmplices humanos enganavam as massas da sociedade humana com os seus êxitos espetaculares. Não demorou muito para que eles assumissem o comando de nações inteiras e, pelo engano e pela força, levassem o povo da terra a adorar Satanás. Eles impuseram penalidades severas a qualquer pessoa que se recusasse a adorá-lo.

Com tanto poder agora em mãos, Satanás fez com que os seus agentes abandonassem todos os subterfúgios e perpetrassem uma perseguição aberta sobre o povo de Deus. Ele liberou os plenos poderes da sua horda demoníaca, e eles despejaram o seu ódio num espasmo de matanças e destruição.

Satanás, agora inebriado com o seu êxito, começou a repensar sobre a inevitabilidade do seu destino. Ele se vangloriava diante dos seus cúmplices mais íntimos:

— O povo de Deus agora não passa de um restolho, e os nossos líderes são os maiorais de todas as nações civilizadas. Com os crentes sobreviventes acuados em cavernas e matas remotas, as únicas pessoas sobre as quais pairava o favor de Deus eram os judeus. Nós temos a força para varrer de uma vez por todas esta pequena e fedorenta nação do planeta e assegurar o nosso domínio sobre esta terra para todo o sempre.

Agindo a partir desta visão ambiciosa, Satanás fez com que o Anticristo reunisse o maior exército da história da humanidade e marchasse contra Israel. O que ele não sabia era que ele estava marchando em direção à sua própria derrota.

• • •

A BASE BÍBLICA POR TRÁS DESTA HISTÓRIA

No grande drama do fim dos tempos, o papel de Satanás é o do antagonista. Não haveria um drama do fim dos tempos — na verdade, nem haveria fim dos tempos — se Satanás não tivesse se rebelado contra Deus e corrompesse a sua criação perfeita. O papel deste agente diabólico do Apocalipse no fim dos tempos é detalhado numa única passagem da Bíblia: o décimo segundo capítulo do livro do Apocalipse. Este capítulo apresenta verdades significativas sobre a ruína de Satanás, sobre a sua natureza, a sua vingança e sobre o seu fim. Cada uma destas verdades é introduzida pela palavra *grande:*

1. Um "grande sinal" — uma mulher (Ap 12.1)
2. Um "grande dragão vermelho" (v. 3)
3. Uma "grande ira" (v. 12)
4. Duas asas de "grande águia" (v. 14)

Ao explorarmos estas verdades, descobriremos os fundamentos que sustentam a nossa dramatização sobre esta criatura que é a fonte de todo o mal.

O Grande Sinal na Forma de uma Mulher

"E viu-se um grande sinal no céu: uma mulher vestida do sol, tendo a lua debaixo dos pés e uma coroa de doze estrelas sobre a cabeça. E estava grávida e com dores de parto e gritava com ânsias de dar à luz."
APOCALIPSE 12.1-2

A representação dessa mulher é espantosa. Ela está vestida do sol, de pé sobre a lua e usando uma coroa de doze estrelas. Tudo indica que a sua característica mais marcante seja esta: ela está prestes a dar à luz. Há várias teorias acerca do significado desta mulher, mas somente uma é consistente com o ensino da Palavra de Deus como um todo: ela representa a nação de Israel e faz a sua entrada no drama como a vítima da malignidade de Satanás.

Ao longo de todo o Antigo Testamento, Israel normalmente é representado como uma mulher em dores de parto. Por exemplo, o profeta Isaías escreve: "Como a mulher grávida, quando está próxima a sua hora, tem dores de parto e dá gritos nas suas dores, assim fomos nós por causa da tua face, ó SENHOR! Bem concebemos nós e tivemos dores de parto, mas isso não foi senão vento; livramento não trouxemos à terra [...]" (Is 26.17-18; veja também 66.7-8; Mq 4.10; 5.3).

A imagem descrita por Isaías, a de uma mulher em trabalho de parto que não consegue dar à luz o seu filho, descreve o fracasso do povo judeu em levar esperança e salvação para a humanidade. Mesmo assim, depois de centenas de anos de esperanças frustradas, o povo judeu teve o privilégio de proporcionar um Libertador para este mundo: "E deu à luz um filho, um varão que há de reger todas as nações com vara de ferro; e o seu filho foi arrebatado para Deus e para o seu trono" (Ap 12.5).

Esta declaração impressionante captura três dos acontecimentos mais significativos da vida de Cristo:

1. Sua Encarnação: "[Israel] deu à luz um filho, um varão [...]"
2. Sua Ascensão "[...] e o seu filho foi arrebatado para Deus e para o seu trono."

3. Sua Segunda Vinda "[Ele] há de reger todas as nações com vara de ferro".

O Juízo Final de Apocalipse 12.5 está registrado para nós perto do fim do Livro de Apocalipse: "E da sua boca saía uma aguda espada, para ferir com ela as nações; e ele as regerá com vara de ferro e ele mesmo é o que pisa o lagar do vinho do furor e da ira do Deus Todo-poderoso" (Ap 19.15).

Desta maneira, o primeiro grande sinal mostrado em Apocalipse 12 é uma mulher: Israel. O seu filho representa a ruína final de Satanás: o próprio Cristo, o grande herói do drama do fim dos tempos.

O Grande Dragão

"E viu-se outro sinal no céu, e eis que era um grande dragão vermelho, que tinha sete cabeças e dez chifres e, sobre as cabeças, sete diademas. E a sua cauda levou após si a terça parte das estrelas do céu e lançou-as sobre a terra; e o dragão parou diante da mulher que havia de dar à luz, para que, dando ela à luz, lhe tragasse o filho. [...] E foi precipitado o grande dragão, a antiga serpente, chamada o diabo e Satanás, que engana todo o mundo; ele foi precipitado na terra, e os seus anjos foram lançados com ele."
APOCALIPSE 12.3-4, 9

O caminho de Satanás é sempre decrescente. Do céu para a Terra. Da Terra para o abismo. Do abismo para o lago de fogo e enxofre. Agora, Apocalipse 12 abre a cortina do palco e nos revela como se deu a expulsão de Satanás do céu. O versículo 9 nos apresenta, talvez, a mais completa descrição de Satanás que se pode encontrar em toda a Bíblia. Ele é chamado de "o grande dragão", "a antiga serpente", "o diabo" e o "que engana todo o mundo". Esta não é uma representação lá muito atraente.

É importante reconhecermos que estas características não dizem respeito à sua aparência física; antes, elas nos falam de como é a sua natureza. Não é correto presumirmos que Satanás seja uma criatura feia como um dragão. Para falar a verdade, ele é resplandecente como o sol e tem uma aparência gloriosa. Paulo diz que Satanás "se transfigura em anjo de luz" (2 Co 11.14). Na verdade, o seu nome original, Lúcifer, significa "estrela da manhã".

A atividade de Satanás corresponde à sua natureza: ele engana as pessoas por meio da ocultação da natureza hedionda do pecado por trás de uma bela fachada. Ele é malévolo, vil e feroz. A sua cor é vermelha, pois o seu caminho sempre foi manchado pelo sangue e pela morte. Ao chamar Satanás de serpente, esta passagem faz com que nos lembremos de sua astúcia e do seu engano no Jardim do Éden. Desde o princípio, Satanás tem se oposto a Deus e tem planejado a morte para a humanidade. Nosso Senhor disse: "ele foi homicida desde o princípio" (Jo 8.44).

É consenso geral que "Satanás" é o nome veterotestamentário para este ser maligno, que é designado de "diabo" no Novo Testamento. O nome *Satanás* significa "adversário" ou "acusador". Satanás é o adversário de Deus e de cada um dos filhos dEle. Trata-se de um leão que ruge e "anda em derredor, [...] buscando a quem possa tragar" (cf. 1 Pe 5.8).

A palavra grega traduzida como diabo é *diabolos*. Literalmente, o termo significa "caluniador". Esta é a alcunha utilizada em Apocalipse 12.10, onde Satanás é descrito como "o acusador de nossos irmãos". Quando Satanás adentra o tribunal celestial, a sua única motivação é difamar aqueles que creem em Cristo. Tal como um advogado de acusação corrupto, ele tenta nos condenar e também destruir a nossa reputação diante do Juiz.

E, para encerrar, o diabo é descrito como aquele "que engana todo o mundo" (cf. Ap 12.9). O propósito do diabo no passado era manter Cristo afastado deste mundo. Como ele não conseguiu êxito neste objetivo, a única opção que lhe restou foi manter o mundo afastado de Cristo. Ele faz isso misturando mentiras com verdades e meias-verdades para criar dúvidas nas nossas mentes acerca da fidelidade e da glória de Deus. Paulo expôs esta tragédia na sua carta aos Coríntios, dizendo que Satanás cegou os entendimentos das pessoas "para que não lhes resplandeça a luz do evangelho da glória de Cristo, que é a imagem de Deus" (2 Co 4.4).

Após descrever a natureza de Satanás, Apocalipse 12 segue descrevendo o seu poder, os seus parceiros e o seu propósito.

O PODER DE SATANÁS

O grande dragão vermelho de Apocalipse 12.3 tinha "sete cabeças e dez chifres e, sobre as cabeças, sete diademas". Biblicamente falando, o número sete normalmente simboliza a totalidade, e a cabeça transmite a ideia de inteligência. Os chifres são um símbolo da força. Baseado nisto, o fato de o Dragão ter sete cabeças e dez chifres fala da inteligência e da astúcia distintas que Satanás possui.

As coroas ou diademas sobre a sua cabeça estão de acordo com o retrato que é feito de Satanás ao longo de toda a Bíblia: ele é um monarca coroado. Em Mateus 12.25-26, Jesus se refere a Satanás como um rei que possui um reino. Numa outra passagem, ele é descrito como o soberano desta era (Ef 6.12). Três vezes, no livro de João, Satanás é mencionado como o "príncipe deste mundo" (12.31; 14.30; 16.11). Em 2 Coríntios 4.4, Paulo se refere a Satanás como o "deus deste século", e, em Efésios 2.2, ele é chamado "príncipe das potestades do ar."

Como "príncipe deste mundo", Satanás tem súditos: homens e mulheres malignos. E como "o príncipe das potestades do ar", ele também tem súditos: os espíritos malignos. Ele é o espírito dominador sobre todos aqueles que se inclinam à desobediência e é também o arquiteto do mal no mundo. Em 1 João 5.19, aprendemos que "todo o mundo está no maligno".

Deus não deu autorização para Satanás governar o mundo; Satanás usurpou este direito das mãos de Adão e Eva. Deus lhes havia encarre-

Jesus Cristo	Satanás
Luz do mundo (Jo 9.5)	Transfigura-se em anjo de **luz** (2 Co 11.14).
Rei dos reis (1 Tm 6.15)	**Rei** sobre todos os filhos de animais altivos (Jó 41.34)
Príncipe da Paz (Is 9.6)	**Príncipe** das potestades do ar (Ef 2.2)
Senhor, meu **Deus** (Zc 14.5)	O **deus** deste século (2 Co 4.4)
Leão da tribo de Judá (Ap 5.5)	Bramando como **leão**, buscando a quem possa tragar (1 Pe 5.8).

gado de "[encher] a terra, e [sujeitá-la]" e "[dominar] sobre [...] todo o animal que se move sobre a terra" (cf. Gn 1.28). Quando o primeiro casal caiu do trono que havia recebido de Deus, Satanás tomou o seu lugar.

OS PARCEIROS DE SATANÁS

Apocalipse 12.4 afirma que a cauda do grande dragão vermelho (Satanás) "levou após si a terça parte das estrelas do céu e lançou-as sobre a terra." Neste caso, as estrelas representam os anjos, tal como eles foram chamados quando cantavam em uníssono na criação do mundo (Jó 38.7). Quando Lúcifer caiu por causa do seu orgulho e arrogância contra Deus, ele levou consigo um terço dos anjos.

Algumas pessoas têm dificuldade em aceitar a ideia de que Satanás possa ter domínio sobre anjos, com base na ideia de que todos os anjos sejam seres benignos. Todavia, mais adiante, no capítulo 12 de Apocalipse, vemos que Miguel encabeçou uma hoste de anjos contra o Dragão e os seus anjos. No discurso de Jesus no monte das Oliveiras, Ele afirmou que Satanás, de fato, possui anjos: "Então, dirá também aos que estiverem à sua esquerda: Apartai-vos de mim, malditos, para o fogo eterno, preparado para o diabo e seus anjos" (Mt 25.41).

Em 2 Pedro 2.4 e em Judas 1.6, lemos que alguns dos anjos caídos estão aprisionados e que aqueles que não estão operam como cúmplices de Satanás. Estes anjos caídos perderam toda a aparência do que, outrora, neles havia de bom. Eles foram organizados pelo seu mestre com o intuito de influenciar as atividades humanas e os acontecimentos mundiais; tudo isso nos bastidores. Paulo escreve: "Porque não temos que lutar contra carne e sangue, mas, sim, contra os principados, contra as potestades, contra os príncipes das trevas deste século, contra as hostes espirituais da maldade, nos lugares celestiais" (Ef 6.12).

É óbvio que estes anjos malignos, tal como o seu mestre, também desfrutam de grande liberdade no universo. Lúcifer teve permissão de se infiltrar no Jardim do Éden, e tem certo acesso à presença de Deus, onde ele acusa constantemente os irmãos (Jó 1; Ap 12.10). Os servos de Satanás estão, de igual modo, em ação no mundo, executando a sua estratégia diabólica.

O PROPÓSITO DE SATANÁS

Desde os primórdios, o propósito de Satanás tem sido destruir o Filho da mulher: "E o dragão parou diante da mulher que havia de dar à luz, para que, dando ela à luz, lhe tragasse o filho" (Ap 12.4).

Quando Deus disse a Satanás no Jardim do Éden que a semente da mulher "te ferirá a cabeça" (Gn 3.15), Satanás começou a sua campanha com o objetivo de erradicar esta semente prometida. Sabendo, a partir da profecia, que este filho Prometido surgiria a partir de Israel, o adversário fez tudo o que pôde para impedir que esta nação fosse formada. Ele incitou Esaú a tentar matar o seu irmão, Jacó, que seria o pai das doze tribos se Israel. Quando isto falhou, ele incitou Faraó a assassinar todos os bebês judeus do sexo masculino no Egito. Se Jacó ou Moisés não tivessem sobrevivido a este massacre, a nação de Israel jamais teria existido.

A certa altura da história de Israel, Satanás quase conseguiu o seu intento. O Redentor prometido deveria vir da linhagem real de Davi. Depois da morte do rei Josafá, um descendente direto de Davi, uma série de intrigas e assassinatos eliminaram toda a linhagem davídica, exceto o rei Acazias e os seus familiares. Acazias, então, também foi assassinado, e a rainha-mãe usurpou a coroa e matou todos os seus filhos, encerrando para sempre a linhagem real — pelo menos assim ela pensava. Apesar disso tudo, a esposa do sumo sacerdote havia conseguido ocultar o filho mais moço de Acazias, Joás, até que ele pôde ser coroado. Naquele pequeno menino — aquele único homem sobrevivente da linhagem real de Israel — residia a semente prometida e o propósito supremo de Deus (2 Cr 22.10-12).

Contrariado, porém destemido, Satanás incitou o iníquo Hamã a planejar o extermínio de todos os judeus. Deus, no entanto, levantou Ester "para tal tempo", a fim de expor a trama de Hamã, e a semente prometida foi poupada (Et 4.14).

Quando a criança da profecia finalmente nasceu, Satanás incitou medo e ódio no rei Herodes, o qual mandou matar todos os bebês do sexo masculino que havia em Belém. Ele achava que a semente prometida certamente seria morta nesse hediondo ato de infanticídio (Mt 2.16). Apesar de tudo, a mão soberana de Deus interveio e fez com que José fugisse com a sua família para o Egito, poupando, dessa forma, a vida de Jesus.

Imediatamente depois do batismo de Jesus, Satanás o confrontou no deserto com as três famosas tentações retratadas na nossa dramatização. Mas mesmo assim, Jesus deixou o seu adversário indefeso com a espada do Espírito: a Palavra de Deus.

Depois desse fracasso, o diabo fez mais duas tentativas de assassinar Jesus por intermédio de terceiros. Ele tentou coagir o povo de

Nazaré a lançar Jesus do alto de um monte (Lc 4.29), e, depois disso, incitou o ódio dos escribas e fariseus, até que eles tentaram matá-lo a pedradas (Jo 8.59). Mesmo com tudo isso, em cada uma dessas tentativas, Jesus escapou ileso.

Finalmente, numa tarde de sexta-feira, às três horas, Satanás conseguiu colher os frutos da sua campanha de séculos, no momento em que o Filho de Deus, a semente prometida, sucumbiu à morte sangrenta na cruz. Quando o corpo mutilado de Cristo foi enrolado em lençóis de linho, embalsamado com especiarias e selado no sepulcro, Satanás pensou que havia vencido. Deus, porém, tinha o propósito que este seu Filho prometido resgataria e dominaria sobre as nações, e Deus nunca muda os seus propósitos. No terceiro dia, Ele ressuscitou Jesus dentre os mortos, frustrando o propósito de Satanás.[1]

A Grande Guerra

"E houve batalha no céu: Miguel e os seus anjos batalhavam contra o dragão; e batalhavam o dragão e os seus anjos, mas não prevaleceram; nem mais o seu lugar se achou nos céus."
APOCALIPSE 12.7-8

Estes versículos não se referem somente à batalha, mas também a uma guerra com muitas batalhas em muitas frentes. Dentre estes, temos a batalha entre Miguel e Satanás, a batalha entre os anjos liderados por Satanás e os anjos fiéis a Deus e a batalha entre os povos fiéis a Satanás e os povos fiéis a Deus. O livro do Apocalipse nos conta que haverá uma batalha derradeira entre estes inimigos ferozes.

É importante lembrar que não existe o que se convencionou chamar de "mal abstrato". O mal sempre tem origem em uma personalidade inteligente e autoconsciente — seja o próprio Satanás, ou uma ou mais das criaturas angelicais que por ele foram delegadas para fazer a sua vontade. A passagem da Bíblia que demonstra de forma mais clara esta verdade — e o conflito angelical que resulta — é Daniel 10.

Daniel esteve orando por vinte e um dias quando um anjo, provavelmente Gabriel, visitou-o numa visão. O anjo relatou que a oração de Daniel havia sido ouvida desde o seu primeiro momento; porém, enquanto Miguel estava voando para entregar a resposta, o príncipe da Pérsia lhe atacou. Somente quando Miguel foi enviado do céu para assisti-lo, Gabriel conseguiu chegar até Daniel. É evidente que este "príncipe da Pérsia" era um anjo caído que estava debaixo do poder de Satanás. Esta passagem não está se referindo a um príncipe terreno, pois nenhum homem poderia resistir e vencer a um mensageiro angelical enviado por Deus.

O fato de o oponente ser identificado como o "príncipe da Pérsia" mostra como Satanás organizou as suas tropas angelicais: ele designou um anjo decaído para cada país e estado. Este príncipe era o responsável pela Pérsia, que tinha a nação judaica sob cativeiro. Miguel e Gabriel conseguiram destruir a influência deste anjo maligno sobre o rei da Pérsia e estabelecer a sua própria influência em favor do povo de Deus. Isto está em total harmonia com a Palavra de Deus, o que nos faz crer que o príncipe da Pérsia, que se opôs a Daniel, era um anjo do próprio Satanás.

Estas cenas de batalha espiritual em Apocalipse e Daniel nos mostram que a guerra entre as forças do mal e as forças do bem ocorre tanto ao longo de todas as regiões invisíveis dos céus, como aqui na terra.

Pode ser que você esteja pensando: *Mas, afinal de contas, Satanás já não foi julgado?* Pois é, isso está correto, ele já foi julgado na cruz. João 16.8, 11 diz: "E, quando ele vier, convencerá o mundo do pecado, e da justiça, e do juízo [...] e do juízo, porque já o príncipe deste mundo está julgado." Hebreus 2.14 também faz eco a esta ideia: "E, visto como os filhos participam da carne e do sangue, também ele participou das mesmas coisas, para que, pela morte, aniquilasse o que tinha o império da morte, isto é, o diabo."

Mas já que Satanás foi julgado pela obra de Cristo na cruz, por que, então, o inimigo parece ainda estar vencendo as batalhas?

A resposta é que, legalmente, o Calvário foi a ruína completa de Satanás — todas as suas esperanças se transformaram em cinzas quando o Senhor Jesus morreu e retornou à vida. Como qualquer ação legal, entretanto, aquela decisão ainda precisava ser colocada em prática. Nos tribunais dos Estados Unidos, por exemplo, assassinos considerados culpados raramente são executados antes de se passarem anos após a proclamação da sua pena. A vitória final já foi conquistada, porém ela só será implementada por completo em algum ponto do futuro.

Neste ínterim, é animador saber que a vitória de Cristo sobre Satanás pode ser implementada agora mesmo por meio da oração. Daniel orou durante vinte e um dias até que o anjo de Satanás foi derrotado. As vitórias neste mundo dependem das vitórias celestes, e vice-versa. Nós que combatemos o mal sobre a terra guerreamos ao lado dos anjos que combatem o mal nas regiões celestiais, e as nossas orações formam uma rede de poder e comunicação que opera simultaneamente em duas frentes. Isto significa que, quando a Igreja ora, ela, na verdade, acaba desempenhando um papel essencial na determinação dos resultados de quaisquer acontecimentos humanos. Alguém até uma vez disse: "Não são os governantes que fazem o mundo funcionar; mas, sim, as nossas orações".

Satanás continua tendo a capacidade de provocar destruição, assim como foi mostrado em nossa dramatização. Mesmo assim, ele não poderá fazer nada contra os cristãos que reivindicarem a vitória de Cristo sobre a sua própria vida. Os servos de Deus podem enfrentar toda espécie de perseguição, ou mesmo morte, mas a sua vitória final é garantida. A segurança divina nos dá a coragem de continuar na luta, sabendo que somos protegidos de qualquer arma que Satanás lançar contra nós. "Porque as armas da nossa milícia não são carnais, mas, sim, poderosas em Deus, para destruição das fortalezas; destruindo os conselhos e toda altivez que se levanta contra o conhecimento de Deus, e levando cativo todo entendimento à obediência de Cristo" (2 Co 10.4-5).

A Grande Ira

"Pelo que alegrai-vos, ó céus, e vós que neles habitais. Ai dos que habitam na terra e no mar! Porque o diabo desceu a vós e tem grande ira, sabendo que já tem pouco tempo."
APOCALIPSE 12.12

No fim dos tempos, quando os crentes chegarem ao Céu, eles serão tornados perfeitos em santidade e não haverá nada que Satanás possa falar a seu respeito. O seu papel como acusador terá chegado ao fim! A sua presença no céu será abruptamente interrompida quando ele for lançado pela última vez na terra. Porém, a purificação do céu significará a contaminação da terra, com a explosão da fúria satânica numa tentativa de desafiar a Deus a destruir o seu povo.

O livro do Apocalipse descreve a ira que a terra experimentará nas mãos de Satanás nos últimos dias.

UM GRAVE ATAQUE

Apocalipse 12.12 nos dá este alerta: "Ai dos que habitam na terra e no mar! Porque o diabo desceu a vós e tem grande ira, sabendo que já tem pouco tempo." A palavra traduzida como "ira" aqui significa "forte paixão ou emoção". Donald Grey Barnhouse a compara com um animal enjaulado:

> "O animal que era muito perigoso quando rugia pela floresta inteira agora está limitado a uma jaula, onde, enlouquecido com as restrições que vê ao seu redor, bem como furioso por sentir o seu fim se aproximar, lança a força insana da luta mortal em todos os seus movimentos".[2]

O ataque de Satanás contra o povo de Deus será marcado pela profanação do Templo, pela instalação da imagem da Besta no Templo e pela perseguição generalizada ao povo judeu.

UM ATAQUE ANTISSEMITA

O livro do Apocalipse prevê a última onda de antissemitismo que varrerá o mundo inteiro: "E, quando o dragão viu que fora lançado na terra, perseguiu a mulher que dera à luz o varão. [...] E a serpente lançou da sua boca, atrás da mulher, água como um rio, para que pela corrente a fizesse arrebatar" (Ap 12.13, 15).

O Diabo odeia Israel porque, de uma perspectiva biológica, Cristo veio dessa nação. Satanás quer destruir Israel, negando ao seu povo um lar quando o Messias retornar a terra e estabelecer o seu Reino prometido.

O Maligno é como uma criança rancorosa que destrói o brinquedo do amigo: se o brinquedo não puder ser dele, então não será de mais ninguém! Portanto, como Apocalipse 12 nos informa, Satanás lança uma grande torrente de água da sua boca, com o objetivo de fazer desaparecer a mulher (Israel). Algumas pessoas entendem estas palavras num sentido literal: Satanás liberaria uma grandiosa enchente que varreria Israel do Vale do Jordão. Outros entendem estas palavras como um símbolo do esforço total de Satanás para exterminar a nação. Independentemente do que a expressão "água como um rio" possa significar, é certo que haverá um esforço agressivo e organizado para atacar e destruir o povo judeu.

UM ATAQUE IRADO

O último versículo de Apocalipse 12 afirma que o dragão está "irado" a ponto de declarar guerra contra as pessoas da nação de Israel que "guardam os mandamentos de Deus e têm o testemunho de Jesus Cristo" (v. 17). Esta não é uma referência aos judeus em geral, e sim aos judeus crentes. Eu concordo com os muitos estudantes de profecia que identificam este grupo com as 144 mil testemunhas judias de Apocalipse 7. Estes pregadores selados certamente cumprirão a descrição de obediência e testemunho exteriores. Satanás ficará irado com estes seguidores fieis por um motivo: eles terão se alinhado com o maior dos seus inimigos.

As Grandes Asas

> "E foram dadas à mulher duas asas de grande águia, para que voasse para o deserto, ao seu lugar, onde é sustentada por um tempo, e tempos, e metade de um tempo, fora da vista da serpente. [...] E a terra ajudou a mulher; e a terra abriu a boca e tragou o rio que o dragão lançara da sua boca."
> APOCALIPSE **12.14, 16**

Para os israelitas da antiguidade, estas "duas asas de uma grande águia" teriam feito lembrar a graça de Deus que os libertou do Egito: "Vós tendes visto o que fiz aos egípcios, como vos levei sobre asas de águias, e vos trouxe a mim" (Ex 19.4; veja também Dt 32.11-12).

Apocalipse 12 deixa claro que Israel, um dia, será removido para um lugar especial de proteção na terra. Alguns consideram que isto seja uma referência a Petra, uma antiga cidade fortificada e esculpida bem ao fundo de paredões rochosos de proteção, a sudeste do Mar Morto. A expressão no versículo 14 parece indicar que os judeus receberão provisão sobrenatural, tal como ocorreu com Elias no ribeiro de Querite, e com os israelitas no deserto do Sinai. Seja qual for o método que Deus vai utilizar, podemos ter a certeza de que Ele preservará um remanescente santo do seu povo.

Carolyn Arends nos conta uma história que nos ajuda a compreender como Satanás pode continuar a infligir tanto sofrimento sobre as pessoas, mesmo já tendo sido julgado na cruz:

> "Quando eu era criança, eu amava os Domingos de Missão, em que os missionários de férias vinham trazer relatórios especiais no lugar do sermão do pastor...

Uma destas visitas eu jamais esqueci. Os missionários eram um casal que morava no que parecia ser uma selva particularmente quente...
Certo dia, contaram eles, uma cobra enorme — muito maior do que um homem — resolveu entrar pela porta da frente da sua casa e seguiu para a cozinha do casebre simples que eles tinham. Aterrorizados, eles correram para fora da casa e procuraram desesperadamente por um morador do local que pudesse saber o que fazer naquela situação. Um vizinho, com um facão na mão, veio em socorro a eles, entrou calmamente na casa e decapitou a cobra com um golpe certeiro.
O vizinho saiu dali triunfante e assegurou aos missionários que o réptil havia sido vencido. Só que havia um problema, ele avisou: Demoraria algum tempo para que a cobra percebesse que ela própria estava morta.
A neurologia e a corrente sanguínea de uma cobra são tais que pode levar um tempo considerável para que ela pare de se mexer, mesmo depois de ser decapitada. Até então, por longas horas, os missionários foram forçados a aguardar do lado de fora da casa enquanto a cobra se debatia, quebrando móveis e se lançando contra paredes e janelas, provocando uma grande destruição, antes de o seu corpo, finalmente, compreender que havia perdido a cabeça...

A certa altura daquela longa espera, os missionários disseram que eles haviam tido uma mútua epifania...

— Você está vendo isto? — perguntou o marido. — Satanás é muito semelhante a esta cobra grande e velha. Ele já foi derrotado, só não se convenceu disto ainda. Neste meio-tempo, ele ainda provocará algum dano. Porém, jamais devemos nos esquecer de que ele é um perdedor."

Arends concluiu fazendo-nos lembrar que, um dia, toda a luta e resistência de Satanás desaparecerão:

"A história me apavora porque eu percebi que ela é uma representação precisa do universo. Estamos vivendo os tempos em que Satanás está se debatendo e se atirando; uma época caracterizada pela nossa ampla capacidade de provocar violência uns aos outros e a nós mesmos. A tentação está em cairmos no desespero. Precisamos lembrar, contudo, que este tempo não durará para sempre. Jesus já esmagou a cabeça da serpente."[3]

CAPÍTULO 6

A BESTA DO MAR

"**M**EMBRO DO GABINETE PÕE FIM À GREVE PARALISANTE."
Esta era a manchete de capa da Revista *Times*.

O abandono dos postos de trabalho havia desencadeado uma crise nacional que praticamente paralisou todas as atividades da Grã-Bretanha por mais de cinco semanas.

O problema já vinha se avolumando há décadas. Vários sindicatos haviam se fundido, e este "sindicato dos sindicatos", que foi como esta união geral ficou conhecida, desferiu um forte golpe sobre a economia britânica, fazendo exigências cada vez mais bizarras a favor dos trabalhadores ferroviários, caminhoneiros, trabalhadores das indústrias e refinarias de petróleo que ele representava. A produção havia diminuído drasticamente enquanto os custos trabalhistas haviam subido, o que forçou as empresas a aumentar os seus preços, a demitir trabalhadores e a contrair dívidas substanciais. Muitas empresas declararam falência, enquanto outras cambaleavam à beira do precipício.

Quando este "sindicato dos sindicatos" exigiu um percentual de aumento de 12%, jornadas de trabalho de seis horas e creches gratuitas para as crianças, os fabricantes finalmente se negaram a atender, e o resultado foi uma grandiosa greve geral em toda a nação. As entregas de mercadorias por caminhões e trens foram suspensas.

Os depósitos de gasolina secaram. Tumultos e saques começaram a ocorrer. A Grã-Bretanha mergulhou no caos.

No dia em que a crise terminou, a resolução estava na manchete principal do Telejornal da BBC. O apresentador do noticiário relatou a tentativa do primeiro-ministro em intervir, ordenando aos grevistas que retornassem ao trabalho e impondo pesadas multas caso eles se recusassem a fazê-lo. Ao ver que as suas medidas estavam falhando, ele mobilizou a sua guarda pessoal para encerrar os motins e restaurar a ordem. As mortes e os ferimentos resultantes desencadearam uma comoção pública com relação ao primeiro-ministro.

— Quando uma solução parecia impossível — disse o apresentador — um oficial novato do gabinete, Judas Christopher, subsecretário da Comissão de Negócios, solicitou a permissão para se encontrar com os líderes dos sindicatos e das empresas. Em três dias, ele conseguiu bater o martelo no que ambos os lados consideraram um acordo de "ganha-ganha", que satisfez aos pleitos das duas partes.

— Acabamos de descobrir que Judas Christopher está prestes a sair da sala de negociação — prosseguiu o apresentador. — Vamos até a nossa repórter no local da negociação, Alessandra Lancaster.

O rosto de Alessandra apareceu na tela. Multidões, junto ao Palácio de Westminster, aglomeravam-se atrás dela.

— Obrigado, Kent. O auxiliar do subsecretário Christopher prometeu uma breve entrevista. Na verdade, ele está chegando agora.

Um homem alto e marcante, com cerca de trinta anos de idade, caminhava em direção à câmera, esboçando um sorriso envolvente. Ele cumprimentou calorosamente Alessandra e a multidão.

— Secretário Christopher — disse ele — o que o senhor poderia nos falar mais sobre o acordo que acaba de negociar milagrosamente nos últimos três dias?

— Bem, não posso entrar em detalhes, mas posso dizer que o cerne dele não envolve aumentos, nem diminuição de jornada de trabalho.

A voz de Christopher era imponente, e a sua articulação era precisa.

— Em vez disso — prosseguiu ele — nós vinculamos os salários à produção. Os patrões garantiram bônus generosos a todo empregado que aumentar a sua produtividade.

Depois de Christopher soltar outro sorriso vitorioso e se retirar, Alessandra retornou à câmera:

— Embora pouco se soubesse sobre este membro novato do gabinete, parece que ele, hoje, é mais popular do que o próprio primeiro-ministro. Retornamos com você, Kent.

. . .

O sucesso estrondoso de Christopher logo lhe valeu um grande número de seguidores em todas as partes. Não demorou muito para ele acusar o primeiro-ministro de incompetência e levantar a suspeita de negócios ilícitos. Foi só uma questão de tempo para que o governo do primeiro-ministro caísse e o Parlamento escolhesse Christopher no seu lugar, com uma vitória esmagadora.

Poucos dias depois da eleição, Judas Christopher dirigiu-se à nação a partir do seu gabinete no número 10 da Downing Street, apresentando soluções ousadas e inusitadas para resolver o grave problema de inflação que havia se abatido sobre o país, em consequência da greve e por políticas de bem-estar que fugiram ao controle. Uma pesquisa de opiniões posterior demonstrou uma aprovação crescente a Christopher e aos seus planos:

— Eu nunca vi nada parecido — disse o seu auxiliar. — Você conseguiu segurar o leão britânico pelo rabo.

Como era de se esperar, as políticas do primeiro-ministro viraram de ponta-cabeça a economia do país, cristalizando a sua posição como o salvador da Grã-Bretanha. Outros líderes ao longo da Europa, também pegos na mesma espiral decrescente, começaram a copiar as suas políticas e, logo, as economias destes outros países também começaram a se reerguer.

O problema é que tudo começou a desabar quando, num abrir e fechar de olhos, milhões de pessoas no mundo inteiro começaram a desaparecer. Os carros que elas dirigiam colidiram com outros veículos ou rodopiaram para fora das pistas. Pilotos desapareceram, aviões caíram, o que resultou em milhares de mortes. Linhas de montagem pararam porque máquinas ficaram sem operadores. Duas usinas nucleares de geração de energia explodiram porque os técnicos responsáveis por elas sumiram.

Mais caos se sucedeu. Varejistas, fabricantes, escritórios de advocacia e agências governamentais ficaram paralisados, com a perda de um terço da sua mão de obra ativa. Pessoas hospitalizadas e pacientes que eram tratados em casa morreram por falta de cuidados e assistência médica. A falta de funcionários para fazer a entrega de mercadorias deixou as prateleiras das lojas vazias. Atos criminosos começaram a proliferar à medida que pessoas famintas começaram a resolver os problemas com as próprias mãos.

As pessoas que restaram logo perceberam que os desaparecidos eram somente os cristãos.

— Isto é terrível! — lamentou o auxiliar de Christopher. — Mal acabamos de resolver uma catástrofe e logo outra se sobrepõe a ela.

— Não, trata-se de uma oportunidade. — dizia Christopher com voz quase extasiada. — Jamais devemos desperdiçar uma crise. Coloque-me em cadeia nacional de TV imediatamente.

Naquela noite, ele explicou o seu plano para resolver os problemas para toda a Grã-Bretanha. Declarando um estado de calamidade pública nacional, ele recrutou cidadãos capacitados para preencher os postos de trabalho vagos por um período de um ano, reorganizar as empresas, proteger as propriedades e fazer consertos. Christopher imediatamente se tornou o governante-referência de todos os outros líderes europeus que estavam enfrentando desafios similares.

• • •

Na sequência do desaparecimento em massa de pessoas, Israel começou a ser ameaçado pelas nações islâmicas à sua volta. Com os países ocidentais enfrentando uma situação tão caótica, a maioria das pessoas considerava que ninguém viria auxiliar na defesa de Israel. Um conflito militar de grandes proporções parecia ser inevitável no Oriente Médio, e especialistas estavam convencidos de que Israel não sobreviveria.

O primeiro-ministro Christopher convocou uma reunião em seu gabinete:

— Não podemos permitir que o barril de pólvora do Oriente Médio exploda! Esta guerra certamente iria se espalhar para outras nações e ameaçaria o nosso sucesso. O problema dos judeus tem sido uma praga para o planeta desde 1948, e todos os presidentes norte-americanos têm tentado resolvê-lo. Já é hora de desarmar essa nação volúvel de uma vez por todas!

Christopher tomou o seu avião e seguiu para Jerusalém e, depois de fazer conferências com Israel e com os países muçulmanos ao seu redor, ele anunciou um bem-sucedido tratado de paz que garantia a proteção dos judeus. Havia muita especulação acerca da negociação secreta que ele conduziu para pacificar aquelas nações islâmicas.

Durante um intervalo nas negociações, o microfone de um repórter de TV estava aberto e acabou captando Christopher dizendo, à boca pequena, para um líder palestino:

— Só aguarde mais ou menos uns três anos, e eu verei se consigo atender ao seu desejo. — Os agentes de segurança de Christopher imediatamente prenderam o repórter e confiscaram o seu gravador. Ele nunca mais foi visto por ninguém.

Dum dia para o outro, Judas Christopher se tornou um herói para os israelenses. Ele reafirmou a sua posição ao declarar apoio à reconstrução do Templo Judeu que estava próximo ao local do Domo da Rocha que acabara de ser destruído. Um mundo aturdido rasgava elogios a ele por mais um dos seus estrondosos sucessos.

Como resultado do tratado, os judeus imediatamente redirecionaram o dinheiro gasto em defesa para a reconstrução do Templo, cuja glória ultrapassaria a do Templo de Salomão. Em menos de quatro anos, eles completaram aquela monumental obra e restauraram as antigas práticas de adoração dos judeus.

Quatro meses depois do término da obra, Clive Nelson, o chefe do Serviço Secreto de Inteligência britânico, estava sentado à frente da mesa de Judas Christopher:

— Como o senhor sabe, senhor primeiro-ministro, faz algum tempo que estamos monitorando o aumento da concentração de tropas e armamentos, tanto na Rússia, como no Egito. Acabamos de descobrir que estas nações querem invadir Israel dentro de um mês.

— Outras nações estão envolvidas? — perguntou Christopher.

— Sim. A Síria, a Etiópia e a Líbia se juntarão ao Egito a partir do sul, e vários aliados se unirão à Rússia, pelo *front* do norte. Israel havia se descuidado na sua diligência militar desde a assinatura do tratado, e aquelas nações estavam se aproveitando disso.

— E Israel sabe disso?

— Positivo, eu os informei para que eles pudessem se preparar.

— Mas você deveria ter me consultado primeiro! — disse Christopher dando um murro sobre a mesa. — Eu não tenho intenção alguma de honrar esse tratado. Ele até serviu aos meus propósitos naquele momento, só que eu não colocarei em risco a minha influência no Ocidente com uma guerra que não nos oferece qualquer tipo de vantagem. Para falar a verdade, se ficarmos fora dessa guerra, teremos muito mais a ganhar.

— Eu lamento muito, senhor! Isso jamais tinha me passado pela cabeça.

— Pois é exatamente por isso que você precisa sempre confirmar comigo antes de passar qualquer informação para outros países! Deixe que os russos e os muçulmanos destruam Israel! Isto só vai me poupar do incômodo de ter que remover esta casca de ferida da terra.

No dia seguinte, o carro do chefe do Serviço Secreto de Inteligência explodiu assim que ele virou a chave de ignição.

• • •

Conforme predito, os exércitos russo e muçulmano logo invadiram Israel. Eles marcharam em direção a Jerusalém, preparados para esmagar a cidade. Só que antes de eles galgarem ao seu objetivo, um terremoto de grandes proporções atingiu aquela região. Fogos sulfúricos e enormes pedras de granizo choveram sobre a terra, o que dizimou as tropas invasoras. Os soldados que sobreviveram, cegados pela fumaça e pela poeira que tomaram conta do lugar, começaram a atirar uns nos outros até que somente um pequeno número deles ficou de pé. Israel, embora severamente saqueado, foi salvo.

Judas Christopher não perdeu tempo. No momento em que a batalha terminou, ele marchou para dentro da Líbia, Etiópia e Egito — três nações cujos exércitos haviam sido dizimados — sob o pretexto de puni-las por haverem violado o tratado de sete anos. Enquanto ele ainda estava no norte da África, o Serviço Secreto de Inteligência lhe informou de que os israelenses, revoltados com a sua omissão em defendê-los, estavam preparando um levante. Christopher imediatamente direcionou os seus exércitos para o norte e fez um movimento que pegou o mundo de surpresa: ele marchou sobre Israel e sufocou o levante israelense, torturando e matando milhares de judeus.

No dia posterior à batalha, o primeiro-ministro israelense compareceu resoluto diante de Christopher, recusando-se a ocupar o lugar que lhe foi oferecido na mesa de negociações:

— Você nos derrotou com uma traição. Queira deixar claro quais são os seus termos. — ele não fez qualquer tentativa de esconder o repúdio na sua fala.

— Meus termos? — respondeu Christopher. — Eu não tenho termo nenhum a oferecer, a não ser a sua total rendição. Minha intenção é dominar sobre vocês com vara de ferro. Vocês, bando de judeus incômodos, jamais voltarão a contaminar o mundo com a sua arrogância, tampouco deixarei que continuem ostentando o título de serem o "Povo Escolhido de Deus". Minhas tropas ocuparão o seu país, e vocês cederão todo o poder a mim!

Christopher retornou à Inglaterra, deixando o povo de Israel irritado, mas profundamente firme no seu intento. Com a sua influência crescente sobre a Europa e o seu controle sobre o Oriente Médio, ele estava começando a ser visto como o líder mundial de fato — um papel que, outrora, havia sido do presidente dos Estados Unidos, hoje uma nação decadente.

O caso é que mera influência não bastaria. A busca de Christopher por poder imediato estava apenas começando.

• • •

O primeiro-ministro Christopher olhava absorto para a lareira ardente no seu escritório. Apoiando o queixo sobre as mãos, ele ponderava sobre o seu próximo movimento.

Lentamente, a sala foi ficando escura, até que as chamas, cintilantes como a língua das serpentes, eram a única fonte de luz. O clarão aumentou, e não demorou muito para que Christopher conseguisse distinguir uma figura de dentro do fogo — uma forma vaga, porém inegável, de um homem que se erguia sobre ele, como se fosse um Golias ardente. A forma e o rosto eram tão formosos quanto os de um anjo, só que as suas características eram distorcidas em agonia. Christopher irrompeu em suor frio:

— Eu sei o que você quer, Judas Christopher. — disse a voz, em tom firme e grave. — Você quer poder, cada vez mais poder, até que você consiga dominar sobre todas as nações civilizadas do mundo. E é exatamente isso que eu posso dar a você.

— Quem é você?! E por que está oferecendo isto para mim? — disse Christopher, com voz trêmula.

— Eu sou o verdadeiro príncipe deste mundo. Todos os reinos da terra são meus, eles me foram involuntariamente concedidos pelos seus primeiros pais. Já faz muito tempo que você tem sido meu servo fiel, embora não soubesse que estava servindo a mim. O que eu apresento hoje a você só foi oferecido a um Único Homem na história deste planeta. Ele se recusou, mas acabou pagando o preço pela sua decisão. Só que você pode ser bem-sucedido naquilo que Ele fracassou.

— Sei muito bem de quem você está falando — respondeu Christopher. — É isso mesmo, você fez com que Ele pagasse o preço. Mesmo assim, eles dizem que Ele ressurgiu dos mortos.

— E exatamente como o Mestre dEle o ressuscitou, eu também tenho poder para ressuscitar você.

— Como pode prometer isso? — o medo de Christopher não diminuía, mas um desejo ardente começou a crescer no seu íntimo.

— Eu posso assegurá-lo disso porque estarei com você. Pra falar a verdade, eu estarei *em* você. Reconheça-me agora como seu senhor, e eu encherei todo o seu interior com o meu próprio ser. Eu serei seu, e você será meu.

— Eu aceito. — aquelas palavras vieram no silêncio, mas com fervor. A sua decisão foi tranquila. Recusar o maior desejo do seu coração seria algo inconcebível.

— Já que é assim, está fechado! — disse aquela figura.

Dentro de instantes, as chamas baixaram, a escuridão voltou a tomar conta do ambiente, e Christopher se achou mais uma vez sozinho.

• • •

Quando as nações da Europa fizeram o seu próximo congresso anual, Christopher foi o principal palestrante. O discurso dele foi estupendo e, ao final, os delegados aplaudiram-no efusivamente de pé. Poucos minutos depois, ele se pôs de pé sobre uma sacada para se dirigir a uma enorme multidão reunida junto ao pavilhão na parte externa do prédio. Ele sorriu e acenou alegremente e, assim que a adulação diminuiu, ele renovou publicamente o seu compromisso com o bem-estar e proteção da Europa, convocando a União Europeia a se juntar como uma potência unificada e expandir as suas forças armadas a fim de assegurar a prosperidade e a segurança coletivas.

Naquele momento, seis disparos consecutivos de rifle foram ouvidos. O corpo de Christopher foi arremessado para trás, e ele caiu no chão. Sirenes dispararam e, em poucos instantes, médicos estavam levando-o para o hospital mais próximo.

Meia-hora depois, a repórter da BBC, Alessandra Lancaster, entrou no ar e falou em rede mundial de televisão:

— Segundo informações obtidas junto à equipe médica que atendeu Judas Christopher, ele foi ferido mortalmente na cabeça. Sua recuperação é impossível.

Mais tarde, ainda naquela mesma noite, Alessandra Lancaster retornaria às câmeras para outro boletim de notícias. Pela primeira vez na sua carreira, a voz dela falhou no meio de uma transmissão.

— Os telespectadores que testemunharam o alvejamento do primeiro-ministro Judas Christopher nesta tarde acharão difícil acreditar na informação que tenho a passar a todos vocês neste momento. — Alessandra agarrou o microfone com as duas mãos, numa tentativa de mantê-lo firme. — O mundo todo viu quando ele foi ao chão, assim que os tiros de rifle foram disparados diretamente contra a sua cabeça hoje à tarde. Porém, pouco depois das cinco horas, o primeiro-ministro abriu os olhos, levantou da cama e saiu caminhando sozinho no hospital. Eu tenho aqui comigo o Dr. Nigel Anderson, um dos médicos que atenderam o primeiro-ministro. Dr. Anderson, como seria possível a recuperação de ferimentos assim tão graves?

— Isso não é possível. Simplesmente aconteceu — disse o médico, sacudindo a cabeça. — Uma bala atravessou o crânio do primeiro-ministro, e ele continua vivo. Não existe uma explicação racional para isso.

O Congresso da União Europeia continuava em sessão e, no dia posterior à recuperação de Christopher, os líderes das nações que compõem o bloco se reuniam secretamente. Eles forjavam um domínio unificado, porém dividido em dez províncias, e nomearam Judas Christopher como o seu presidente. Os seus rivais — os cabeças de três nações representadas — resistiam vigorosamente. No entanto, as suas delegações passaram por cima das suas orientações, e Christopher venceu a eleição por uma larga margem de votos. Dentro de algumas semanas, um destes três *premiers* opositores acabou morrendo por ter ingerido comida envenenada. Já o segundo morreu num acidente de automóvel. O terceiro, por sua vez, foi encontrado afogado no fundo da piscina de um hotel.

Judas Christopher, agora como presidente eleito do poderoso império europeu, composto por dez nações, retornou ao seu escritório em Londres e chamou o arcebispo Damon Detherow, que exerce um alto posto na igreja, sendo muito famoso pelo seu trabalho que visava unificar todas as religiões mundiais.

Christopher foi direto ao assunto:

— Temos diante de nós uma oportunidade de ouro, e a hora é agora. Se juntarmos a sua influência religiosa, que é largamente difundida, às minhas habilidades políticas, poderemos agir juntos e realizar coisas incríveis.

— Pois bem, estou ouvindo.

— Os desastres naturais dos últimos anos: os terremotos, as enchentes, as fomes, as erupções vulcânicas, as chuvas ácidas, as chuvas de granizo e os meteoros que caíram do céu, sem mencionar o desaparecimento de muitos cristãos, abalaram a confiança do mundo ocidental no Materialismo e levou as pessoas a reconsiderarem a religião nas suas vidas. As pessoas, agora, estão querendo saber se existe algum tipo de influência espiritual que poderia ser a causa destes desastres. E, a exemplo das antigas sociedades primitivas, elas estão começando a pensar que estes espíritos precisam ter a sua ira aplacada.

— O que exatamente você está planejando?

— As pessoas precisam de um governo mundial, e eu posso proporcionar isto a elas! Elas também estão prontas para uma religião mundial, e isto você é quem pode proporcionar a elas! A necessidade que as pessoas sentem por deuses que mitiguem os seus temores nos é apresentada como uma oportunidade perfeita para combinarmos os nossos esforços. Juntos, nós podemos criar uma força irresistível, através da qual podemos unir todas as pessoas do mundo como se fossem uma só.

Nada mais havia no caminho de Detherow. Ele usava, agora, as muletas do senhor das trevas de Judas Christopher.

• • •

Nas semanas seguintes, o arcebispo formulou os seus planos que, em última instância, tinham o objetivo de redirecionar a adoração do mundo inteiro para o presidente Christopher.

Em primeiro lugar, o arcebispo construiu um grandioso altar em Jerusalém e, a exemplo do profeta Elias, na antiguidade, chamou fogo do céu para queimar o sacrifício que sobre ele foi colocado. A seguir, ele criou uma enorme estátua de Judas Christopher e a colocou no Templo judeu. Com milhares de pessoas assistindo no local e outros bilhões observando ao vivo pela televisão, ele pediu que a imagem falasse com a voz de Christopher e exigiu que toda a humanidade adorasse somente a ele.

Em resposta a estes milagres, um número incontável de pessoas no mundo inteiro se voltou para Christopher como o seu novo deus. Aqueles que se recusaram foram perseguidos e executados.

Como os desastres implacáveis — tanto os naturais, como os provocados pelos homens — haviam enfraquecido muitíssimo todas as nações, Christopher sabia que havia chegado a hora de colocar o restante do planeta debaixo do seu controle.

As forças de Christopher — um exército composto de legiões bem equipadas e altamente treinadas, oriundas de toda a Europa — invadiram primeiramente a Rússia, onde eles encontraram apenas um princípio de resistência dos exércitos sucateados daquele país. A conquista da China e da Índia também se mostrou surpreendentemente fácil e, com estas potências dominantes do Oriente derrotadas, a simples ameaça de invasão colocou o restante da Ásia debaixo das cores da sua bandeira.

A conquista das Américas por parte de Christopher encontrou resistência ainda menor. Os Estados Unidos, ainda enfraquecidos por décadas de dívidas exorbitantes e de uma máquina governamental insustentável, na verdade votaram favoravelmente por se colocar debaixo da liderança de Christopher e pelo *impeachment* do seu próprio presidente. As Américas Central e do Sul, igualmente afetadas por tumultos internos, seguiram o exemplo da nação norte-americana.

Com a sua conquista mundial completa, o presidente Christopher chamou o arcebispo Detherow ao seu gabinete:

— Todas as nações que dominamos entraram em caos econômico — disse ele. — As necessidades mais prementes do mundo são por estabilidade financeira e por alimentos. Esta é outra crise que não pretendo desperdiçar; precisamos explorar a situação e tirar vantagem dela. Eu sei que você tem elaborado um plano para resolver a crise econômica e que, ao mesmo tempo, assegura a lealdade religiosa absoluta das pessoas. Chegou a hora de conhecermos este plano.

— Bem — começou Detherow — não podemos resolver o problema econômico se não gerenciarmos todos os recursos do planeta. Isto significa que precisamos controlar todo o comércio e forçar a sua redistribuição igualitária. Poderemos fazer isso atribuindo a cada pessoa um número individual que permitirá com que ela participe de todo tipo de transação comercial. Isto significa todo tipo de transação, desde a confecção e despacho internacional de mercadorias, até a compra de um simples pãozinho numa padaria local.

— Isto poderá resolver o problema econômico, mas como faremos com a questão religiosa?

— Uma das condições para se receber este número será um pacto assinado de adoração ao senhor e somente ao senhor. Nós elaboraremos uma maneira de usar este número para monitorar a adesão das pessoas a este pacto.
— E o que acontecerá com aqueles que se recusarem a receber este número? — perguntou Christopher.
Damon Detherow respondeu com uma risada, e disse:
— Parafraseando Thomas Hobbes: "A vida deles será desagradável, brutal e curta".

• • •

O plano do arcebispo Detherow foi um sucesso avassalador. Os únicos que resistiram foram alguns judeus e cristãos ortodoxos espalhados pelos países, os quais foram dizimados por Christopher com uma terrível perseguição que superou os horrores da Revolução Francesa, da Guerra Civil do Sudão e do Genocídio de Ruanda, na sua brutalidade. Christopher rapidamente expandiu o seu despotismo para além da perseguição aos cristãos; e não demorou muito para que todas as nações começassem a sentir o peso da sua crueldade.

Quando o mundo percebeu que as promessas de Christopher não significavam nada, os seus tratados perderam completamente o valor, e os problemas econômicos, na verdade, começaram a se multiplicar, rumores de rebeliões começaram a se espalhar pelo mundo e vários milhões de nações começaram a reunir os seus exércitos para se opor ao ditador. Christopher menosprezou os tratados como conversa fiada e transferiu a sua atenção para um projeto que, há muito tempo, ele ansiava realizar desde que chegou ao poder: a completa aniquilação do estado judeu. O seu ódio aos judeus havia crescido como um tumor maligno, até que ele consumiu todos os seus pensamentos.

Acreditando ser invencível, ele reuniu os seus poderosos exércitos e os levou pessoalmente até Israel, com a intenção de usufruir, em primeira mão, da matança de cada um dos judeus do país. Porém, assim que ele posicionou as suas forças para atacar, uma coalizão das forças do Norte da África, liderada pelo Egito, atacou-lhe pelo sul e efetuou os primeiros disparos da rebelião. Assim que ele direcionou os seus exércitos para o sul, uma coalizão de tropas lideradas pela Rússia atacou a partir do norte.

Christopher repeliu as forças do sul e estava começando a fazer recuar os atacantes do norte, quando outro exército de mais de um milhão de soldados chineses avançou sobre ele, vindo do Oriente. As forças de Christopher enfrentaram os exércitos rebeldes na planície de Megido, em Israel. Rios de sangue cobriram a terra com a morte de milhões de soldados. Foi uma batalha de alcance e destruição sem precedentes.

Quando a carnificina começou a diminuir, Christopher redirecionou os seus esforços em Israel. Deixando o *front* de Megido aos seus generais, ele fez marchar um grande contingente até Jerusalém. Ao chegar à cidade, ele se posicionou no monte das Oliveiras, diante do objeto do seu ódio. Ele se deleitava na ironia de aquela montanha ter sido o local exato em que o seu mestre havia infligido uma agonia inenarrável ao seu arqui-inimigo. Christopher levantou a sua mão para sinalizar o início do ataque. Naquele momento, um barulho de trovão irrompeu sobre ele, e Christopher olhou para o alto para ver o que havia causado aquele estrondo.

O dia em que ele haveria de prestar contas havia chegado.

• • •

A BASE BÍBLICA POR TRÁS DESTA HISTÓRIA

Paul-Henri Spaak, o primeiro-ministro da Bélgica nas décadas de 1930-1940, segundo informações, teria feito a seguinte afirmação:

"A verdade é que o método dos comitês internacionais falhou. Nós precisamos é de uma pessoa, alguém do mais alto respeito, ou de grande experiência, de grande autoridade, ou larga influência, de grande energia. Que ele venha e que venha depressa. Seja um civil ou militar, não importa a sua nacionalidade, que corte todas as fitas vermelhas, faça funcionar [...] todos os comitês, desperte todas as pessoas e una todos os governos nas ações."[1]

Quando o anticristo subir ao estágio global, o mundo estará aguardando para recebê-lo exatamente dessa forma.

Sendo assim, quem, exatamente, é o Anticristo? Mesmo havendo mais de uma centena de passagens das Sagradas Escrituras que o descrevem, o termo *anticristo* é mencionado em apenas cinco versículos do Novo Testamento — sempre pelo apóstolo João. Quatro das cinco ocorrências se referem aos oponentes de Cristo e da sua obra, nos dias de João (1 Jo 2.18, 22; 4.3; 2 Jo 7). Só uma vez o termo se refere à pessoa que está no centro das atenções deste capítulo: "Filhinhos, é já a última hora; e, como ouvistes que vem o anticristo, também agora muitos se têm feito anticristos; por onde conhecemos que é já a última hora" (1 Jo 2.18).

Nesta passagem, João contrasta os muitos anticristos (com letra *minúscula*) e o Anticristo (com letra *maiúscula)*. O espírito do anticristo, que está em operação no mundo de hoje, um dia estará concentrado numa única pessoa.

O prefixo *anti* pode significar tanto "contra", como "em lugar de". Estes dois significados se aplicam ao líder mundial que está por vir. Ele se oporá abertamente a Cristo e, ao mesmo tempo, tentará se inserir no lugar de Cristo.

Existem mais de vinte e cinco títulos diferentes concedidos ao Anticristo, e todos ajudam a descrever com mais precisão este que será o mais desprezível dos homens que já caminhou sobre a face da terra. No livro de Apocalipse, ele é mencionado como aquele que monta o cavalo branco (6.2), "a besta" (11.7) e a "besta subindo do mar" (13.1). Algumas pessoas consideram que ele seja uma encarnação do próprio Satanás. Sabemos, com certeza, que Satanás lhe concederá o seu poder, o seu trono e a sua autoridade.

Aqui estão outras designações do Anticristo:

- A ponta pequena (Dn 7.8).

- Um rei que é feroz de cara (Dn 8.23)

- Aquele que é entendido em adivinhações (Dn 8.23)

- O príncipe que há de vir (Dn 9.26)

- O assolador (Dn 9.27)

- Rei "Obstinado" ([...] fará conforme a sua vontade) (Dn 11.36)

- O homem do pecado (2 Ts 2.3)

- O filho da perdição (2 Ts 2.3)

- O iníquo (2 Ts 2.8)

O Cristo Falsificado	
Cristo	**Anticristo**
O Filho de Deus (Jo 1.34)	O filho da perdição (2 Ts 2.3)
O Santo de Deus (Mc 1.24)	O iníquo (2 Ts 2.8)
O que desceu do céu (Jo 3.13)	Aquele que sobe do abismo (Ap 11.7)
Recebe poder do Espírito Santo (Lc 4.14)	Recebe poder de Satanás (Ap 13.4)
Faz a vontade do Pai (Jo 6.38)	Faz a sua própria vontade (Dn 11.36)
Purificou o Templo (Jo 2.14-16)	Contaminou o Templo (Mt 24)
Homem de dores (Is 53.3)	Homem do pecado (2 Ts 2.3)
Humilhou-se a si mesmo (Fp 2.8)	Engrandecerá a si mesmo (Dn 11.37)
Chamado de "o Cordeiro de Deus" (Jo 1.36)	Chamado da "a besta" (Ap 11.7)
Foi elevado ao céu (Lc 24.51)	Lançado no ardente lago de fogo e de enxofre (Ap 19.20)

Não é possível saber a identidade precisa deste futuro governante mundial. Na dramatização que fizemos, ele recebe um nome e um país de origem, mas estes detalhes são puramente ficcionais. Entretanto, ele terá um nome e, provavelmente, surgirá a partir de alguma nação européia (Dn 2, 7). E sabemos que tipo de homem ele será, pois a Bíblia nos fornece ricos detalhes a seu respeito. Passemos, portanto, a explorar os fatos que estão ao nosso alcance.

Seu Preparo

"Mas, no fim do seu reinado, quando os prevaricadores acabarem, se levantará um rei, feroz de cara, e será entendido em adivinhações. E se fortalecerá a sua força, mas não pelo seu próprio poder; e destruirá maravilhosamente, e prosperará, e fará o que lhe aprouver; e destruirá os fortes e o povo santo."
DANIEL **8.23-24**

Esta passagem bíblica afirma que o líder mundial subirá ao poder nos últimos dias deste mundo. Toda vez que lemos expressões como "fim dos tempos" ou "últimos dias" nas Escrituras, elas se referem quase que exclusivamente ao período da Tribulação.

No início deste período, uma personalidade sinistra surgirá — inicialmente, de modo imperceptível — no meio das multidões. João diz: "E eu pus-me sobre a areia do mar e vi subir do mar uma besta que tinha sete cabeças e dez chifres, e, sobre os chifres, dez diademas, e, sobre as cabeças, um nome de blasfêmia" (Ap 13.1).

A palavra *mar,* quando utilizada de modo simbólico no livro do Apocalipse, não se refere a uma grande massa de água, e sim às nações inquietas da terra — e, mais especificamente, às nações gentias. Esta interpretação é confirmada em Apocalipse 17, quando João registra as palavras que Jesus lhe entrega: "As águas que viste, onde se assenta a prostituta, são povos, e multidões, e nações, e línguas" (v. 15).

Como o Anticristo fará uma aliança com a nação judia, muitos considerarão que ele mesmo será um judeu. Porém, há algumas razões por que esta suposição parece improvável:

1. Daniel profetizou que o príncipe, ou o Anticristo, viria do povo que destruiria a cidade de Jerusalém e o Santuário (Dn 9.26). Estes foram os romanos que, sob o comando de Tito, dizimaram Jerusalém e o Templo de Herodes no ano 70 d.C. Portanto, "o príncipe que haveria de vir" deveria ser um príncipe romano. Em outras palavras, ele será um gentio de origem europeia.

2. Daniel também via o Anticristo como a "ponta pequena" (ou chifre pequeno) que surgiu dos dez chifres da cabeça da quarta besta (Dn 7.7-8, 19-26). Esta quarta besta representa o Império Roma-

no, que se seguiu com o Império Grego, o Império Medo-Persa e o Império babilônico, os quais também conquistaram o povo judeu.

3. O Anticristo é descrito como o perseguidor mais cruel e ímpio do povo judeu. Tipicamente falando, são os gentios que perseguem os judeus, e não os próprios judeus!

Sua Apresentação

"Ninguém, de maneira alguma, vos engane, porque não será assim sem que antes venha a apostasia e se manifeste o homem do pecado, o filho da perdição, o qual se opõe e se levanta contra tudo o que se chama Deus ou se adora; de sorte que se assentará, como Deus, no templo de Deus, querendo parecer Deus. [...] Porque já o mistério da injustiça opera; somente há um que, agora, resiste até que do meio seja tirado; e, então, será revelado o iníquo."
2 TESSALONISCENSES 2.3-4; 7-8

De acordo com Paulo, "aquele Dia" — um termo que designa o período de sete anos em que o mundo enfrentará a Tribulação, durante o qual o Anticristo será revelado — não chegará antes que ocorra, primeiramente, uma grande derrocada da fé, conhecida como "apostasia". A palavra grega *apostasia* aparece somente outra vez no Novo Testamento. Ali, ela é traduzida como "apartarem-se" na versão Almeida (At 21.21) Paulo está nos dizendo que, antes de o Anticristo poder ser revelado, haverá uma apostasia, ou seja, um afastamento da fé por parte de crentes professos. Não se tratará de um tempo em que somente algumas poucas pessoas abandonarão as suas doutrinas de fé; mas, sim, um período de fuga maciça e em larga escala da fé.

Em seu Sermão das Oliveiras — também conhecido como "Pequeno Apocalipse" pelos teólogos, Jesus predisse este tempo: "Nesse tempo, muitos serão escandalizados, e trair-se-ão uns aos outros, e uns aos outros se aborrecerão. E surgirão muitos falsos profetas e enganarão a muitos. E, por se multiplicar a iniquidade, o amor de muitos se esfriará" (Mt 24.10-12). O apóstolo Paulo descreve este período em mais detalhes: "Mas o Espírito expressamente diz que, nos últimos tempos, apostatarão alguns da fé" (1 Tm 4.1). "Porque virá tempo em que não sofrerão a sã doutrina; mas, tendo comichão nos ouvidos, amontoarão para si doutores conforme as suas próprias concupiscências; e desviarão os ouvidos da verdade, voltando às fábulas" (2 Tm 4.3-4).

Ao contrário do que muitos pensam, esta era presente não terminará num tempo de avivamento, e sim num tempo de apostasia. O Anticristo não pode ser revelado antes desta grande apostasia, pois será este mergulho no caos e numa imoralidade desenfreada que preparará o terreno para a sua chegada.

Até este momento, algo tem impedido o aparecimento do Anticristo: ele não poderá se manifestar "até que [o Espírito Santo] do meio seja tirado" (2 Ts 2.7). Quando a Igreja for arrebatada, o trabalho restritivo do Espírito Santo, que hoje restringe a atuação do pecado nos homens e evita que o mundo caia num estado de iniquidade absoluta, será removido, e a terra será sujeitada aos efeitos plenos do pecado. Depois da apostasia e do Arrebatamento, será a hora do Anticristo ser revelado.

Sua Personalidade

"E foi-lhe dada uma boca para proferir grandes coisas e blasfêmias."
APOCALIPSE **13.5**

De acordo com o profeta Daniel, o Anticristo "[...] proferirá palavras contra o Altíssimo" (Dn 7.25; veja também 7.7-8; 11.36). A NVI traduz estas palavras de Daniel da seguinte forma: *uma boca que falava com arrogância* (Dn 7.8)

De acordo com o erudito bíblico A. W. Pink, o Anticristo "terá uma fluência e um domínio perfeito da linguagem. A sua oratória não apenas chamará a atenção, mas também demandará respeito. Apocalipse 13.2 declara que a sua boca é 'como a de leão', que é uma expressão simbólica que descreve os efeitos majestosos e temíveis da sua voz".[2] Assim como o som produzido por um leão ultrapassa o som produzido por todos os outros animais, o Anticristo também superará todos os oradores, tanto da antiguidade, como do mundo contemporâneo.

De acordo com o profeta Daniel, o Anticristo também será fisicamente impressionante. Sua "aparência era mais firme do que o das suas companheiras" (Dn 7.20). A expressão "era mais firme", neste caso, significa "abundante em tamanho, em classe". Na Bíblia, este termo normalmente se refere a um capitão, chefe ou senhor — um homem de alta patente ou de aparência marcante, como Saul, no Antigo Testamento (1 Sm 9.2), que tinha a cabeça e os ombros acima dos seus companheiros. Quando este homem caminha na presença de outros, ele, imediatamente, chama a atenção. Ele também será um homem de grande intelecto. Daniel o descreve como alguém que "será entendido em adivinhações" e "pelo seu entendimento [...] e que "também fará prosperar o engano na sua mão" (Dn 8.23, 25).

Quando os eventos da Tribulação tiverem iniciado e as pessoas estiverem perdido a esperança, este homem aparecerá. As pessoas correrão para ele como se fossem ovelhas desesperadas, prontas para fazer qualquer coisa que ele lhes disser.

Seu Plano

"E, pelo seu entendimento, também fará prosperar o engano na sua mão."
DANIEL 8.25

"Ele virá caladamente e tomará o reino com engano."
DANIEL 11.21

Daniel recebeu uma imagem deste líder mundial no seu famoso sonho: "Estando eu considerando as pontas, eis que entre elas subiu outra ponta pequena, diante da qual três das pontas primeiras foram arrancadas; e eis que nessa ponta havia olhos, como olhos de homem, e uma boca que falava grandiosamente" (Dn 7.8). A palavra "arrancadas", neste caso, significa, literalmente, "puxar para fora por subterfúgio, adentrar e substituir astutamente". Daniel prossegue na sua explicação: "E, quanto às dez pontas, daquele mesmo reino se levantarão dez reis; e depois deles se levantará outro, o qual será diferente dos primeiros e abaterá a três reis" (v. 24).

A pequena ponta (chifre) que Daniel vê crescer seria o décimo primeiro chifre — um líder que subjuga três dos dez reis, um após o outro. Ele fará isto, não por meio de guerra, mas por hábil manipulação política e, então, passará a reivindicar o seu poder para si mesmo.

O Anticristo iniciará a sua carreira como um dos muitos líderes políticos menores, atraindo, inicialmente, pouquíssima atenção; porém, aos poucos, ele conquistará para si cada vez mais poder. O seu plano será derrotar todos os outros líderes mundiais e, por fim, assumir o controle do mundo inteiro fazendo uso de todos os métodos necessários — primeiramente, por intermédio do engano e da intriga e, em seguida, através da força.

Seu Orgulho

> "E abriu a boca em blasfêmias contra Deus, para blasfemar do seu nome, e do seu tabernáculo, e dos que habitam no céu."
> APOCALIPSE 13.6

O Dr. Henry Morris descreve o que motivará os atos malignos do Anticristo:

> "Não contente em meramente investir contra Deus, a besta inspirada no dragão precisará expressar diatribes e obscenidades contra todos que Ele representa (o seu nome), difamando a sua santidade, o seu amor, a sua Lei, a sua graça. Ele amaldiçoa os céus (pois o dragão acaba de ser expulso do céu) onde Deus habita. Aqueles que habitam com Deus no céu, inclusive não só os santos anjos, mas também os santos que foram tomados no arrebatamento, também partilham deste repúdio. Este contínuo mar de calúnias deve, agora, ocorrer na terra, já que o diabo não tem mais acesso ao céu, onde ele costumava acusar os irmãos."[3]

Este homem chegará a ponto de desprezar os falsos deuses — o que não passará de uma demonstração extrema do orgulho do Anticristo: "E esse rei fará conforme a sua vontade, e se levantará, e se engrandecerá sobre todo deus; e contra o Deus dos deuses falará coisas incríveis e será próspero. [...] E não terá respeito aos deuses de seus pais, [...] nem a qualquer deus. [...] Mas ao deus das fortalezas honrará em seu lugar; e a um deus a quem seus pais não conheceram" (Dn 11.36-38). A expressão "ao deus das fortalezas" se refere ao seu orgulho pelo seu próprio poderio militar.

O Anticristo não reconhecerá qualquer religião além da adoração a si mesmo e a Satanás. Na sua tentativa de varrer da terra a ideia de Deus da mente coletiva mundial, ele tentará modificar a moral e as leis naturais do universo (Dn 7.25). Ele criará a sua própria moralidade, dizendo: "Esqueçam as leis restritivas de Deus. Aqui está um novo conjunto de diretrizes". Ele acabará com todo tipo de feriado religioso. Alguns consideram que ele tentará substituir a semana de sete dias, que é um período ordenado por Deus, por uma semana de dez dias, tal como Napoleão tentou fazer no tempo da Revolução Francesa.

O Anticristo destruirá tudo o que estiver relacionado com as estruturas, com a história e com a estabilidade religiosa. Ao começar a sua própria religião, ele tentará extinguir Deus deste mundo.

Seu Tratado de Paz

"E ele firmará um concerto com muitos por uma semana."
DANIEL 9.27

Na profecia de Daniel, a referência a "uma semana" não é a um período literal de sete dias, mas, sim, uma descrição de um período de sete anos (Dn 9.24-27).

O Anticristo fará uma aliança de sete anos com Israel no início do período da Tribulação, prometendo proteger os judeus dos seus muitos inimigos. Mark Hitchcock escreve:

"[O Anticristo] será o unificador e diplomata consumado. Ele adquirirá poder fazendo uso de dissimulação e diplomacia. A sua plataforma será a paz e a prosperidade. Surgindo com um ramo de oliveira na sua mão, ele unirá com facilidade forças opostas. Os sonhos das Nações Unidas serão realizados nas suas ações políticas. Ele chegará a resolver, temporariamente, a situação política do Oriente Médio, o que poderá lhe proporcionar honrarias como o Prêmio Nobel, ou indicações como o homem do ano da Revista *TIMES*. Ele trará tanta paz para o Oriente Médio que a região do monte do Templo, em Jerusalém, será devolvida ao domínio dos judeus (Dn 9.27). Sem sombra de dúvidas, ele será ovacionado como o maior pacificador que o mundo já conheceu."[4]

Por causa deste tratado, Israel baixará a sua guarda e redirecionará os seus gastos militares para a agricultura, para a área da cultura e para a reconstrução do Templo judeu. Entretanto, na metade do período de sete anos da Tribulação — depois de três anos e meio — o Anticristo quebrará a sua aliança e se voltará contra Israel: "na metade da semana, fará cessar o sacrifício e a oferta de manjares; e sobre a asa das abominações virá o assolador, e isso até à consumação" (Dn 9.27).

Suas Perseguições

> "E foi-lhe permitido fazer guerra aos santos e vencê-los; e deu-se-lhe poder sobre toda tribo, e língua, e nação."
> APOCALIPSE 13.7

Quando o tratado de paz com Israel for quebrado, todo o inferno será liberado sobre a terra. Isto levará à segunda metade do período da Tribulação, normalmente conhecido como a "Grande Tribulação". Daniel descreve este período da seguinte forma: "Eu olhava, e eis que essa ponta fazia guerra contra os santos e os vencia" (Dn 7.21). Ele prossegue descrevendo a perseguição que o Anticristo suscitará: Ele "destruirá os santos do Altíssimo" (v. 25), e "destruirá maravilhosamente, e prosperará, e fará o que lhe aprouver; e destruirá os fortes e o povo santo" (8.24).

A palavra hebraica traduzida como "destruirá" tem mesmo esta conotação de "desgastar" como se faz com um pneu velho. O Anticristo destruirá os santos (aqueles que se converterem a Cristo durante a Tribulação) da mesma forma como um motorista doido desgasta o pneu do seu automóvel num "borrachão", ou seja, fazendo uso desnecessário. O Anticristo não apenas molestará estes crentes, mas também os levará à exaustão — provavelmente por meio de pressões econômicas e arrestos públicos de bens quando eles se recusarem a tomarem a marca da Besta (Ap 13.16-17). Sem dúvida, ele forçará muitos deles a morrerem pela falta de alimento.

No seu Sermão das Oliveiras (ou "Pequeno Apocalipse"), Jesus descreveu este tempo terrível que há de vir: "Porque haverá, então, grande aflição, como nunca houve desde o princípio do mundo até agora, nem tampouco haverá jamais. E, se aqueles dias não fossem abreviados, nenhuma carne se salvaria; mas, por causa dos escolhidos, serão abreviados aqueles dias" (Mt 24.21-22) Quão breves serão estes dias? João nos diz em Apocalipse 13.4-5 que "a besta", ou o Anticristo, "receberá poder para continuar por quarenta e dois meses".

Antíoco Epifânio, que prefigurou o Anticristo, foi "a primeira pessoa na história a perseguir uma pessoa exclusivamente por causa das suas convicções religiosas."[5] Numa ocasião, Antíoco pegou um grupo de judeus guardando o sábado em uma caverna. Ele ordenou que a entrada da caverna fosse fechada e que fosse ateado fogo dentro dela para que quem estivesse ali dentro morresse sufocado. Isto é só um exemplo de como o Anticristo pode perseguir os crentes.

Seu Poder

"A esse cuja vinda é segundo a eficácia de Satanás, com todo o poder, e sinais, e prodígios de mentira."
2 TESSALONICENSES **2.9**

Poder, sinais e *maravilhas* são todas palavras que descrevem os milagres genuínos de Cristo. Entretanto, Paulo acrescenta a palavra *mentira* a esta descrição do Anticristo para desacreditar os seus supostos milagres. Satanás lhe dará poder para que ele realize certos sinais e maravilhas falsificados, que enganarão o mundo e o levarão a perguntar: "Quem é semelhante à besta?" (Ap 13.4)

A farsa do Anticristo será tão avassaladora que, ao final, as pessoas não serão mais capazes de acreditar na verdade. Como Paulo explica, a obra de Satanás por meio do Anticristo fará surgir "todo engano da injustiça para os que perecem, porque não receberam o amor da verdade para se salvarem. E, por isso, Deus lhes enviará a operação do erro, para que creiam a mentira" (2 Ts 2.10-11).

Dois eventos ocorrerão quase que simultaneamente com o rompimento do tratado do Anticristo com Israel. Em primeiro lugar, o Anticristo assassinará as duas testemunhas: "E, quando acabarem o seu testemunho, a besta que sobe do abismo lhes fará guerra, e as vencerá, e as matará" (Ap 11.7). A seguir, o Anticristo executará o seu feito mais sensacional. Parecerá que terá sido morto, só que, para a perplexidade do mundo todo, ele retornará à vida pelo poder de Satanás em uma imitação grotesca da ressurreição de Jesus Cristo: "E vi uma de suas cabeças como ferida de morte, e a sua chaga mortal foi curada; e toda a terra se maravilhou após a besta" (13.3).

Satanás não pode criar nada novo. Nos seus esforços de enganar, ele só consegue imitar o que o Criador real já realizou. Assim, para imitar a morte e a ressurreição de Cristo, o Anticristo falseará a sua morte e, depois, "retornará à vida". E, assim como a ressurreição de Cristo gerou um rápido crescimento na Igreja, esta pseudorressurreição do Anticristo também fará com que o mundo o siga (com exceção daqueles que aceitarem a Cristo durante a Tribulação).

Satanás é o grande enganador e o grande destruidor. Ele não tem o poder de conceder a vida. Ele pode imitar a Deus, mas jamais terá o poder de reproduzir os milagres de Deus.

Sua Profanação

"E adoraram o dragão que deu à besta o seu poder; e adoraram a besta, dizendo: Quem é semelhante à besta? Quem poderá batalhar contra ela?"
APOCALIPSE 13.4

Quando o Anticristo quebrar o seu tratado com Israel, ele cercará Jerusalém com as suas tropas e tomará o Templo recentemente construído. E, então, como um último escárnio a Deus, Satanás instalará o seu homem do pecado como um deus no Templo dos judeus. Àquela altura, todos os que habitam sobre a terra o adorarão, todos "cujos nomes não estão escritos no livro da vida do Cordeiro que foi morto desde a fundação do mundo" (Ap 13.8).

O Falso Profeta erguerá uma imagem animada do Anticristo no Templo judeu e fará com que ela fale com voz audível (Ap 13.14-15). Ele, então, ordenará o mundo a adorar a imagem, o que, em última instância, será o cumprimento da profecia de Daniel: "Ora, quando vós virdes a abominação do assolamento, que foi predito, estar onde não deve estar (quem lê, que entenda), então, os que estiverem na Judéia, que fujam para os montes" (Mc 13.14; veja também Mt 24.15-16).

Seu Castigo

"E se levantará contra o príncipe dos príncipes, mas, sem mão, será quebrado."
DANIEL 8.25

Um escritor descreveu o Anticristo desta maneira: "Pegue todo o pecado do mundo; comprima-o todo em uma forma humana; e o resultado será este ser iníquo. É por isso que Paulo o chamou de *homem do pecado e de filho da perdição!*"[6]

Que tipo de castigo, que tipo de fim uma pessoa assim mereceria ter? Daniel nos fornece uma resposta: "Mas, sem mão, será quebrado" (Dn 8.25). João nos descreve a cena da destruição do Anticristo: "E vi a besta, e os reis da terra, e os seus exércitos reunidos, para fazerem guerra àquele que estava assentado sobre o cavalo e ao seu exército" (Ap 19.19; veja também Zc 12.1-9; 14.1-3; Ap 16.16). E, quando a Besta estiver face a face com Cristo, ela terá um fim súbito: "E, então, será revelado o iníquo, a quem o Senhor desfará pelo assopro da sua boca e aniquilará pelo esplendor da sua vinda" (2 Ts 2.8). Como estes escritores nos informam, quando o Anticristo ousar desafiar a segunda vinda de Jesus Cristo, depois da Grande Tribulação, ele estará acabado. A. W. Pink captura o castigo singular que o Anticristo enfrentará:

"As Sagradas Escrituras registram, de modo solene, o fim de vários [...] personagens malignos. Alguns foram afogados nas águas; alguns devorados pelas chamas; alguns engolidos pela terra; alguns atingidos por alguma enfermidade maligna; alguns foram desgraçadamente massacrados; alguns foram enforcados; alguns foram devorados por cães; outros consumidos por vermes. Porém, a nenhum habitante pecador da terra, salvo ao Homem do Pecado [...] foi designada a terrível distinção de ser consumido pelo brilho do aparecimento pessoal do próprio Senhor Jesus. Tal será o seu destino inusitado, um fim que levará ao clímax a sua existência ignóbil, a sua carreira impressionante e a sua iniquidade sem precedentes."[7]

O retorno de Cristo colocará um fim à carreira do Anticristo. Porém, isto não significará o seu fim. Quando lemos que Anticristo será destruído, não significa que ele será aniquilado, e sim que ele será completamente derrotado e destituído do seu poder. Ele e o seu parceiro maligno, o Falso Profeta, serão aprisionados e se tornarão os dois primeiros seres humanos a serem lançados no lago de fogo por toda a eternidade: "E a besta foi presa e, com ela, o falso profeta, que, diante dela, fizera os sinais com que enganou os que receberam o sinal da besta e adoraram a sua imagem. Estes dois foram lançados vivos no ardente lago de fogo e de enxofre" (Ap 19.20).

Mil anos depois do seu aprisionamento no lago de fogo (no fim do milênio), a besta e o Falso Profeta continuarão vivos e sob tormento. Àquela altura, eles já estarão acompanhados: "E o diabo, que os enganava, foi lançado no lago de fogo e enxofre, onde está a besta e o falso profeta; e de dia e de noite serão atormentados para todo o sempre" (Ap 20.10). E é dessa forma que terminará o reinado maligno da "sataníssima trindade".

À medida que vemos os sinais do fim dos tempos aumentando e se intensificando nos dias de hoje, o mundo está sendo preparado para a vinda do iníquo. Como cristãos, devemos manter as nossas lâmpadas abastecidas de azeite, a fim de que estejamos entre aqueles que o Senhor removerá antes que inicie a carreira deste terrível homem da iniquidade.

A Carreira do Anticristo		
O Período da Tribulação		
O Início das Dores (31/2 anos)		A Grande Tribulação (31/2 anos)
Aparece nos últimos dias (Dn 8.23-24)	O Anticristo quebra o tratado com Israel	Mortalmente ferido (Ap 13.3)
Nascido na obscuridade (Ap 13.1)		Recupera-se milagrosamente (Ap 13.3)
Nascido como príncipe romano (Dn 9.26)		Fala blasfêmias por um período de quarenta e dois meses (Ap 13.5)
Tem sua ação restringida pelo Espírito Santo (2 Ts 2.6-7)		Persegue os Santos (Ap 13.7)
Blasfema contra Deus (Ap 13.5-6)		Recebe autoridade sobre o mundo (Ap 13.7)
Subjuga três reis (Dn 7.8)		Domina o reino por meio da intriga (Dn 8.25)
Adorado por toda a terra (Ap 13.8)		Recebe poder de Satanás (Ap 13.2-5)
Transmite poder para o Falso Profeta (Ap 13.12)		Tenta mudar o tempo e a Lei (Dn 7.25)
Faz um tratado de sete anos com Israel (Dn 9.27)		Faz guerra contra Cristo (Ap 19.19)
Assassina as duas testemunhas (Ap 11.7)		É derrotado por Cristo (2 Ts 2.8)
É lançado vivo no lago de fogo (Ap 20.10)		É atormentado pela eternidade (Ap 20.10)

CAPÍTULO

1

A BESTA DA TERRA

A S CÂMERAS DE TV estavam todas apontadas para o homem de meia-idade, de barba bem-feita, sentado no estúdio de entrevistas. Os dedos do diretor assinalavam os últimos cinco segundos da contagem regressiva, e o apresentador do programa iniciou a sua fala:

— Bem-vindos, senhoras e senhores, ao programa de maior audiência das manhãs de domingo dos Estados Unidos! Quem vos recebe aqui é Timothy Martin, e hoje tenho a honra de ter como convidado um homem que, sem dúvida nenhuma, é o mais comentado dos líderes religiosos do mundo nos nossos dias. Queiram dar as boas vindas ao arcebispo Damon Detherow, recentemente indicado como o líder do Conselho Unidos das Religiões Mundiais!

Martin se pôs de pé, e Detherow entrou com um sorriso simpático no rosto, enquanto abanava para as pessoas no auditório. Ele trocou um aperto de mão com o apresentador e sorriu para a multidão, até que os aplausos diminuíram.

— Arcebispo Detherow — disse Martin. — tenho certeza de que todas as pessoas na rede de ouvintes conhecem tudo o que o senhor alcançou em sua ilustre carreira, mas permita-me fazer aqui um resumo. O senhor foi, originalmente, o pastor de uma megaigreja evangélica, e lá teve muitos seguidores em função da sua oratória cativante, das suas percepções religiosas e do seu desejo incomum de unificar as pessoas de todas as crenças. Tendo a unidade como ponto central, o senhor fez com que a sua igreja se tornasse a maior comunidade religiosa do mundo. E, então, depois de vinte anos, o senhor deixou o pastorado no auge do sucesso. O senhor poderia nos explicar por que fez isso?

— Primeiramente, obrigado pelas suas palavras gentis, Tim. Acredite, eu não mereço nada do que você me atribuiu; tudo foi obra do Senhor. Eu deixei minha congregação porque ficou claro que Deus estava me chamando para um ministério muito mais amplo – um ministério que alcançasse também pessoas de outras crenças.

— Quando o senhor fala em "outras crenças", suponho eu que o senhor esteja falando de outras denominações cristãs, como batistas, presbiterianos, metodistas, católicos, não é? — perguntou Martin

— É isso mesmo, Martin, refiro-me a cristãos de todas as linhas — respondeu o pastor. — Só que Deus está me chamando a alcançar pessoas ainda mais além das nossas fronteiras. A sua tenda é ainda maior do que possamos imaginar. Ele me revelou que todas as pessoas que adoram uma forma superior, na verdade, estão adorando a Ele mesmo, saibam elas ou não.

— O senhor então está dizendo que os hindus, os budistas, os muçulmanos e os cristãos adoram todos o mesmo Deus?

Detherow soltou aquele seu sorriso largo, que era a sua marca registrada.

— Deus é tão grande, tão universal, tão inescrutável, que ninguém presumiria compreender as formas em que Ele se revela. O fato de os budistas, ou dos hindus, ou dos muçulmanos, não conseguirem enxergar a Deus com os mesmos olhos que eu não significa que eles não estejam ligados a Ele, nem que a sua religião não seja autêntica. A verdade que eles enxergam é iluminada pela luz interior que cada um tem dentro de si.

— Pois é, acontece que, há muito tempo, ouvimos os cristãos dizerem que Cristo é o único caminho que leva a Deus. Isto, por acaso, não os separa dos outros praticantes devotos de outras religiões?

— Sim, de fato, isto os separa! — Detherow suspirou, meneando a sua cabeça. — E é triste ver como eles não percebem que todos nós estamos adorando o mesmo Deus Universal, que pode ser conhecido por diversos nomes diferentes: Jeová, Jesus, Alá, Grande Espírito, ou qualquer outro nome. O cristianismo tem sido demasiadamente excludente para poder enxergar esta verdade maior, mas eu sinto que a mão de Deus está sobre mim para mudar esta situação.

— O senhor iniciou práticas dentro do cristianismo que levará a esta mudança, não é isso?

— Exato, mas não posso reivindicar o crédito exclusivo por isso. Muitos outros líderes e autores respeitados têm incentivado os cristãos a fazer uso de práticas místicas de outras religiões a fim de removermos os limites do pensamento racional e nos abrirmos para a fé verdadeira. É só observar, a verdadeira espiritualidade transcende a racionalidade. Portanto, aqueles que abraçam estas práticas entram em contato com Deus e formam uma unidade com o universo. Eles percebem que são parte integrante do próprio Deus. Isto é o que unirá as religiões do Ocidente e do Oriente.

— Mas, certamente, você não tem o objetivo de reunir as religiões satânicas ou ocultistas na sua tenda inclusiva, não é mesmo?

— Depois que compreendemos a bondade final de Deus, percebemos que Ele opera em duas frentes. Por um lado, Ele nos atrai com o seu amor; por outro, Ele nos fustiga com a dor e com o sofrimento. Quando compreendemos verdadeiramente as intenções benevolentes de Deus, percebemos que Ele é meramente o nome que damos à força que nos atrai, e Satanás o nome que damos à força que nos cutuca pelas costas. Porém, no fundo, os dois são uma coisa só. O objetivo de ambos é nos levar à unidade universal de todo o ser.

— Pastor, qual é a sua maior esperança como Arcebispo do Conselho Unido das Religiões Mundiais?

— Minha esperança é, com a ajuda de Deus, levar a unidade a todas as religiões. O próprio Cristo conclamou a sua Igreja a uma unidade sem divisões. Meu sonho é incentivar isso.

— Em outras palavras — disse Martin. — o senhor espera que cheguemos a uma religião mundial.

• • •

Entre aqueles que assistiam a entrevista, estava Judas Christopher. Agora que a sua posição como primeiro-ministro da Inglaterra estava assegurada, Christopher tinha os seus olhos postos sobre a Europa. À medida que a entrevista progredia, o seu prazer aumentava.

Quando o programa terminou, Christopher chamou o seu auxiliar:

— Chambers, diga ao arcebispo Detherow que tome um avião até aqui imediatamente. Preciso muito me encontrar com ele.

No dia seguinte, o arcebispo Detherow, já atônito, sentou-se numa cadeira felpuda, junto à lareira de número 10 da *Downing Street*, diante do primeiro-ministro Christopher que, agora, era o líder, de fato, de todo o mundo ocidental. Sem fazer muita cerimônia, o primeiro-ministro foi direto ao ponto:

— Você deixou claro na entrevista de ontem que o seu objetivo é unir todas as religiões do mundo. Eu tenho admirado o seu sucesso estrondoso em quebrar as barreiras entre as religiões e, especialmente, em libertar os cristãos dos Estados Unidos da sua atitude exclusivista.

— Foi muito mais fácil do que eu imaginava, senhor primeiro-ministro. O colapso do pensamento crítico no Ocidente ajudou, e muito, na minha empreitada, pois ele praticamente eliminou todo o conceito de verdade absoluta e levou as pessoas a confiarem mais nas emoções do que na razão. As exigências por provas racionais nas suas crenças praticamente foram atiradas pela janela na vida das pessoas. E, se juntarmos a isso o desejo de uma vida confortável que têm os norte-americanos, chegamos a um mundo com pessoas que se dobram aos seus desejos – pessoas que pensam que tem direito a levar uma vida boa. Com essa mentalidade implantada, as pessoas são facilmente desviadas dos conceitos de sacrifício da religião a conceitos que prometem uma espiritualidade de bem-estar e de prosperidade.

O primeiro-ministro acenou positivamente com a cabeça, e Detherow prosseguiu no seu raciocínio:

— Uma educação desprovida de valores e uma imprensa que bombardeia as pessoas com 24 horas por dia de entretenimento também têm o seu impacto. As pessoas não confiam mais na Bíblia como sua regra de vida, muito menos como sua fonte de fé. Pra falar a verdade, poucas são as pessoas que ainda se importam em lê-la.

Christopher deixou as palavras de Detherow pairarem no ar antes de quebrar o silêncio:

— Quanto tempo você acha que precisaria para atingir o seu objetivo de instituir uma religião mundial caso tivesse o poder do estado por trás de você?

Detherow sentiu que os seus batimentos cardíacos se aceleravam.

— Do que está falando, senhor?

— Estou falando de consolidação. Assim como chegou o tempo certo para uma religião mundial, chegou também o tempo certo para um governo mundial único.
— O senhor tem a minha atenção, senhor primeiro-ministro.
— Veja bem, historicamente falando, governo e religião têm sido as principais forças dominantes na vida das pessoas — explicou Christopher. — Estados políticos, no passado, consolidaram o seu poder ao unificar as suas forças com o poder religioso. Pense nos estados islâmicos contemporâneos, a mistura de poder político e religioso que havia na Europa católica da Idade Média; pense em Israel sob a monarquia de Davi e Salomão; pense também no antigo Império Medo-Persa. Como o seu objetivo no campo religioso é o mesmo que o meu na arena política, proponho a você que formemos uma aliança e unamos nossas forças.
— B-bem, eu quase nem sei o que dizer, senhor. Sinto-me honrado com a sua proposta.
Christopher se pôs de pé.
— Bem, eu adoraria continuar conversando sobre isto, mas teremos que continuar numa outra oportunidade. Tenho que ir a um evento importante agora e preciso me preparar.
— Claro, senhor primeiro-ministro. Isto até está na imprensa há semanas. O senhor estará discursando no Congresso do Parlamento Europeu no Grande Salão de Roma, não é isso?
— Exatamente. E daquela sacada, eu falarei à multidão que estará reunida na praça. — Christopher olhou nos olhos de Detherow. — Fique aqui em Londres. Pense na minha sugestão, e nos encontraremos depois de amanhã, depois que eu retornar.

• • •

No dia seguinte, Detherow levantou cedo, ainda inebriado com a oportunidade que foi apresentada a ele. A sua missão de vida estava prestes a se combinar com a autoridade do estado, encabeçada pelo líder mais influente do mundo.
Durante toda a manhã, ele ficou sentado no seu quarto de hotel, digitando propostas, no seu *laptop*, a serem apresentadas ao primeiro-ministro. Pouco antes do meio-dia, ele fez uma pausa para o almoço. Ele passeou pelos canais de TV e, imediatamente, uma chamada de noticiário interrompeu a programação normal:

— Senhoras e senhores, acabamos de receber a informação de que o primeiro-ministro Judas Christopher foi baleado na cabeça enquanto fazia o seu discurso em Roma. De acordo com os médicos que o atenderam, ele foi ferido mortalmente e não sobreviverá ao disparo.
Detherow caiu da sua cadeira atordoado. As suas esperanças de encabeçar a primeira religião mundial verdadeiramente consolidada, que já havia subido a níveis astronômicos, agora mergulhavam num profundo oceano de decepção, semelhantemente ao que ocorreu com o voo malfadado de Ícaro *. Ele olhava incredulamente para a tela enquanto os repórteres regurgitavam repetidas vezes os detalhes horríveis daquela tragédia.
O telefone tocou, deixando Detherow cada vez mais apavorado no seu espanto:
— Arcebispo Detherow — disse uma voz de comando — Quem está falando é o chefe do Serviço Secreto do primeiro-ministro. O senhor precisa tomar um avião para Roma imediatamente; os médicos dizem que o primeiro-ministro não passa dessa noite. As pessoas ficariam felizes em saber que, nos seus últimos momentos, um homem de Deus esteve junto dele. Sua passagem para Roma já foi comprada, e uma limusine está a caminho para levá-lo até o aeroporto de Heathrow.
Quatro horas depois, Detherow entrou na UTI do Hospital Internacional Salvator Mundi de Roma. O Agente do Serviço Secreto veio ao seu encontro na porta:
— Gostaríamos que o senhor orasse pelo primeiro-ministro antes que ele falecesse — sussurrou o agente. — Um *cameraman* está aqui para registrar a sua oração, para que ela seja transmitida ao mundo inteiro.
Detherow foi conduzido pelo meio de várias autoridades do gabinete do primeiro-ministro, que estava entubado e ligado a aparelhos no seu leito.
Detherow seguiu até a cama e começou a orar, ainda tentando absorver a sequência de eventos.

---

* N. do E.: Ícaro foi um personagem fictício da mitologia grega que, segundo a lenda, após a morte do Minotauro, ficou preso junto com seu pai no labirinto onde o monstro vivia. Para escapar de lá, ele construiu asas artificiais a partir de cera do mel de abelhas e penas de gaivota. Ele conseguiu fugir, mas não ouviu o conselho do pai sobre não voar muito perto do sol para não derreter a cera, nem perto do mar, para que as asas não ficassem pesadas. Tomado pelo desejo de voar próximo do sol, as asas de cera de Ícaro foram derretidas, fazendo-o sofrer uma queda irremediável, despenhando e caindo no mar Egeu, enquanto seu pai chorava, voando para a costa. Ícaro chegou à Sicília, sendo acolhido na casa do Rei Cócalo.

Subitamente, todas as pessoas no local começaram a sussurrar, e uma das enfermeiras soltou um forte grito. Detherow abriu os seus olhos e deu um salto para trás. O primeiro-ministro havia se sentado no leito, e ficou corado, com aparência normal e saudável — como se nada lhe tivesse acontecido:

— Alguém me tire destes tubos. E tirem estes curativos da minha cabeça também! — ordenou Christopher.

Uma enfermeira veio rapidamente atendê-lo. Suspiros foram ouvidos por toda a parte, e as pessoas começaram a se aproximar para olhar o ferimento na sua cabeça: não havia mais evidências de que Judas Christopher tivesse sido baleado.

— Por que vocês todos estão me olhando? — perguntou ele ao grupo de curiosos atônitos. — Por favor, se vocês puderem se retirar... preciso colocar uma roupa...

Enquanto as autoridades iam se retirando em silêncio perplexo, Christopher disse em voz alta:

— Detherow, quero ver você no meu gabinete daqui a dois dias! Temos planos a traçar!

A seguir, o primeiro-ministro se levantou, colocou o seu terno e saiu do quarto.

Em vinte e quatro horas, o Congresso do Parlamento Europeu voltou a se reunir, agora com a presença de Christopher, elegendo-o para o cargo de presidente da recém-formada coalizão das dez nações.

Na manhã seguinte, o arcebispo Detherow voltou a se sentar diante do primeiro-ministro Judas Christopher. Dessa vez, a atmosfera entre os dois era desagradavelmente incomum. Ele sentiu um arrepio desagradável na sua espinha no momento em que Christopher adentrou o gabinete. Era como se alguma presença maligna estivesse lhe acompanhando. Em todo caso, como Detherow não cria no conceito de mal, ele logo descartou esta ideia como superstição boba.

— Senhor Presidente! — esbravejou Detherow. — assim como o restante do mundo, ainda me sinto relutante com a sua recuperação milagrosa. Não teria como o senhor estar vivo; em todo caso, aqui está o senhor, firme e forte, sem qualquer marca de ter quase dado um abraço na morte. Como o senhor me explica isso?

— No fundo, no fundo, creio que você sabe quem eu sou, Detherow. E creio também que você sabe quem você é.

• • •

O arcebispo Detherow sabia quem era o presidente Christopher. Ao fazer uma retrospectiva da sua luta para unir todas as religiões, Detherow agora via que, desde o princípio, ele mesmo, na verdade, estivera a serviço de um senhor das trevas: o arqui-inimigo de Deus. A sua luta pela unidade religiosa não passava de um prelúdio da sua missão real, que levaria o mundo a adorar um ser de poder imenso e que estava determinado a retirar o mundo das mãos de Deus.

O arcebispo aderiu apaixonadamente à proposta de Judas Christopher, o qual lhe era concedido poderes políticos, e concentrava-se no impulso universal à adoração idólatra. E Detherow sabia exatamente o que precisava ser feito: é preciso redirecionar a adoração dos múltiplos deuses do mundo para um único ser semelhante a Deus. Se eles conseguissem capturar os espíritos, as suas mentes e os seus corpos em breve viriam a reboque.

Dois planos vieram imediatamente à cabeça de Detherow, como se tivessem sido colocados na sua mente por alguma força externa. O primeiro imitava o milagre feito pelo profeta Elias na antiguidade e consistia em invocar fogo do céu. Detherow mandou edificar um enorme altar no interior do Templo e chamou os povos para virem a Jerusalém a fim de testemunharem o retorno do tradicional sistema judeu de sacrifícios. Diante de uma grande multidão, ele proclamou:

— Este é um dia de celebração, independentemente de qual seja a sua religião. Como símbolo da nossa solidariedade, que desça fogo do céu e faça arder esta oferta!

Para espanto de todos, a oferta começou a arder em chamas, e o evento foi o comentário de todas as sinagogas, igrejas e mesquitas do mundo inteiro.

Agora, Detherow sabia que era hora de se preparar para o segundo milagre. Ele estava convicto de que este acontecimento faria a balança pender e convenceria o mundo de que os poderes dos céus estavam plenamente alinhados com Judas Christopher.

Detherow recrutou um grupo dos escultores mais talentosos do mundo para esculpirem uma estátua complexa de um homem. Com mais de nove metros de altura, a estátua tinha proporções homéricas, no estilo grego clássico. O seu rosto era uma reprodução exata de Judas Christopher. Não havia costura ou imperfeição visível; tudo havia sido sobreposto com bronze polido da mais alta perfeição.

Christopher fez planos para Detherow retornar a Jerusalém, a fim de dar início à sua religião mundial unificada no Templo recentemente construído:

— Os líderes judeus pensam que vocês estão vindo meramente para fazer a dedicação do novo Templo, mas vocês sabem o que fazer. Eu já fiz planos para que o evento seja transmitido para o mundo todo.

O dia marcado chegou, e o pátio do Templo, frequentado pelos gentios, estava lotado com milhares de expectadores. Tanto judeus como não-judeus vieram maciçamente a Jerusalém para testemunhar aquele momento histórico. Telões eletrônicos do tamanho de *outdoors* foram erguidos ao longo do pátio do Templo, assegurando a todos uma visão clara dos procedimentos. À medida que funcionários do governo e autoridades governamentais iam chegando em suas limusines, eles eram conduzidos às suas cadeiras que estavam reservadas em plataformas especialmente construídas.

Quando o relógio marcou exatamente meio-dia, todas as pessoas da plataforma se ergueram num canto em uníssono e cantaram o hino internacional. Quando a nota final do hino acabou, o arcebispo Damon Detherow subiu ao palanque:

— Senhoras e senhores, ilustríssimos convidados, quero saudá-los nesta ocasião histórica! Hoje, tenho a honra de dedicar este templo como o ponto central da adoração mundial do mundo todo. Neste dia, afirmaremos que o céu desceu até aqui e se revestiu na vida da humanidade. O seu Deus nunca mais estará distante; a fé nele não será mais opcional. No dia chamado hoje, vocês testemunharão um fenômeno que removerá qualquer dúvida acerca da sua presença no meio de nós!

O sumo sacerdote, Asa Zacarias, ficou curioso em saber o significado daquelas palavras enigmáticas de Detherow, mas ele não disse nada.

— Como vocês sabem — prosseguiu o arcebispo — só os sacerdotes podem entrar no Santo dos Santos do Templo. Assim sendo, neste momento, pedirei ao sumo sacerdote Zacarias que adentre o Santíssimo Lugar com doze sacerdotes auxiliares, enquanto vocês observam os procedimentos nos telões.

Assim que o sumo sacerdote entrou no recinto, ele parou bruscamente. Dois homens se puseram de pé diante da cortina que cobria o lugar mais sagrado do Templo: o Santo dos Santos.

— Mas o que vocês estão fazendo aqui?! — perguntou o sacerdote com veemência.

Sem responder, os dois homens agarraram com firmeza as bordas das enormes cortinas e as rasgaram.

Os doze sacerdotes deram um suspiro e viraram o rosto. Somente o sumo sacerdote ousou olhar para o alto. Os seus olhos se arregalaram, e ele deu um brado de angústia:

— A Arca da Aliança desapareceu! E no seu lugar... — E as suas palavras foram engolidas em um lamento aflito.

Os outros sacerdotes também desviaram o seu olhar para o lugar sagrado, e o que eles viram os encheu de horror. No lugar da Arca da Aliança, agora havia uma imagem de bronze de nove metros de Judas Christopher. Os sacerdotes caíram com o rosto em terra, rasgaram as suas vestes em demonstração clara da sua angústia. As massas no pátio externo olhavam atentamente para os telões, sem compreender ao certo o que estava acontecendo.

Enquanto assistiam, a imagem ergueu os braços. As pessoas ficaram perplexas quando ela abriu a boca e começou a falar.

— Cidadãos do mundo, prestem atenção! — disse a imagem. A voz retumbante era, sem dúvida alguma, de Judas Christopher. Os lábios e os maxilares se mexiam em perfeita sincronia com as palavras e, de alguma maneira, a superfície de bronze se movimentava de maneira tão fluida quanto a pele humana. Até mesmo os músculos do torso e dos braços se contraíam naturalmente com cada gesto que a imagem fazia.

— Hoje, eu vos anuncio que não sou apenas o vosso líder político. Eu sou também o vosso único deus verdadeiro, e vós não deveis ter outro deus diante de mim. Servi a mim e prosperareis e tereis vida longa sobre a terra. Se continuardes a servirdes os vossos pequenos deuses e espíritos, vós certamente morrereis. Quem tem ouvidos para ouvir que ouça e obedeça.

Quando a boca da estátua parou de se mexer, a imagem retornou à sua posição original. A multidão se sentou num silêncio perplexo, quando o arcebispo Detherow, novamente, subiu ao palanque:

— Minhas senhoras, meus senhores e todos os cidadãos que estão nos assistindo ao redor do mundo, o milagre que estão testemunhando hoje foi realizado para que vocês possam crer. Ele é a obra do espírito mais poderoso do mundo invisível – um espírito que está guiando o nosso presidente e os seus servos. Este mesmo espírito também os guiará, basta que vocês creiam e se submetam. Hoje, eu conclamo vocês a tomarem esta decisão.

O arcebispo fez uma pausa e olhou para a multidão antes de prosseguir.

— Eu, agora, peço um minuto de silêncio durante o qual todos os presentes nesta assembleia, e fora dela, por-se-ão de joelhos e se dobrarão perante a imagem, como sinal da nossa aliança e devoção.

Quase todas as pessoas na imensa multidão responderam de forma imediata. Somente cerca de uma centena permaneceu sentada. Metade dos dissidentes saiu correndo do pátio. Aqueles que se recusaram a se curvar e aqueles que correram foram agarrados e aprisionados por tropas governamentais, e eles jamais voltaram a ser vistos.

• • •

Fazendo uso de intimidação e de conquistas militares, o presidente Christopher logo estendeu o seu domínio ao longo de todo o mundo civilizado. Porém, as guerras generalizadas, além dos desastres sem precedentes, deixaram o planeta num caos econômico. Os países sob a liderança de Christopher exigiam que ele resolvesse o problema. Ele usava a crise a seu favor, trazendo tanto a economia global quanto as práticas religiosas mundiais sob o seu controle irrestrito.

Detherow convocou todas as redes de comunicação para fazer um pronunciamento que atingiria todas as nações da terra:

— Cidadãos do mundo, prestem atenção! Porque declararei a vocês uma nova lei que o presidente Christopher promulgou por decreto executivo. Para terminar com a atual crise econômica e corrigir o desequilíbrio histórico entre pobres e ricos, ele elaborou um sistema que assegurará que alimentos e bens sejam igualitariamente distribuídos no mundo inteiro. Todas as pessoas do planeta receberão um número. Este número permitirá que elas comprem ou vendam a comida, os bens e os serviços necessários ao funcionamento da sociedade. Não haverá nenhuma exceção à regra; cada pessoa deverá portar o seu número como uma forma de licença para tomar parte em transações comerciais, seja como fornecedor, ou como consumidor. Ao aceitar este número, você, automaticamente, estará concordando em renunciar à adoração de qualquer deus de qualquer religião, seja você budista, hindu, muçulmano, judeu, cristão, ou de qualquer outra fé. A paz e a fartura somente virão quando todas as barreiras religiosas forem abolidas. Todas as pessoas precisam se unir na adoração do mestre incontestável do nosso mundo, Judas Christopher, que é a manifestação física das potestades dos ares, ungido para levar este planeta a uma nova era de paz e boa vontade.

Durante as semanas que passaram, o processo de entrega desse número à população seguiu firme. Avisos foram colocados na Internet, na TV e nas rádios; cartas foram despachadas para todas as pessoas com endereços conhecidos; e funcionários dos governos fizeram visitas em moradias localizadas nas regiões mais remotas do planeta.

Os destinatários dos números receberam três opções: eles poderiam ter o seu número codificado eletronicamente num cartão de crédito existente, poderiam receber um novo cartão codificado, ou poderiam ter um *microchip* implantado debaixo da pele, o qual seria colocado em uma das suas mãos, ou na sua testa. Estes *chips* seriam escaneados e forneceriam a autorização para qualquer tipo de transação comercial.

Dentro de pouco tempo, todas as pessoas conhecidas do planeta portavam um número, com exceção de algumas tribos primitivas que moravam em florestas e que ainda não tinham feito contato com o mundo civilizado, além de grupos secretos de cristãos em vários países. Acreditava-se que muitos destes cristãos haviam escapado para áreas remotas, onde eles viviam em comunidades isoladas, alimentados por amigos solidários e familiares. Muitos deles simplesmente passavam fome.

Numa noite, quando o presidente Christopher e o seu comparsa, o arcebispo Detherow, estavam sentados junto à lareira do palácio presidencial, um assessor entrou e anunciou que a numeração de toda a população havia sido terminada. O presidente, a princípio, não disse nada; mas, depois de alguns momentos, começou a dar risadas. As risadas começaram a aumentar, e elas se tornaram tão contagiantes que Detherow não se conteve a acabou rindo junto. O riso dos dois ficou ainda mais alto e frenético.

Em pouco tempo, eles estavam rindo descontroladamente. O tempo deles havia chegado.

• • •

A BASE BÍBLICA POR TRÁS DESTA HISTÓRIA

Não podemos saber ao certo como o Falso Profeta será apresentado ao mundo, nem como será o seu caminho de notoriedade. Porém, ele poderá muito bem ser algo semelhante ao que foi imaginado nesta história. Também não sabemos a identidade deste futuro líder religioso mundial, mas sabemos como ele será, o que ele fará e o que ocorrerá com ele, ao final.

Todas estas informações nos são apresentadas na Palavra de Deus, especialmente no capítulo 13 de Apocalipse. Lemos ali sobre o perfil, o propósito, o poder, o programa e, por último, o castigo que o Falso Profeta receberá.

Seu Perfil

"E vi subir da terra outra besta, e tinha dois chifres semelhantes aos de um cordeiro; e falava como o dragão."
APOCALIPSE 13.11

João descreve este líder religioso como uma "besta que sobe da terra", que é, obviamente, uma metáfora para descrever a sua natureza predatória. Trata-se de um homem que é chamado três vezes de "Falso Profeta" no livro de Apocalipse (16.13; 19.20; 20.10).

João descreve este Falso Profeta como um misto de dois tipos opostos de animais: um cordeiro e um dragão. Como cordeiro, ele parecerá manso e tranquilo — uma imitação falsificada da verdadeira gentileza de Jesus Cristo. Observe que, no início da nossa dramatização, ele parecia ser uma pessoa humilde e que buscava viver no anonimato. Jesus advertiu os seus seguidores sobre tais enganadores: "Acautelai-vos, porém, dos falsos profetas, que vêm até vós vestidos como ovelhas, mas interiormente são lobos devoradores" (Mt 7.15; veja também Mt 24.11, 24; Mc 13.22; 1 Jo 4.1).

Como dragão, o Falso Profeta manipulará e enganará as massas da sociedade.

"O apelo dinâmico do Falso Profeta estará na sua capacidade de combinar a competência política com a paixão religiosa, o interesse pessoal com a filantropia benevolente, os sentimentos sublimes com sofismas contundentes, chavões morais com autoindulgência desenfreada. Os seus argumentos serão sutis, convincentes e atraentes. A sua oratória será hipnótica, pois ele será capaz de levar consigo multidões aos prantos, ou então arrebatá-las a um estado de delírio. O seu apelo mortal estará no fato de as coisas que ele disser soarem tão corretas, tão sensíveis, que serão exatamente o que os homens não-regenerados sempre quiseram ouvir."[1]

A sua aparência semelhante a de um cordeiro e o seu discurso semelhante ao de um dragão sugere um relacionamento forte com o diabo e o seu consorte maligno: o Anticristo. Em função dos seus caminhos cruéis e viciosos, todos os três são descritos como bestas no livro do Apocalipse. E todos os três são caracterizados pelo seu discurso eloquente e enganoso.

É importante compreender o motivo pelo qual Satanás recrutou estes dois consortes malignos: os três formam uma trindade ímpia. Assim como Deus é uma Trindade, Satanás também quer se apresentar na forma de uma trindade. Donald Grey Barnhouse nos informa:

"O diabo está fazendo o seu último e maior esforço, um esforço furioso para adquirir poder e estabelecer o seu reino sobre a terra. Ele não sabe fazer nada melhor do que imitar a Deus. Como Deus obteve êxito por meio de uma encarnação e, depois, por meio da obra do Espírito Santo, o diabo operará por meio da encarnação em um Anticristo e por um espírito profano (um contraponto ao Espírito Santo)."[2]

Satanás faz uma imitação falsa de Deus Pai; o Anticristo imita Deus Filho; e o Falso Profeta imita Deus Espírito-Santo. Dessa forma, a besta da terra, ou o Falso Profeta, é a terceira pessoa desta "sataníssima trindade".

Seu Propósito

"E exerce todo o poder da primeira besta na sua presença e faz que a terra e os que nela habitam adorem a primeira besta, cuja chaga mortal fora curada."
APOCALIPSE **13.12**

As Duas Trindades		
Pessoa	Santíssima Trindade	Satiníssima Trindade
Primeira	Pai	Satanás
Segunda	Filho	Anticristo
Terceira	Espírito Santo	Falso Profeta

Assim como o Espírito Santo tem um objetivo principal — glorificar o Filho —, o Falso Profeta tem um objetivo: fazer com que as pessoas adorem o Anticristo. "Assim como Cristo recebeu autoridade do Pai (Mt 11.27), o Anticristo recebeu autoridade do dragão (Ap 13.4), e como o Espírito Santo glorifica a Cristo (Jo 16.14), o Falso Profeta glorifica o Anticristo (Ap 13.12)"[3]

O Falso Profeta será uma figura religiosa, porém a sua religião será demoníaca. O seu objetivo será unir o mundo em torno do Anticristo. De início, todas as ideias religiosas serão incentivadas porque a multiplicidade de religiões diluirá a influência do cristianismo. Entretanto, a certa altura, Satanás tentará forçar todas as formas de cultos a se aglutinarem em torno de si.

Pode parecer estranho que um líder religioso assuma um papel tão central em tudo o que acontece na Tribulação, porém não deveríamos nos surpreender. Este tem sido o padrão ao longo de toda a história. A religião e o poder político são as duas forças que exercem o maior controle sobre a vida humana. A primeira utiliza o seu poder de atração, e a segunda utiliza a sua autoridade para impor a sua força. A combinação de ambos gera, como resultado, na prática, o poder absoluto.

W. A. Criswell escreve:

"Eu não penso que, na história da humanidade, tenha sido possível exercer-se o domínio sem que tenha havido a aprovação e a devoção religiosas. [...] Nos dias de Faraó, quando Moisés e Arão se puseram diante do soberano do Egito, ele chamou os magos Janes e Jambres, os religiosos da sua época, para se oporem a Jeová. Quando Balaque, o rei de Moabe, procurou destruir Israel, ele contratou os serviços dos baalins para amaldiçoar Israel. [...] Acabe e Jazabel foram capazes de fazer o que fizeram em Israel, no deboche ao reino, porque foram incitados e assistidos pelos profetas de Baal."[4]

No fim dos tempos, a religião será uma das ferramentas que Satanás usará para unir o mundo sob a liderança do Anticristo, o que explica o caráter central do Falso Profeta para o sucesso dos seus planos.

Seu Poder

"E faz grandes sinais [...] à vista dos homens. E engana os que habitam na terra com sinais que lhe foi permitido que fizesse em presença da besta, dizendo aos que habitam na terra que fizessem uma imagem à besta que recebera a ferida de espada e vivia."
APOCALIPSE 13.13-14

O poder do Falso Profeta não será dele mesmo. Tal poder será dado pelo Anticristo que, por sua vez, recebe poder do Dragão, ou Satanás. As Sagradas Escrituras documentam este fato, dizendo-nos cinco vezes em Apocalipse 13.2-8 que o poder do Anticristo é oriundo do próprio diabo. E, a seguir, em Apocalipse 13.12,14,15, vemos que o Anticristo concede poder para o Falso Profeta: "E exerce todo o poder da primeira besta na sua presença [...] E engana os que habitam na terra com sinais que lhe foi permitido que fizesse em presença da besta, dizendo aos que habitam na terra que fizessem uma imagem à besta que recebera a ferida de espada e vivia. E foi-lhe concedido que desse espírito à imagem da besta."

Estas afirmações deixam claro que o poder do Anticristo e o poder do Falso Profeta se originam no Dragão, Satanás. Todo o poder do Falso Profeta será demoníaco. E, caso haja qualquer dúvida acerca da sua capacidade de realizar milagres, consideremos estas palavras de Jesus: "Porque surgirão falsos cristos e falsos profetas e farão tão grandes sinais e prodígios, que, se possível fora, enganariam até os escolhidos. Eis que eu vo-lo tenho predito" (Mt 24.24-25).

João chama a nossa atenção para três maneiras pelas quais o Falso Profeta realiza milagres pelo poder de Satanás:

INVOCANDO FOGO DO CÉU

O primeiro dos milagres do Falso Profeta será invocar que desça fogo do céu sobre a terra: "E faz grandes sinais, de maneira que até fogo faz descer do céu à terra, à vista dos homens" (Ap 13.13). Deus costuma revelar-se a si mesmo e os seus juízos por meio do fogo. Ele fez descer o enxofre e o fogo sobre Sodoma e Gomorra, como resultado da iniquidade do povo (Gn 19.24). O fogo desceu do céu e consumiu Nadabe e Abiú por causa do seu descuido com o Tabernáculo (Lv 10.1-2), e o fim do livro de Apocalipse registra que, um dia, Deus destruirá o exército de Satanás com fogo que descerá do céu (Ap 20.7-9).

Quando o Falso Profeta invocar o fogo do céu, ele estará tentando imitar Deus. Creio, porém, que há algo mais profundo neste seu ato. O Falso Profeta também estará alegando cumprir a profecia de Malaquias: "Eis que eu vos envio o profeta Elias, antes que venha o dia grande e terrível do SENHOR" (Ml 4.5).

Centenas de anos antes de Malaquias escrever a sua profecia, Elias chamou fogo do céu no monte Carmelo na frente dos 450 profetas de Baal, e o fogo consumiu o sacrifício encharcado de água como um testemunho do poder do Deus de Elias (1 Rs 18.19, 38). Elias foi o único profeta do Antigo Testamento a fazer descer fogo do céu, porém Malaquias declarou que Deus enviaria outro Elias antes da vinda do Messias. O Falso Profeta tentará convencer as pessoas de que ele é Elias — o precursor do Senhor. Esta será uma tentativa fraudulenta de dar um ar de legitimidade à sua presença.

Craig Keener, erudito do Novo Testamento, faz-nos lembrar que sinais e maravilhas simplesmente não são provas cabais do caráter genuíno de um profeta:

> "Sinais, por si só, podem ser positivos ou negativos; o que nos capacita a discernir os verdadeiros profetas dos falsos profetas é o julgamento do seu caráter moral. A ideia é que nós os conheçamos pela sua mensagem e pelo seu fruto, e não pelos seus dons (Dt 13.1-5; Mt 7.15-23)."[5]

A ORDEM PARA A CONFECÇÃO DE UMA IMAGEM

Os milagres do Falso Profeta, realizados pelo grande poder oculto que lhe foi concedido, atingirá o seu efeito desejado quando as massas forem seduzidas à idolatria e as pessoas forem convencidas a edificarem uma estátua gigante em honra ao Anticristo — é o que João descreve quando diz "uma imagem à besta que recebera a ferida de espada e vivia" (Ap 13.14). Este ídolo se tornará o centro de um culto idólatra até o fim da Tribulação.

Esta imagem é mencionada quatro vezes em Apocalipse 13: uma no versículo 14 e três vezes no versículo 15. Ela é mencionada seis outras vezes no restante do livro (14.9, 11; 15.2; 16.2; 19.20; 20.4).

A imagem da Besta marca o estágio final de apostasia e idolatria que sempre caracterizou a falsa religião. J. A. Seiss, um teólogo do século XIX, fez essa observação sobre como o mundo, um dia, chegará a adorar a imagem da Besta:

> "[Não é] difícil descobrirmos quais os tipos de argumentos serão trazidos para sustentar a confecção desta imagem. Em tempos de grande glória e domínio mundial, estátuas foram erguidas em honra dos maiorais de todas as classes, mas quem, dentre todos os grandes homens da terra, é tão grande quanto o Anticristo? As estátuas sempre foram comuns na comemoração de grandes eventos; porém, que evento e maravilha mais importante do que este ocorreu na história deste homem, no qual ele tenha sido ferido de morte, contudo tenha sido restaurado à vida e às suas atividades, com qualidades ainda mais sublimes do que ele possuía na sua primeira vida? [...] E quem haverá entre os filhos orgulhosos da terra para se levantar contra tais argumentos?"[6]

A imagem da Besta é, sem dúvida alguma, aquilo que o Senhor Jesus tinha em mente quando Ele fez o seu Sermão das Oliveiras: "Quando, pois, virdes que a abominação da desolação, de que falou o profeta Daniel, está no lugar santo [...] então, os que estiverem na Judeia, que fujam para os montes [...] porque haverá, então, grande aflição, como nunca houve desde o princípio do mundo até agora, nem tampouco haverá jamais" (Mt 24.15-16, 21).

Em sua segunda carta aos tessalonicenses, Paulo também descreve este momento: "Ninguém, de maneira alguma, vos engane, porque não será assim sem que antes venha a apostasia e se manifeste o homem do pecado, o filho da perdição, o qual se opõe e se levanta contra tudo o que se chama Deus ou se adora; de sorte que se assentará, como Deus, no templo de Deus, querendo parecer Deus" (2 Ts 2.3-4). Quando este dia chegar, a trindade diabólica, composta por Satanás, pelo Anticristo e pelo Falso Profeta, terá cumprido o seu propósito de se tornar o objeto da adoração mundial.

A RESPIRAÇÃO E A VOZ SOBRENATURAL QUE SAEM DA IMAGEM

Depois de o Falso Profeta erigir a estátua do Anticristo no lugar mais sagrado do Templo judeu recém-construído, ele, então, fará com que a imagem tenha "espírito [...] para que também a imagem da besta [possa falar]" (cf. Ap 13.15). Algumas pessoas consideram que isto seja feito por meio de alguma forma de ventriloquismo, ou por algum meio eletrônico de reprodução de voz. Entretanto, o comentarista Dr. Henry Morris, tem outra explicação que considero mais plausível:

> "Esta imagem é mais do que um mero robô que emite uma voz computadorizada. Isto não chamaria a atenção das pessoas nos dias de hoje, diante de todos os avanços da automação e da Cinematrônica (ou Áudio-animatrônica). Milhões de pessoas já observaram uma imagem de Abraham Lincoln se mover e "falar" no Parque da Disneylândia, porém ninguém jamais pensou em se curvar diante destas imagens em adoração.
>
> A imagem do homem de pecado falará de modo inteligível, e as suas palavras não serão pré-programadas. Ele dará ordens, dentre as quais a ordem para executar todos os que não lhe adorarem. Aqueles que observam este fenômeno impressionante, seja pessoalmente em Jerusalém, ou no outro lado do mundo pela televisão, estarão convencidos de que a imagem está mesmo falando por vontade própria."[7]

O Dr. Morris prossegue na sua explicação:

> "O Falso Profeta é capacitado (pelo seu próprio mestre, Satanás) a transmitir um espírito à imagem, mas este espírito é um dos espíritos imundos de Satanás, provavelmente um demônio da alta hierarquia nas hostes satânicas. Este é um caso notório de possessão demoníaca em que um demônio toma posse de um corpo de uma imagem, em vez de adentrar o corpo de um homem ou de uma mulher."[8]

Não há mágica aqui — este é um caso de poder demoníaco inédito em ação. Por intermédio de Satanás, o Falso Profeta terá a capacidade de fazer um objeto inanimado parecer como se tivesse vida. Este é mais um exemplo do poder das trevas que caracterizará o período da Tribulação e permitirá que Satanás adquira credibilidade aos olhos do mundo para que ele possa levar adiante o seu programa maligno de ludibriar muitos nos últimos dias.

Seu Programa

"E faz que a todos, pequenos e grandes, ricos e pobres, livres e servos, lhes seja posto um sinal na mão direita ou na testa, para que ninguém possa comprar ou vender, senão aquele que tiver o sinal, ou o nome da besta, ou o número do seu nome."
APOCALIPSE 13.16-17

O Falso Profeta assumirá dois papéis. Além de ser o líder religioso mundial, ele também se tornará o czar econômico do Anticristo.

Depois de mostrar o seu poder por intermédio da imagem da Besta, ele prosseguirá a implementação de um programa econômico de larga escala e exigirá que todos aceitem a marca da Besta; do contrário, serão banidos de todas as transações comerciais.

Esta marca é só mais uma forma de fraude. Em Apocalipse 7.3, os 144 mil judeus evangelistas são selados nas suas testas e separados para Deus. Agora, nós vemos os falsos profetas marcando os seus seguidores na testa numa tentativa de selar o seu povo e consagrá-los para a "sataníssima trindade".

As diferenças entre as duas marcas são significativas:

"A marca fraudulenta de Satanás não terá qualquer poder sobre aqueles que carregam a marca autêntica de Deus. O selo de Deus protegerá o seu testemunho do mal, ao passo que o selo de Satanás sujeitará o seu povo ao mal. Outra diferença é que o selo de Deus será dado somente a um grupo seleto: as 144 mil testemunhas judias. Porém, o selo do Anticristo será exigido de todos."[9]

Ninguém estará isento da exigência desta marca. Desde o milionário até o mendigo, do presidente da empresa até o empregado contratado, todos serão forçados a recebê-la — ou sofrerão grandemente se não aceitarem:

"Ninguém poderá comprar em *shoppings*, comer em restaurantes, abastecer veículos em postos de gasolina, pagar contas, comprar alimentos, receber receitas médicas, pagar para ter a grama cortada, ou obter financiamentos sem a marca da Besta. Esta será a marca registrada da Tribulação."[10]

A palavra grega para "marca" é *charagma,* e ela é usada oito vezes no livro de Apocalipse em referência à marca da Besta. Na Antiguidade, este símbolo estava ligado a um imperador e, normalmente, não continha apenas o nome do imperador, mas também a sua efígie e o ano do seu reinado. A *charagma* era necessária para a compra e venda de mercadorias, e ela era exigida em vários tipos de documentos como prova da sua validade. Da mesma forma, a marca da Besta permite que o seu portador conduza os seus negócios. Ela também indica que aquele que a estiver usando é um adorador da Besta e que se submete ao seu domínio.

A cooperação entre o governo e a religião não deixará nenhum lugar de refúgio para qualquer pessoa que se rebele.

"O que é retratado é uma tremenda união na qual o capital e o trabalho estão sujeitos ao controle e direção de um único homem. Qualquer pessoa que estiver de fora desta vasta combinação será cruelmente boicotada: ninguém trabalhará para ele ou lhe empregará; ninguém comprará as suas colheitas, nem venderá produtos para ele. [...] A falência e a fome sobrevirão a ela."[11]

Durante a Segunda Guerra Mundial, só o dinheiro não era suficiente para comprar açúcar e outros tipos de gêneros de primeira necessidade nos Estados Unidos; as pessoas também tinham que usar os seus carimbos de alimentação, ou ter um cartão que lhes permitia a compra de vários itens. Certos itens eram racionados e não poderiam ser comprados sem autorização. Isto é apenas uma sombra do que ocorrerá na Tribulação. Quando as pessoas forem comprar comida, elas terão que mostrar os seus cartões, ou talvez apresentar a sua mão direita, ou a testa para ser escaneada num computador. Só então elas receberão a autorização para comprar o que precisam.

Mesmo que ninguém possa dizer com certeza o que será esta marca da Besta, Apocalipse 13.18 nos dá uma pista enigmática: "Aqui há sabedoria. Aquele que tem entendimento calcule o número da besta, porque é número de homem; e o seu número é seiscentos e sessenta e seis."

Já houve inúmeras teorias acerca do significado do número 666 ao longo dos séculos. As pessoas tem revirado as Sagradas Escrituras de ponta-cabeça na tentativa de descobrir o significado de fatos que são meramente uma coincidência. Por exemplo, o número aparece no décimo oitavo versículo de Apocalipse 13. Dezoito é seis mais seis mais seis. Um dos homens mais altos que já viveu neste mundo foi Golias. Ele "tinha de altura seis côvados e um palmo. Trazia na cabeça um capacete de bronze e vestia uma couraça de escamas; e era o peso da couraça de cinco mil siclos de bronze" (1 Sm 17.4-5). A estátua de Nabucodonosor descrita no livro de Daniel tinha sessenta côvados de altura e seis côvados de largura, e seis instrumentos musicais eram tocados pelos adoradores (Dn 3.1-15). Observações deste tipo têm sido usadas para cunhar o termo "anticristo" em quase todo líder de destaque desde o Papa até Hitler, ou então vários presidentes dos Estados Unidos. Se as pessoas forem suficientemente habilidosas, elas conseguirão manipular quase todo tipo de nome para se encaixar neste número. Tais tentativas, entretanto, não passam de hipóteses. Elas não nos dizem nada sobre o significado do número da Besta. A consequência disso é que ninguém realmente sabe o que o número "666" significa.

Talvez a resposta mais provável seja que, na Bíblia, seis seja o número que representa os seres humanos. As pessoas foram criadas no sexto dia, e elas devem trabalhar seis dias por semana. Um hebreu não deveria ser escravo por mais de seis anos.

O número de Deus, por outro lado, é sete. Ele criou a semana de sete dias. Existem sete cores no espectro visível e sete notas em uma escala musical. Basicamente, existem sete festas de Jeová (Lv 23); sete palavras de Jesus ditas na cruz; e sete "segredos" nas parábolas do Reino (Mt 13). Na queda de Jericó, sete sacerdotes marcharam na frente do exército segurando sete trombetas feitas com chifres de carneiros, e, no sétimo dia, eles marcharam ao redor da cidade sete vezes (Js 6).

No livro de Apocalipse, cujo título ficaria melhor como sendo "a Revelação de Jesus Cristo", o número sete é usado mais de 160 vezes. Existem sete igrejas, sete Espíritos, sete castiçais, sete estrelas, sete lâmpadas, sete selos, sete chifres, sete olhos, sete trombetas, sete trovões, sete cabeças, sete coroas, sete anjos, sete pragas, sete taças, sete montes, sete reis, sete beatitudes, sete anos de juízo, sete cartas às sete igrejas, sete declarações no estilo "Eu Sou" e sete cânticos no céu.

Sete é o número de Deus, o número da completude. Já o número seis é o dos seres humanos, o da incompletude. Talvez este seja o significado do 666 — que os seres humanos, mesmo no seu triplo, não consigam atingir a perfeição divina. Por nós mesmos, somos incompletos e ansiamos pela realização da nossa perfeita completude em Deus.

Donald Grey Barnhouse explica que a coisa mais importante que devemos saber sobre a marca da Besta não é especificamente quem ela representa, e sim o que ela deve despertar em nós:

> "Os filhos do grande compositor Bach descobriram que o método mais simples de acordar o seu pai era tocando algumas linhas de uma canção e deixando de lado a última nota. O músico se levantava imediatamente e ia até o seu piano tocar aquela última nota. Eu acordei cedo, numa certa manhã, e fui até o piano da nossa casa e toquei a conhecida canção natalina "Noite Feliz". Eu parei intencionalmente um pouco antes de tocar a última nota. Eu segui até o saguão e ouvi os sons que vinham do andar de cima. Um menino de oito anos de idade havia parado a sua leitura e estava tentando fazer aquela nota final na sua gaita de boca. Outra criança estava cantando a última nota, ardentemente. Um adulto chamou a sua atenção:
> — Você está fazendo isso de propósito? Qual o seu problema? A nossa própria natureza exige o encerramento desta última oitava da música."[12]

O número 666 nos faz lembrar que algo ainda está em aberto. E que este "algo" que falta, na verdade, é "Alguém". Ele é um sete — a marca da perfeição, o número completo.

Seu Castigo

"E a besta foi presa e, com ela, o falso profeta, que, diante dela, fizera os sinais com que enganou os que receberam o sinal da besta e adoraram a sua imagem. Estes dois foram lançados vivos no ardente lago de fogo e de enxofre."

APOCALIPSE 19.20

Apesar do poder e do controle que o Falso Profeta exercerá durante a Tribulação, o seu destino já está selado. Ele será "lançado vivo no lago de fogo". Aqueles que receberem a marca da Besta também não terão uma vida fácil. Apocalipse 16.1-2 nos fornece os detalhes de "uma chaga má e maligna" que virá sobre eles. Apocalipse 14.9-10 informa que "[aquele que] adorar a besta e a sua imagem e receber o sinal na testa ou na mão, [...] beberá do vinho da ira de Deus [...] e será atormentado com fogo e enxofre diante dos santos anjos e diante do Cordeiro. E a fumaça do seu tormento [subirá] para todo o sempre".

Mesmo que possa parecer que aqueles que recebem a marca da Besta estão simplesmente fazendo aquilo que precisa ser feito para protegerem a si mesmos e às suas famílias, eles serão julgados por se identificarem com o mal satânico do Falso Profeta. Porém, o que ocorrerá com aqueles que se recusarem a receber esta marca?

A sua recusa será equivalente a uma sentença de morte, mas o que parece com a morte, na realidade, resultará na vida eterna: "E vi tronos; e assentaram-se sobre eles aqueles a quem foi dado o poder de julgar. E vi as almas daqueles que foram degolados pelo testemunho de Jesus e pela palavra de Deus, e que não adoraram a besta nem a sua imagem, e não receberam o sinal na testa nem na mão; e viveram e reinaram com Cristo durante mil anos" (Ap 20.4).

O que parece ser loucura para o mundo, ao final, provar-se-á ser sabedoria, pois estes mártires terão levado em conta as palavras de Jesus: "E não temais os que matam o corpo e não podem matar a alma; temei, antes, aquele que pode fazer perecer no inferno a alma e o corpo" (Mt 10.28)

O Falso Profeta virá com poder e influência, enganando muitos e provocando destruição generalizada com o seu plano de domínio econômico. Seja como for, os seus dias estão contados. Apesar de ele poder provar de um sucesso limitado como um defraudador, ele não será páreo para o "original". O Falso Profeta receberá permissão para espalhar o mal durante a Tribulação, mas Deus estará, meramente, aguardando o seu tempo. Um dia, a justiça de Deus haverá de prevalecer, e o Falso Profeta encontrará o seu ardente fim.

Capítulo 8

O Conquistador

JUDAS CHRISTOPHER, líder do Império Mundial Unido, sentou-se à ponta de uma longa mesa de carvalho, rodeado pelo seu conselho de governo. O conselho consistia do seu círculo íntimo de assessores, bem como os chefes dos vários departamentos governamentais. Sentados atrás da mesa estavam representantes dos maiores países do mundo, escolhidos pela sua influência nos seus países. Todos haviam jurado aliança a Christopher e aceitado a numeração universal exigida para se participar da economia mundial.

O presidente Christopher havia se tornado cada vez mais beligerante com o andamento da reunião, tendo rompantes bestiais que assustavam os seus subordinados. Todos na sala sabiam a causa do seu desconforto: ele estava condoído pela derrota dos exércitos que haviam recebido ordens para destruir Israel.

Os alvos principais da sua ira verbal foram os representantes da Rússia, do Irã, do Egito e da China: o eixo de nações cujos exércitos haviam falhado no cumprimento da sua missão. O pior de tudo recaiu sobre o líder russo, Alexander Ivazov, já que os generais russos haviam encabeçado a campanha:

— Mas o que aconteceu?! — esbravejou Christopher. — Vocês estavam equipados com os armamentos mais sofisticados que existem, lideraram o maior exército do mundo, tinham o controle das forças militares mais bem treinadas para destruir aquele paísinho de nada. Eu até cheguei a preparar o terreno para o seu sucesso com o tratado de paz que fiz com aqueles judeus ingênuos. Eles já haviam até se desarmado: eles eram verdadeiros patos deitados na grama! Como é que vocês conseguiram fracassar nessa missão?! Só tolos e incompetentes conseguiriam arranjar uma forma de fracassar numa missão como essa!

Ivazov, com o rosto corado e fervendo de raiva, finalmente explodiu:

— O senhor não está vendo que a falha não foi nossa?! O senhor sabe muito bem por que fomos derrotados: fomos atingidos por um terremoto que extrapolou a escala *Richter*, e pedras monstruosas de granizo, misturadas com ácido sulfúrico desceram do céu. Nossos exércitos foram dizimados!

— Isso é o que você diz — disse Christopher com uma voz fria. — Mas não foi o fogo, nem o granizo, nem o terremoto que pegou vocês, não é mesmo? Foi o pânico. Os seus soldados ficaram atordoados e começaram a atirar uns nos outros, ou em qualquer coisa que se movesse. E as únicas coisas que se moviam eram os seus companheiros soldados, que corriam atrás de proteção, como se fossem coelhos apavorados. São mesmo uns idiotas, vocês mesmos aniquilaram os seus próprios exércitos!

— Com todo o respeito que lhe é devido, senhor, mas o senhor não estava lá! Se o senhor tivesse sido envolvido por uma poeira sufocante e que lhe deixasse cego, como ficaram as nossas tropas, o senhor entenderia a confusão toda. Eles mal conseguiam enxergar o sol. E como se não bastasse, um surto de disenteria se espalhou, matando metade dos nossos homens e imobilizando muitos dos que restaram. Contra inimigos humanos, nós éramos invencíveis. Mas não existe exército neste mundo capaz de resistir aos desastres que vieram sobre nós.

— Você poderá enfrentar em breve inimigos ainda mais fortes. Eu ordeno a você e às outras nações representadas nesta sala a reunirem novos exércitos. Nós atacaremos Israel novamente.

O silêncio tomou conta da sala. Após um momento de tensão, o representante da Rússia percebeu que a hora que ele temia havia chegado. Ele teria que enfrentar a morte:

— Senhor presidente, o senhor não pode fazer isso conosco! O senhor sabe muito bem que o seu domínio sobre o mundo é tênue.

O Conquistador

O senhor tem um histórico de promessas descumpridas, de tratados ignorados, de recrutamento militar à força e cobrança exorbitante de impostos que têm levado muitas nações à ira. Sua tirania está espalhando a pobreza e a doença pelo mundo inteiro! E quando rebeliões são reprimidas com força bruta, ressentimentos profundos infeccionam como um furúnculo!

— Senhor Ivazov — a voz de Christopher estava baixa. — Se o senhor não parar de gritar agora mesmo...

— Não! Eu não vou parar! Alguém nesta sala precisa dizer ao senhor o que o senhor se recusa a ouvir. Se o senhor exigir uma nova convocação depois destas perdas recentes, nós teremos revoltas de grandes proporções na coalizão russa de estados!

Christopher pediu aos seus guardas para que entrassem na sala:

— Peguem esse traidor e matem-no a tiros! — ele apontou diretamente para Ivazov. — E tomem também os seus peões covardes com ele — acrescentou ele, gesticulando em direção aos representantes da China, Egito e Irã. — Eu não vou tolerar este tipo de insubordinação!

Os guardas agarraram os quatro dissidentes e os levaram porta a fora.

Enquanto isso, Christopher continuou a falar como se nada fora do normal tivesse ocorrido.

— Meus caros membros do conselho, nós montaremos uma nova coalizão de exércitos e destruiremos Israel de uma vez por todas. Este exército será invencível, maior do que qualquer força militar já reunida. Cada um de vocês instruirá os seus líderes nacionais a fazer o que for necessário: recrutamento militar forçado, pilhagem dos recursos naturais, nacionalização das fábricas, caso isto seja necessário. Vocês estão me compreendendo?

A remoção dos quatro dissidentes, efetivamente, sufocou qualquer forma de debate. Ainda assim, os membros do conselho foram pegos entre duas opções impossíveis. Se eles apresentassem as exigências de Christopher aos seus líderes nos seus países, acabariam provocando revoltas internas. Por outro lado, caso se opusessem ao presidente, isto claramente significaria a sua sentença de morte.

O arcebispo Detherow leu os seus pensamentos e se ergueu para se dirigir ao grupo:

— Estimados membros do conselho, gostaria de informá-los da realidade da situação. O presidente Christopher não tomou esta decisão do nada. Ele e eu servimos um mestre grandioso e poderoso que está invisivelmente sobre todos nós. Ele arrancou este mundo com uma única mão do controle de Deus e, desde o princípio, Christopher tem lutado para consolidar o seu domínio sobre Ele. Pelos últimos dois mil anos, a sua principal oposição têm sido os cristãos. Agora que eles foram, praticamente, extirpados do planeta, nosso domínio está quase completo. Quando aniquilarmos os judeus, toda a terra pertencerá a nós.

Detherow fez uma pausa e olhou para todos na sala. Todos os olhos estavam voltados para ele:

— Quer vocês saibam ou não, cada um de vocês serve a este mestre. O número que vocês carregam significa que vocês pertencem a ele. E, já que servem a ele, não precisam temer esta guerra. Vocês têm aliados poderosos além de qualquer coisa que possam imaginar – um exército invisível de anjos leais. Mesmo enquanto estamos aqui falando, eles estão orquestrando nossos movimentos e estratégias. Se nós servimos nosso mestre de todo o coração, ele nos dará a certeza da vitória.

Uma voz soprou do fundo da sala:

— Mas ele não nos deu a vitória na primeira guerra.

— É porque tínhamos divisão entre nós, que eram estes traidores que acabamos de tirar da presença de vocês — disse Christopher. — O destino deles deve servir de exemplo para vocês de que existe uma penalização para a falta de lealdade.

— E esta penalização pode ser ainda pior do que vocês acabam de testemunhar — acrescentou Detherow. — Nosso mestre das trevas sempre arrebenta com as ferramentas que não lhe servem, e eu tenho certeza de que vocês não querem ser uma destas ferramentas que não vão funcionar com ele.

• • •

Judas Christopher imediatamente começou a reunir o seu exército de coalizão. Nos meses que se seguiram, o seu poder militar aumentou, à medida que tropas, exércitos e munições foram trazidos de países ao redor do mundo. Entretanto, a Rússia, a China e o Egito, juntamente com os países a eles subordinados, recusaram-se a contribuir com tropas ou suprimentos.

Quando o presidente recebeu a notícia sobre os dissidentes, ele ficou irado:

— Depois de afogarmos todos os judeus no Mar Mediterrâneo, faremos com que todos os russos sejam congelados na Sibéria!

Para compensar a ausência destas forças, Christopher dobrou o contingente de tropas e exércitos de outras nações. A princípio, os governos recentemente contatados foram lentos na sua resposta. Porém, eventualmente, eles foram cedendo por meio de tratados, de intimidações e de duras sanções. Antes de o ano chegar ao fim, o presidente havia reunido o maior exército já visto na história. O número de seus homens chegava aos milhões, apoiados por um arsenal com tecnologia de última geração, além de incríveis frotas de veículos armados, aviões de guerra e aviões de combate.

O presidente, ciente do burburinho de revoltas que estava ocorrendo em muitos países, substituiu três quartos dos generais nativos dos países por líderes escolhidos a dedo por ele. Ele, então, anunciou que ele mesmo seria o comandante supremo da coalizão de forças.

Com os exércitos reunidos, Christopher começou a enviar tropas e armamentos em direção a Israel. Porta-aviões estavam ancorados ao longo do litoral de Israel, na costa do Mediterrâneo. Ele posicionou as suas tropas terrestres próximo às cidades portuárias de Haifa, Hadera, Netanya, Tel Aviv e Asdode, sem falar que trouxe tropas, tanques, lançadores de foguetes e artilharia pesada do oriente.

As tropas israelenses não ofereceram muita resistência à invasão. A nação sitiada estava vulnerável depois das três pancadas que recebeu: um desarmamento mal orientado, a invasão por parte da Rússia e do Egito e os esforços de reconstrução depois da guerra e dos desastres naturais que ocorreram de forma simultânea. Israel havia levado apenas sete meses para sepultar todos os corpos.

Christopher capturou rapidamente Herzliya, uma cidade litorânea logo ao norte de Tel Aviv, e montou ali o seu quartel operacional. Ele estava na sala de reuniões para assuntos de guerra com os seus generais, orquestrando a marcha que tomaria a cidade de Jerusalém, quando um forte estrondo foi ouvido na porta.

Um coronel dos fuzileiros navais entrou violentamente:

— Senhor, perdão pela interrupção, mas acabamos de receber um relatório urgente do nosso serviço de inteligência.

— Muito bem, diga-nos do que se trata — exigiu Christopher.

— A Rússia e o Egito se rebelaram. Eles estão...

— Isto não é mais novidade, coronel. É melhor que tenha uma desculpa muito boa para ter interrompido nossa reunião desta maneira.

— Sim, senhor presidente, tenho mais informações. A Rússia convocou o seu próprio exército, uma enorme coalizão formada pelos países que formavam a antiga União Soviética. Eles, agora, estão marchando contra nós, vindo pelo norte. O Egito e os seus aliados também formaram exércitos de coalizão e estão vindo contra nós pela fronteira sul.

— E onde eles estão neste momento?

— Nossos relatórios confirmam que o eixo russo está atravessando as Montanhas de Golã e seguindo em direção sul. A coalizão russa está acampada na Península do Sinai, mas está avançando rapidamente em direção ao norte.

Judas Christopher deu um murro na mesa, fazendo espalhar copos de café e de água:

— Nosso ataque a Jerusalém terá que esperar — resmungou ele.

— Cancelem o ataque aéreo imediatamente. Precisamos esmagar estes insurgentes! Dividiremos os nossos exércitos: um enfrentará os aliados da Rússia, e o outro enfrentará a coalizão do Egito. Só que eu juro pelas chamas do Inferno que voltaremos a Jerusalém!

Os generais e as suas equipes trabalharam a noite toda, revisando os planos de batalha e transmitindo novas ordens aos seus oficiais de campo. O presidente caminhou ao redor da sala, esbravejando e gritando ordens, contrariando as táticas dos seus generais enquanto lhes amaldiçoava pela sua incompetência.

Na manhã seguinte, os inimigos de Christopher que vinham do norte se encontraram com os aliados russos em Tel Megiddo, na Planície de Esdraelon. As suas divisões ao sul se reuniram com a coalizão egípcia na cidade de Be'er Sheva, na extremidade do deserto de Neguebe.

Com as suas forças aéreas, terrestres e artilharias robustas, os exércitos não poderiam ser contidos nas suas frentes estreitas. Dentro de pouco tempo, eles estariam se confrontando em vários pontos do território de Israel, desde as Colinas de Golã, no norte, até a Faixa de Gaza, no sul.

À medida que as batalhas se intensificavam, Christopher e os seus generais mantinham os seus olhos vidrados em um grande monitor que preenchia uma parede, do chão até o teto, na sala de comando de guerra. Um mapa de Israel enchia a tela e mostrava todas as cidades do país com as suas características topográficas. Vários discos brilhantes do tamanho de tabuleiros de xadrez pontilhavam o mapa de cima a baixo.

O CONQUISTADOR

Pontos verdes assinalavam o local de estacionamento das tropas de Christopher; pontos amarelos marcavam a localização das tropas russas; e pontos azuis representavam as tropas egípcias e os seus aliados. À medida que os relatórios de inteligência iam chegando, os pontos se moviam eletronicamente de um lugar para o outro.

— Senhor Presidente! — irrompeu o coronel novamente na sala. O seu rosto estava pálido, e a sua voz denotava pânico. — Tenho notícias terríveis, senhor.

— O que está acontecendo agora?

— Acabamos de descobrir que a China também levantou um exército, e ele tem o dobro do tamanho dos dois exércitos que juntamos para a batalha.

— Quantos soldados são ao todo?

— As estimativas chegam aos milhões. Mas isso não é o pior, senhor. — O coronel fez uma pausa.

— Muito bem, não fique parado aí. Vamos saber mais.

— Eles estão vindo contra nós pelo nordeste. Acabaram de atravessar o leito seco do Eufrates em Ar-Raqqa. Os seus aviões e foguetes já estão bombardeando as Colinas de Golã, e as suas tropas terrestres chegarão à fronteira pela manhã.

As veias do pescoço de Christopher saltaram:

— Mas por que será que eu só estou ouvindo isso agora?! Um exército desse tamanho dificilmente poderia ter ficado oculto! Vocês deveriam ter obtido conhecimento desse exército no momento em que ele deixou a China!

— Mas, senhor, o senhor nos instruiu a concentrar toda a atenção aos movimentos militares de Israel. Não seria justo o senhor da sua parte esperar que nós...

— Já chega! — Esbravejou Christopher. Ele se virou para o seu segurança. — Leve este homem e execute-o. Eu não vou tolerar este tipo de incompetência no meu exército!

Passando a olhar para o mapa, Christopher viu um agrupamento de pontos alaranjados reunidos no mapa que apontavam para a localização dos exércitos chineses.

• • •

Pelos próximos meses, o presidente e os seus oficiais militares assistiram os pontos coloridos se agruparem, dispersarem-se e se reagruparem em modelos caleidoscópicos, à medida que as quatro coalizões manobravam no campo de batalha. Cidades eram perdidas e tomadas. Tropas terrestres se encontravam frente a frente nos desertos, nos bosques, nas planícies e nas montanhas ao longo do país todo.

Enquanto as batalhas se intensificavam, não havia um só metro quadrado do país onde não se pudesse ouvir os sons da guerra. A atmosfera estava contaminada com o som de aviões de caça, com a explosão de bombas e foguetes, com os estampidos da artilharia pesada e com as explosões esparsas das armas que os soldados portavam à mão. Os piores sons de todos eram os gritos agonizantes dos feridos e moribundos, tanto civis quanto militares.

O clima na sala de comando de guerra de Christopher oscilava entre a euforia e o desespero, à medida que o seu gabinete assistia os seus exércitos avançarem e recuarem por repetidas vezes. Porém, lentamente, os avanços começaram a ser mais frequentes que os recuos, e os pontos verdes começaram a dominar a parte central de Israel. Os pontos amarelos, azuis e alaranjados logo ficaram restritos às regiões extremas do país.

Sentindo-se seguro da vitória, Christopher convocou uma reunião dos seus generais na mesa de conferência diante de um telão eletrônico:

— Cavalheiros, olhem para este mapa. Minhas forças, agora, detêm o controle da região central de Israel. Nós empurramos os rebeldes do norte de volta até o Lago Tiberíades, e os rebeldes do sul foram forçados a região setentrional do Sinai. — Ele se virou para olhar para o arcebispo. — O senhor sabe o que isto significa, não sabe, senhor Detherow?

— Mas é claro que sim. Significa que agora você poderá novamente enviar tropas para cumprir sua missão original: a destruição final de Jerusalém.

— Exatamente. Generais, ouçam o que eu vou dizer! Tomem metade das tropas estacionadas entre Netanya, ao norte, e Hebrom, ao sul, e marchem-nas em direção a Jerusalém. Antes de elas chegarem, minha força aérea e os navios da marinha de guerra debilitarão a cidade com um bombardeio. Quando o bombardeio terminar, a invasão em si não passará de um desfile casual pelas ruas da cidade.

— De que maneira deseja que as suas forças sejam enviadas, senhor? — Já havia tempo que os generais haviam aprendido a não apresentar os seus próprios planos.

O Conquistador

— Quero que metade delas tome Jerusalém pelo norte, e metade pelo sul. Montaremos nosso quartel-general de campo em Belém, oito quilômetros ao sul da cidade, e lançaremos o ataque lá do monte das Oliveiras. Eu mesmo dirigirei a invasão pelo flanco sul. Uma vez que adentremos a cidade, as forças do norte se aproximarão e travarão todas as rotas de fuga.

Ao chegarem a Belém, Christopher e os seus generais se reuniram em um velho armazém. Eles conseguiam ouvir explosões contínuas de granadas vindas da direção de Jerusalém.

— Cavalheiros — iniciou o presidente, com os olhos brilhantes — amanhã lançaremos nossa campanha final contra Jerusalém a partir da mesmíssima cidade que, outrora, foi reverenciada pelos cristãos como o local de nascimento do nosso arqui-inimigo. Vocês percebem a ironia do destino? Estamos prestes a realizar aquilo que o rei Herodes não conseguiu fazer na antiguidade. Ele tentou destruir o Messias, matando todos os bebês do sexo masculino dessa cidade. E aqui estamos nós, prontos para desfazer tudo o que esta criança sobrevivente fez ao destruir a própria nação que Ele veio salvar.

Damon Detherow riu, mostrando os seus dentes num sorriso grotesco.

— Será o fim desta nação inimiga que o nosso senhor tem tentado aniquilar por séculos — vangloriou-se Christopher. — Depois do ataque aéreo surpresa desta noite, nossas tropas terrestres marcharão para dentro da cidade e a saquearão, tal como as criancinhas recolhem os seus ovos de Páscoa.

• • •

Na manhã seguinte, o presidente Christopher encabeçou pessoalmente as tropas sobre a cidade de Jerusalém, que já não apresentava mais resistência. Detherow normalmente ficava na retaguarda dos campos protegidos; neste dia, porém, Christopher insistiu que o arcebispo lhe acompanhasse:

— Quero testemunhar, em primeira mão, este momento único da história — disse ele.

O ataque surpresa noturno havia cumprido o seu objetivo. Fumaça negra de petróleo subia em grossas colunas sobre a cidade. Christopher chegou ao monte das Oliveiras e posicionou as suas tropas para a invasão. Ele se colocou no topo da montanha, deliciando-se com aquele momento, antes de dar o sinal para o ataque. Durante alguns segundos, ele teria a satisfação de assistir a cidade sofrer o seu golpe final.

Subitamente, um som de trombeta rasgou o ar. Assustado, Christopher olhou ao redor para descobrir a origem daquele som. Quando ele viu as suas tropas olhando para o alto de boca aberta, ele também acompanhou o seu olhar. Aquela visão o deixou sem palavras. O céu matinal havia se recolhido como cortinas de um teatro, revelando um poderoso Guerreiro montado em um magnífico cavalo branco. Ele vestia uma túnica embebida em sangue, e na sua cabeça estava uma coroa cheia de ouro e pedras preciosas. Ele tinha uma espada na sua boca que brilhava ao sol.

Quando Christopher conseguiu retirar os seus olhos daquele Homem, ele viu um grandioso exército de homens e mulheres nas nuvens atrás dele. Eles estavam vestidos de branco e também montavam em cavalos brancos. Todo o céu, de leste a oeste, estava cheio com agrupamentos de seres magníficos semelhantes a homens, porém com rostos incandescentes como o relâmpago. Toda a multidão pairava na expectativa, como se estivesse preparada para descer de lá.

Jamais ocorreu a Christopher que os seus exércitos equipados com tecnologia de ponta não derrotariam com facilidade o exército antiquado que estava posicionado acima deles. A força celestial estava montada em cavalos, os quais seriam completamente inúteis contra os seus armamentos modernos. Com exceção da espada, uma arma completamente antiquada, que saía da boca do seu Líder, o exército do alto não tinha nem armas, nem roupas apropriadas para uma batalha. Só que, naquele momento, Christopher não conseguia pensar; ele só conseguia sentir. E o que ele sentia era um medo abjeto e imobilizador.

Do nada, um anjo com todo o brilho do sol nascente deu um passo adiante. Em uma voz que ressoou pelos céus, ele reuniu as grandes aves da terra em Israel, convidando-lhes a um grandioso banquete onde será servida dos inimigos decaídos de Deus.

Abutres começaram a chegar a um número tal que o céu começou a ficar escuro. Eles cobriram toda a terra, pousando em todos os lugares que podiam: cercas, telhados, árvores, muros, torres de comunicação e *outdoors*. Do alto, eles observavam ávidos os exércitos que ocupavam Israel, aguardando com expectativa o massacre que estava por vir.

Com um grito forte, o magnífico Guerreiro e as suas hostes desceram. O arcebispo Detherow, de pé ao lado de Christopher, foi o primeiro a perceber quem era o Guerreiro que descia. Incapaz de ficar de pé, o arcebispo caiu com o rosto em terra, chorando de terror e cobrindo o rosto com as mãos.

Judas Christopher, agora tremendo violentamente, prosseguiu em direção a Jerusalém, instigado pelo seu ódio contra os judeus e pelo temor ao seu mestre. Nenhum dos seus soldados o seguiu, embora Detherow, chorando e murmurando histericamente, seguiu, ora engatinhando, ora se arrastando atrás dele.

Repentinamente, Christopher parou e caiu de joelhos. Bem diante dele, estava a figura imponente do poderoso Guerreiro celestial montado no seu corcel branco. Os seus olhos penetraram ardentemente na alma de Christopher, como se fossem um raio *laser* branco e quente.

Cristo desceu do cavalo, pegou a espada formada pelas palavras que saíam da sua boca e desceu o seu olhar até Christopher. O Anticristo se encolheu no chão, ao lado de Detherow, que também tremia de medo. Então, o chão começou a se mover num movimento nauseante, parecido com um navio atingido por uma tempestade.

Um ruído emanou de alguma parte do interior da terra. Ele foi ficando mais forte, até que Christopher, sentindo que a sua cabeça estava quase explodindo, colocou as mãos sobre os ouvidos. Exatamente quando o ruído se tornou insuportável, o monte das Oliveiras rachou de cima a baixo a partir do seu cume. Então, a fenda se transformou num imenso abismo que seguia desde Jerusalém até Jericó.

No momento seguinte, seres vestidos de branco pegaram Christopher e Detherow e os lançaram, aos gritos, dentro do abismo. Os seus gritos cessaram abruptamente, quando se viu uma erupção flamejante vinda do fundo do abismo, seguida por ondas de fumaça negra e grossa.

Cristo, com a espada ainda em mãos, voltou a subir no seu cavalo e avançou sobre um firme pelotão das tropas de Christopher, girando a sua espada em arcos mortíferos que abriam caminho. À medida que os exércitos caíam diante dele, Ele cavalgava sobre eles, pisoteando tanques, veículos de transporte, artilharias e instalações militares inteiras. Em seu rastro, ficavam pilhas de aço retorcido, tijolos desabados e tábuas despedaçadas. Quando ele erguia a espada, aviões de guerra incendiavam antes de caírem no solo.

Depois que os exércitos de Christopher foram dizimados, Cristo galopou em direção às outras frentes de batalha. Antes de o sol se por, os combatentes de todos os campos de batalha em Israel estavam mortos, espalhados pela terra em pilhas gigantescas. O seu sangue escorria e enchia valas secas, formando poças de carmim nas baixadas. O bando de aves de rapina já começava a chegar para iniciar o seu banquete sinistro.

As multidões de anjos retornaram ao céu, assim como Cristo retornou vitorioso ao monte das Oliveiras. Os santos jubilosos vestidos de branco se reuniram em torno dEle e se alinharam ao longo do caminho diante dEle, cobrindo-o desde o monte até a Porta de Sião, em Jerusalém, com um grosso tapete de folhas de palmeiras. O ar se enchia de gritos alegres enquanto Cristo fazia a sua entrada triunfal na sua Cidade Santa — desta vez, não montado em um humilde burrinho, mas agora em um grande cavalo branco. E, desta vez, Ele não estava ali para sofrer, e sim para governar.

• • •

A BASE BÍBLICA POR TRÁS DESTA HISTÓRIA

Em Apocalipse 19, chegamos ao momento que tanto aguardávamos: o momento da virada de toda a história. Ao longo do livro, todos nós vimos o mal correr solto, infligindo um sofrimento e perseguição sem precedentes sobre os fiéis. Porém, finalmente, chega o momento que o povo de Deus tanto aguardava desde a ascensão de Cristo ao Céu diante dos seus discípulos atônitos: Ele retorna!

E quão marcante é o seu retorno! Ninguém mais poderá caricaturá-lo como humilde e manso, ou infinitamente tolerante. Ele, agora, reveste-se de poder implacável e aniquila os inimigos de Deus na batalha mais sangrenta que o mundo já testemunhou. Este é o clímax do juízo de Deus sobre o mundo iníquo. João nos apresenta a Cristo, o Conquistador, com estas palavras: "Julga e peleja com justiça" (Ap 19.11).

Por causa da graça liberal que experimentamos a todo o momento das nossas vidas, normalmente nos esquecemos da justiça de Deus. Ou o que é pior, tentamos virar a mesa e julgar a Deus pela sua justiça, acusando-lhe de ser excessivamente rígido e negligente no seu amor.

Esta parábola ilustra a misericórdia longânime de Deus e o eventual juízo, demonstrando o ultraje da nossa acusação:

> No primeiro dia de aula, um professor explicou cuidadosamente para os cem alunos "calouros" da sua sala de aula que eles seriam responsáveis

por entregar três trabalhos bimestrais por escrito naquele semestre. Os trabalhos seriam feitos no último dia de setembro, outubro e novembro, não havendo segunda chamada.

No fim de setembro, noventa alunos entregaram o seu trabalho tranquilamente, enquanto dez alunos falharam e ficaram tremendo de medo.

— Desculpe-nos — disseram eles. — Nós não fizemos as mudanças necessárias na transição entre o ensino secundário e a faculdade, mas prometemos fazer melhor da próxima vez. O professor cedeu aos seus apelos por misericórdia e deu a eles a chance de refazer o trabalho em segunda chamada, advertindo-lhes que não atrasassem a entrega no mês seguinte.

O fim de outubro chegou, e cerca de oitenta alunos entregaram os seus exames, ao passo que vinte deles se apresentaram de mãos vazias.

— Ah, por favor — insistiram eles — era um fim de semana de volta para casa e perdemos o horário.

O professor cedeu mais uma vez, porém advertiu:

— Desta vez, acabou, pessoal. Sem desculpas da próxima vez. Vocês vão ficar com um zero!

O fim de novembro chegou, e apenas cinquenta estudantes entregaram os seus trabalhos. Os demais disseram ao professor:

— Nós entregaremos para o senhor em breve.

— Desculpem — respondeu ele. — Agora é tarde demais. Vocês vão ganhar um zero.

Os alunos levantaram um grito de protesto:

— Mas isto não é justo!

— Tudo bem — respondeu o professor — vocês querem justiça, não é mesmo? Aqui está o que é justo então: vocês receberão um zero por todos os três trabalhos que foram entregues depois do prazo estipulado. Este foi o combinado, certo?[1]

Assim será quando Cristo retornar para julgar este mundo. Por mais de dois mil anos, Ele foi misericordioso e esperou para executar a sua justiça. À medida que o tempo se aproxima, Cristo tentará fazer uso de todos os impedimentos, a fim de nos ajudar a voltarmos para Ele antes do Dia do Juízo. Ele enviará duas testemunhas que executarão milagres para alertar a respeito da sua ira vindoura e, depois, enviará outras 144 mil testemunhas para pregar o evangelho mais uma vez para o mundo todo. Entretanto, naquele dia, quando Ele deixar o Céu com os seus santos e os seus anjos, o tempo da sua graça chegará ao fim, e o tempo da sua cólera terá início.

Para muitas pessoas, a ideia de um Deus-juiz é uma afronta: uma desculpa para elas rejeitarem o cristianismo. N. T. Wright resume esta atitude dessa forma:

> "A palavra *juízo* carrega conotações negativas para um grande número de pessoas no nosso mundo liberal e pós-liberal. Precisamos lembrar que, ao longo da Bíblia, [...] o juízo vindouro de Deus é algo positivo, algo a ser celebrado, desejado, algo pelo que devemos ter grande expectativa. [...] Em um mundo de injustiças sistemáticas, intimidações, violência, arrogância e opressão, a ideia de que poderia chegar um dia em que os ímpios fossem justamente punidos e os pobres e os fracos recebessem o que lhes é devido é a melhor notícia que poderia haver. Diante de um mundo em rebelião, um mundo cheio de exploração e impiedade, um Deus bom *precisa* ser um Deus de juízo."[2]

Como poderíamos chamar Deus de "bom" se ele permitisse que o mal corrompesse eternamente o mundo que Ele criou e declarou ser bom? A Bíblia nos dá alguns detalhes fundamentais acerca da forma como Cristo retornará para este mundo em juízo e justiça.

A Prioridade do seu Retorno

> "Então, aparecerá no céu o sinal do Filho do Homem; e todas as tribos da terra se lamentarão e verão o Filho do Homem vindo sobre as nuvens do céu, com poder e grande glória."
> MATEUS **24.30**

Os cristãos estão familiarizados com a primeira vinda do nosso Senhor a Belém, conforme os registros dos Evangelhos. Porém, as pessoas costumam ficar surpresas ao descobrir que as referências à segunda vinda ocorrem em número muito maior do que à primeira, a uma proporção de oito para uma. Estudiosos já identificaram 1.845 referências bíblicas à segunda vinda. No Antigo Testamento, a volta de Cristo é enfatizada em não menos do que dezessete livros, e os autores do Novo Testamento falam dela em vinte e três dos vinte e sete livros. Sete de cada dez capítulos do Novo Testamento mencionam a sua volta. Em outras palavras, um dentre cada trinta versículos do Novo Testamento nos ensina sobre a volta de Cristo a este mundo.

Em 1 e 2 Tessalonicenses, os dois primeiros livros escritos pela Igreja Primitiva, a volta de Cristo é ensinada em cada um dos seus capítulos! O próprio Senhor fez menção à sua vinda vinte e uma vezes. A segunda vinda só perde para a salvação como tema dominante no Novo Testamento. O fato de a segunda vinda de Cristo ser apresentada de modo tão enfático nas Sagradas Escrituras é um indicativo de que este acontecimento é importante para Deus — e, como resultado, também deveria ser importante para nós.

A Predição da sua Volta

"E, como aos homens está ordenado morrerem uma vez, vindo, depois disso, o juízo, assim também Cristo, oferecendo-se uma vez, para tirar os pecados de muitos, aparecerá segunda vez, sem pecado, aos que o esperam para a salvação.
HEBREUS 9.27-28

Apesar de a expressão "segunda vinda de Cristo" não ser encontrada na Bíblia exatamente nestes termos, o conceito é predito em uma série de lugares. Há sete passagens básicas, de forma mais específica, que vão desde Enoque, no livro de Gênesis, até João, no livro de Apocalipse, que nos dão uma ideia de como este acontecimento se dará.

A Primeira e a Segunda Vinda de Cristo	
A sua Primeira Vinda	**A sua Segunda Vinda**
Nascido no anonimato (Fp 2.5-7)	Visto por todo olho (Ap 1.7)
Envolvido por panos (Lc 2.7)	Vestido com uma veste salpicada de sangue (Ap 19.13)
Rodeado por animais (Lc 2.16)	Acompanhado por exércitos celestiais (Ap 19.14)

As portas do alojamento estavam cerradas para recebê-lo (Lc 2.7)	As portas do céu estarão abertas (Ap 4.1)
Tinha a voz de um recém-nascido (Lc 2.12)	Terá a voz como o som de muitas águas (Ap 1.15)
O Cordeiro que traz a salvação (Jo 1.29)	O Leão que traz o juízo (Ap 5.5)

ENOQUE

Segundo Judas, Enoque foi o primeiro a prever a segunda vinda de Cristo: "E destes profetizou também Enoque, o sétimo depois de Adão, dizendo: Eis que é vindo o Senhor com milhares de seus santos, para fazer juízo contra todos e condenar dentre eles todos os ímpios, por todas as suas obras de impiedade que impiamente cometeram e por todas as duras palavras que ímpios pecadores disseram contra ele" (Jd 14-15).

DANIEL

Daniel ficou conhecido pelos seus sonhos proféticos, tanto sobre acontecimentos que ocorreriam durante o seu tempo de vida, como sobre coisas que ocorreriam no fim dos tempos. Nesta passagem, ele descreve o retorno do Filho do Homem (Cristo):

> "Eu estava olhando nas minhas visões da noite,
> e eis que vinha nas nuvens do céu
> um como o filho do homem;
> e dirigiu-se ao ancião de dias,
> e o fizeram chegar até ele.
> E foi-lhe dado o domínio, e a honra, e o reino,
> para que todos os povos, nações e línguas o servissem;
> o seu domínio é um domínio eterno,
> que não passará,
> e o seu reino, o único
> que não será destruído."
> DANIEL 7.13-14

ZACARIAS

O profeta Zacarias previu a batalha épica final entre Cristo e o Anticristo no fim da Tribulação:

"E o SENHOR sairá
e pelejará contra estas nações,
como pelejou no dia da batalha.
E, naquele dia, estarão os seus pés sobre o monte das Oliveiras,
que está defronte de Jerusalém para o oriente;
e o monte das Oliveiras será fendido pelo meio,
para o oriente e para o ocidente,
e haverá um vale muito grande;
e metade do monte se apartará para o norte, e a outra metade dele, para o sul."
ZACARIAS 14.3-4

JESUS

No seu Sermão das Oliveiras, Jesus descreve os sinais que prefigurarão a sua segunda vinda:

"Porque, assim como o relâmpago sai do oriente e se mostra até ao ocidente, assim será também a vinda do Filho do Homem. [...] E, logo depois da aflição daqueles dias, o sol escurecerá, e a lua não dará a sua luz, e as estrelas cairão do céu, e as potências dos céus serão abaladas. Então, aparecerá no céu o sinal do Filho do Homem; e todas as tribos da terra se lamentarão e verão o Filho do Homem vindo sobre as nuvens do céu, com poder e grande glória. E ele enviará os seus anjos com rijo clamor de trombeta, os quais ajuntarão os seus escolhidos desde os quatro ventos, de uma à outra extremidade dos céus."
MATEUS 24.27, 29-31

OS ANJOS

Depois de Jesus subir ao Céu, os anjos, falando aos discípulos, fizeram a seguinte promessa sobre a volta de Jesus: "Varões galileus, por que estais olhando para o céu? Esse Jesus, que dentre vós foi recebido em cima no céu, há de vir assim como para o céu o vistes ir" (At 1.11).

PAULO

Em sua segunda carta aos tessalonicenses, Paulo descreve como será o Dia do Juízo: "Quando se manifestar o Senhor Jesus desde o céu, com os anjos do seu poder, como labareda de fogo, tomando vingança dos que não conhecem a Deus e dos que não obedecem ao evangelho de nosso Senhor Jesus Cristo; os quais, por castigo, padecerão eterna perdição, ante a face do Senhor e a glória do seu poder, quando vier para ser glorificado nos seus santos e para se fazer admirável, naquele Dia, em todos os que crêem (porquanto o nosso testemunho foi crido entre vós" (2 Ts 1.7-10).

JOÃO

No livro de Apocalipse, João descreve a sua visão da volta de Cristo: "Eis que vem com as nuvens, e todo olho o verá, até os mesmos que o traspassaram; e todas as tribos da terra se lamentarão sobre ele" (Ap 1.7).

O Local do seu Retorno

"E, naquele dia, estarão os seus pés sobre o monte das Oliveiras, que está defronte de Jerusalém para o oriente; e o monte das Oliveiras será fendido pelo meio, para o oriente e para o ocidente, e haverá um vale muito grande; e metade do monte se apartará para o norte, e a outra metade dele, para o sul."
ZACARIAS 14.4

Mesmo que não possamos saber exatamente quando ocorrerá a segunda vinda do nosso Senhor, podemos saber, sem dúvida, *onde* ela ocorrerá. A passagem de Atos 1 não deixa espaço para discussões. Nós também temos o testemunho dos anjos, quando Jesus estava ascendendo ao céu: "Esse Jesus, que dentre vós foi recebido em cima no céu, há de vir assim como para o céu o vistes ir. Então, voltaram para Jerusalém, do monte chamado das Oliveiras" (At 1.11-12).

Apesar de toda a evidência que valida a volta de Cristo, a grande maioria das pessoas não crê que ela, de fato, ocorrerá. Pedro descreve estas pessoas: "Que nos últimos dias virão escarnecedores, andando segundo as suas próprias concupiscências e dizendo: Onde está a promessa da sua vinda? Porque desde que os pais dormiram todas as coisas permanecem como desde o princípio da criação" (2 Pe 3.3-4).

Não importa o que diz a maioria da opinião popular: a vinda de Cristo é certa. O *tempo* da sua vinda é incerto, conhecido somente por Deus-Pai: "Porém daquele Dia e hora ninguém sabe, nem os anjos dos céus, nem o Filho, mas unicamente meu Pai" (Mt 24.36). Quando, no entanto, chegar o dia, podemos ter certeza de que todos os olhos estarão fixos no céu, acima do monte das Oliveiras.

A Preparação para a sua Volta

"E vi a besta, e os reis da terra, e os seus exércitos reunidos, para fazerem guerra àquele que estava assentado sobre o cavalo e ao seu exército."
APOCALIPSE **19.19**

Na demonstração final, toda a rebelião dos sete anos anteriores chegará a um clímax na Batalha do Armagedom. Nesta batalha, o Anticristo, os reis da Terra e as pobres almas que os seguem se reunirão uma última vez para tentar derrotar Jesus Cristo. O seu exército será composto dos soldados das dez nações do que será um reavivamento do Império Romano. A Besta (o Anticristo), com o Falso Profeta ao seu lado, liderará o portentoso exército que desafiará a autoridade e o direito de Cristo dominar: esta será a última revolta contra Deus. Quando a volta de Cristo se aproximar, eles farão tudo o que puderem para tentar se preparar para a batalha das eras.

O Retrato da sua Volta

"E vi o céu aberto, e eis um cavalo branco. O que estava assentado sobre ele chama-se Fiel e Verdadeiro e julga e peleja com justiça.
APOCALIPSE **19.11**

Na primeira vez que veio a este mundo, Jesus apareceu anonimamente. Na segunda vez, porém, "todo olho o verá" (Ap 1.7). O mundo todo testemunhará a sua volta.

Como será possível que todo olho o veja? Uma vez sabendo que Ele descerá em Israel, como as pessoas, digamos, na Austrália, poderão vê-Lo? Nesta era tecnológica, não é difícil imaginarmos que a segunda vinda de Jesus Cristo será transmitida por redes de televisão do mundo todo, além de ser compartilhada em todas as formas de redes sociais. Independentemente do papel que a tecnologia desempenhar, Deus é capaz de curvar a luz e o espaço. Não seria problema para Ele manipular a ótica no sentido de que a glória radiante do retorno de Jesus seja visível em todo o planeta.

Cristo, o Conquistador, é superior a todos os outros guerreiros da história da humanidade. De acordo com João: "E os seus olhos eram como chama de fogo; e sobre a sua cabeça havia muitos diademas; e tinha um nome escrito que ninguém sabia, senão ele mesmo. E estava vestido de uma veste salpicada de sangue, e o nome pelo qual se chama é a Palavra de Deus" (Ap 19.12-13).

Passemos a explorar o significado destas descrições.

SEUS NOMES

Nesta passagem, Cristo é chamado de "A Palavra de Deus". Aqui, João utiliza uma expressão que ele também utilizou na primeira frase do seu evangelho.

Assim como palavras são expressões tangíveis de pensamentos invisíveis, Jesus é uma expressão tangível do Deus invisível, encarnada em forma humana. Quando Jesus descer para administrar a justiça naquele dia, podemos ter a certeza de que será a justiça vinda do próprio Deus.

Jesus também é chamado "Fiel e Verdadeiro" (Ap 19.11) e "a testemunha fiel e verdadeira" (3.14; veja também 1.5 e 3.7). Faz sentido, então, que as suas palavras sejam "fiéis e verdadeiras" (22.6). Estas descrições nos fazem lembrar de que o nosso Senhor nunca falha. Ele prometeu que, um dia, Ele julgaria este mundo pela sua iniquidade, e a sua volta demonstra a sua fidelidade no cumprimento desta promessa.

Ao encabeçar os seus exércitos, João percebe mais um nome escrito na sua coxa: "REI DOS REIS E SENHOR DOS SENHORES" (Ap 19.16). De todos os reis da terra, Cristo é o Rei. De todos os senhores da terra, Ele é o Senhor. Todo joelho se dobrará diante dEle quando Ele retornar a terra (cf. Is 45.23; Rm 14.11; Fp 2.10-11).

SEUS OLHOS

Os olhos incandescentes queimarão tudo o que é falso quando Ele olhar para o coração e a mente das pessoas. Esta descrição significa a capacidade de o Senhor enxergar no fundo do coração e tratar de toda a injustiça (Ap 1.14; 2.18; 19.12). Assim como o fogo precisa fustigar o minério para revelar se existe metal puro no seu interior, os olhos de Cristo farão o mesmo no coração das pessoas. Ele penetrará no íntimo dos motivos das nações e dos indivíduos e os julgará por aquilo que eles realmente são.

SUAS COROAS

Quando Jesus veio na primeira vez, os seus inimigos zombaram dEle, colocando uma coroa de espinhos sobre a sua cabeça. Entretanto, quando Ele retornar a este mundo, as suas muitas coroas apontarão para o fato de que nenhum domínio, poder ou autoridade serão capazes de resistir a Ele. Cristo, na verdade, usará a coroa de todas as nações da terra.

SUA TÚNICA

Num primeiro momento, pode parecer que a descrição das vestes de Cristo, como tendo sido mergulhadas em sangue, possa parecer antagônica à sua majestade e glória, mas é o oposto. Esta descrição nos fala da própria essência da sua vitória: a redenção que Jesus nos assegurou na cruz como o "Cordeiro que foi morto desde a fundação do mundo" (Ap 13.8). Por toda a eternidade, o povo de Deus celebrará o sangue derramado que os redimiu do castigo do pecado.

As Pessoas que o Acompanham na sua Volta

> "E seguiam-no os exércitos que há no céu em cavalos brancos e vestidos de linho fino, branco e puro."
> APOCALIPSE **19.14**

Quando Cristo voltar, Ele trará consigo os seus exércitos. Observe que a palavra usada no versículo 14 é *exércitos* (no plural); não se trata de um único exército celestial! Estes exércitos são os crentes de todas as eras — os santos do Antigo Testamento, os santos do Novo Testamento, os santos da Tribulação — junto com os anjos de Deus, ombro a ombro, formando um poderoso exército unido.

A profecia de Zacarias afirma: "Virá o Senhor, meu Deus, e todos os santos contigo, ó Senhor" (Zc 14.5). Judas faz eco a estas palavras:

"Eis que é vindo o Senhor com milhares de seus santos" (v. 14). Paulo também fala daqueles que acompanharão o Senhor quando Ele retornar. Na segunda vinda, Jesus Cristo aparecerá "com todos os seus santos" (1 Ts 3.13). E, no Dia do Juízo, Cristo será "glorificado nos seus santos" (2 Ts 1.10).

Observe como estes exércitos estarão vestidos. O linho branco, limpo e fino, representa a justiça. Jesus vestirá roupas manchadas de sangue para que nós possamos vestir roupas feitas de linho branco que representam a sua justiça. "Estas legiões não trajarão fardas militares, mas vestirão linho branco deslumbrante. Todavia, eles não precisam se preocupar com a possibilidade de os seus uniformes impecáveis ficarem manchados, porque o seu papel será principalmente cerimonial e honorário; eles não irão lutar. O próprio Jesus matará os rebeldes com a espada mortífera que sai da sua boca."[3]

O Objetivo da sua Volta

"[Ele] julga e peleja com justiça.
APOCALIPSE 19.11

Esta descrição do versículo 11 apresenta o objetivo central da volta de Cristo a terra: julgar e pelejar com justiça. O versículo 15 revela alguns dos detalhes desta guerra: "E da sua boca saía uma aguda espada, para ferir com ela as nações; e ele as regerá com vara de ferro e ele mesmo é o que pisa o lagar do vinho do furor e da ira do Deus Todo-poderoso."

Judas descreve o tipo de mundo que Cristo encontrará quando Ele retornar ao nosso mundo: "E destes profetizou também Enoque, o sétimo depois de Adão, dizendo: Eis que é vindo o Senhor com milhares de seus santos, para fazer juízo contra todos e condenar dentre eles todos os ímpios, por todas as suas obras de impiedade que impiamente cometeram e por todas as duras palavras que ímpios pecadores disseram contra ele" (Jd 14-15). Em outro versículo curto, a palavra *impiedade* é utilizada quatro vezes. Esta repetição não é acidental. Esta passagem enfatiza que, quando Cristo retornar, a sua paciência longânime terá terminado. Ele imporá juízo sobre aqueles que o desafiaram, e com a sua espada afiada que sai da sua boca, Jesus ferirá os ímpios de todas as nações.

Esta espada específica não representa a Palavra de Deus, tal como lemos em Efésios 6.17. Antes, a palavra espada é utilizada, de modo simbólico, para se referir a um instrumento de guerra afiado com o qual Cristo porá de joelhos as nações opostas e estabelecerá o seu reino absoluto.

O Castigo que Ocorrerá na sua Volta

> "E vi um anjo que estava no sol, e clamou com grande voz, dizendo a todas as aves que voavam pelo meio do céu: Vinde e ajuntai-vos à ceia do grande Deus, para que comais a carne dos reis, e a carne dos tribunos, e a carne dos fortes, e a carne dos cavalos e dos que sobre eles se assentam, e a carne de todos os homens, livres e servos, pequenos e grandes. [...] e todas as aves se fartaram das suas carnes."
> APOCALIPSE **19.17-18, 21**

O castigo dos ímpios neste momento será tão horrendo, e a mortandade tão grande, que um anjo celeste reunirá as aves do céu para que façam um banquete sinistro com o que restar da carne humana.

A palavra utilizada traduzida como "aves" é *orneois*, que é, literalmente, traduzida como "abutre". Todos os abutres do céu — não o Céu de Deus, mas o que os judeus chamavam de primeiro céu, ou a atmosfera — será convidado para o banquete que será dado com as carcaças daqueles que caírem à espada do Senhor. Observe que aqueles que tombarem na batalha serão os "poderosos" da terra — os comandantes e os reis — bem como "livres e servos, pequenos e grandes" (Ap 19.18). A morte é o grande nivelador entre os homens. Ela não reconhece classes sociais e trata todos de igual modo nas tragédias.

A Penalidade na sua Volta

> "E a besta foi presa e, com ela, o falso profeta. [...] Estes dois foram lançados vivos no ardente lago de fogo e de enxofre. E os demais foram mortos com a espada que saía da boca do que estava assentado sobre o cavalo."
> APOCALIPSE **19.20-21**

Quando João utiliza a palavra *presa,* ele escolheu um termo interessante. No original grego, a palavra significa "agarrar ou tomar". Quando chegar o tempo — quando a taça da iniquidade for cheia — o Senhor tomará deste mundo a Besta e o Falso Profeta, e estas duas criaturas malignas terão a honra indesejada de ir para o Inferno junto com Satanás, o qual não se juntará a elas no Inferno até chegar o fim do milênio, mil anos depois. "E o diabo, que os enganava, foi lançado no lago de fogo e enxofre, onde está a besta e o falso profeta; e de dia e de noite serão atormentados para todo o sempre" (Ap 20.10).

"Os demais [que] foram mortos com a espada", conforme a descrição de Apocalipse 19.21, serão os outros inimigos de Deus que pereceram na guerra. Dentre eles, estarão todos os que portarão o número da Besta. Assim como os seus senhores, eles também serão lançados ao "fogo eterno, preparado para o diabo e seus anjos" (Mt 25.41).

Em junho de 1944, o povo da França já havia sofrido quatro anos debaixo da tirania de Adolf Hitler. Os seus exércitos haviam invadido a França em 1940, como parte da sua ambição profana de transformar toda a Europa em um superestado nazista. Só que, então, no dia 6 de junho de 1944, o general Eisenhower deu ordem às tropas aliadas para atravessarem o Canal da Mancha a partir da Inglaterra e invadirem as praias fortificadas da Normandia, a fim de libertarem a nação francesa da opressão alemã.

O editor James M. Kushiner descreve o que aconteceu naquele dia fatídico, conhecido como o Dia-D:

"Antes do amanhecer, depois ao longo do dia todo, mar, terra e ar foram rasgados por raios, trovões, estilhaços de metais, paraquedas, enquanto novos ferimentos na terra e homens iam surgindo na areia e no solo, tudo isso regado a muito sangue e vísceras. As águas da praia ficaram vermelhas. As arvores explodiam, o gado morria, os homens soltavam o seu último suspiro.

O Dia-D foi somente o primeiro dia. A batalha pela Normandia durou até agosto, e Paris só foi liberada no dia 25 de agosto de 1944. Os ferimentos da Normandia e o derramamento de sangue foi o resultado de muitos homens e dos seus desígnios — seja de conquista e ocupação, ou de libertação."[4]

Em vários sentidos, o que aconteceu no Dia-D serve de exemplo, em menor escala, da batalha que ocorrerá no fim desse nosso mundo. Assim como na Segunda Guerra Mundial, nós também estamos sendo pisoteados por um tirano brutal que está ocupando, de forma ilegítima, o nosso mundo, impondo-nos morte, destruição e miséria. Assim como os cidadãos oprimidos da França da década de 40 do século XX, nós também clamamos por libertação de um opressor cruel.

Porém, como somos assegurados em Apocalipse 19, a libertação virá. Temos um Comandante Supremo que jamais perdeu uma única batalha e que está, simplesmente, aguardando o momento estratégico para descer e esmagar para sempre as forças que invadiram o seu mundo. E como Ele é "Fiel e Verdadeiro", nós podemos descansar na certeza de que Ele não falhará. A vitória sobre o nosso arqui-inimigo é plenamente certa. "Nós aguardamos a trombeta final, o último mandamento, quando [...] todo joelho se dobrará e toda língua confessará: Maior amor não tem outro homem além de Jesus, o Leão de Judá, o Conquistador."[5]

Capítulo 9

O Rei

O SOL JÁ ESTAVA QUASE SE PONDO, e Eva McLennon estava de pé em um rio, com os calcanhares afundados na areia, lavando a sua pequena filha de dois anos de idade. A água tinha a cor de chumbo e era coberta de espuma, além de cheirar mal. Ela odiava ter que lavar Sofia ali, mas era tudo o que lhe restava. O rio já agonizava, tal como todos os outros rios que ainda não haviam secado durante os últimos sete anos.

O rio ficava a cinquenta metros de um bosque onde ela e o seu marido, Ryan, e dezenas de outras pessoas estavam escondidos. Ela jamais imaginou na sua juventude que, algum dia, seria uma fugitiva da lei. Ela e o restante das pessoas no acampamento eram cristãos, convertidos por um judeu messiânico zeloso, depois de um súbito desaparecimento de cristãos no mundo todo. Depois daquele momento, o presidente da União Europeia, Judas Christopher, havia conquistado poder suficiente para anexar os Estados Unidos e o restante do mundo civilizado como parte do seu império crescente. Os seus editos haviam se tornado cada vez mais repressivos e contrários às minorias religiosas.

Eva se lembrava bem do dia em que o decreto havia entrado em vigor exigindo que todos os cidadãos portassem um número emitido pelo governo que os permitiria transacionar bens, terras, alimentos e serviços. Porém, havia uma condição para a execução destas trocas comerciais: todos os que recebessem este número precisavam jurar adoração a nenhum outro deus que não fosse Judas Christopher.

Muitas pessoas da igreja de Eva, as quais se reuniam numa casa, haviam aceitado esta imposição. Porém, para Eva e Ryan, ceder a isto era inaceitável. Eles sabiam, a partir de relatos vindos de outras cidades, que se eles não aceitassem aquele número, acabariam perdendo o direito a todas as suas propriedades e seriam impedidos de tomar parte em todo tipo de operação de compra e venda. Se eles se recusassem a adorar Judas Christopher, eles seriam embarcados, como gado em caminhões, e seriam despachados para algum lugar ermo, onde o seu destino estaria selado.

Ryan, Eva e cerca de quarenta outros cristãos haviam empacotado toda a comida e gêneros de primeira necessidade que puderam em veículos e se dirigiram a uma montanha remota, onde eles lançaram os seus carros dentro de um lago. A seguir, eles caminharam para dentro de um bosque e levantaram acampamento. Eles sobreviveram coletando raízes, castanhas e frutas e também caçando pequenos animais com arcos e flechas.

A vida era uma luta contínua pela sobrevivência. A floresta, assim como o restante do planeta, estava padecendo com as catástrofes que haviam devastado a terra: erupções vulcânicas, terremotos, incêndios e doenças. A poluição havia contaminado a água e o ar, e o sol ardia feito chaga púrpura infectada, sempre atrás de um céu coberto com uma mistura de fumaça e neblina. Apesar de os fugitivos ferverem a água para purificá-la, muitos deles já haviam morrido por causa de enfermidades. Eva já não conseguia mais se lembrar da última vez que ouvira os pingos da chuva.

O presidente Christopher havia deixado clara a sua intenção de purificar a terra de todos os judeus e cristãos. O grupo sempre precisava estar alerta, e eles haviam sido forçados a mudar duas vezes de lugar quando as tropas chegaram perto demais do acampamento.

Aos domingos, o pequeno grupo sempre se reunia para os seus cultos. Num domingo, tropas em busca na mata ouviram o grupo cantando hinos e conduziram um ataque repentino. Metade do grupo conseguiu fugir a pé, porém o restante foi capturado. Os sobreviventes entraram ainda mais dentro da mata e nunca mais ousaram retornar para as suas tendas, nem mesmo para buscar os seus suprimentos.

•••

Eva olhou para a pequena Sofia se esbaldando alegremente naquela água podre. Ela teve dúvidas sobre o futuro da sua filha naquela situação. Por quanto tempo mais elas sobreviveriam a tudo aquilo?
Ela levantou a menina da água e começou a secá-la com a sua saia. Subitamente, gritos de terror começaram a surgir do acampamento. Eva ergueu rapidamente a menina nos braços, tampou a sua boca com a mão, e as duas correram para trás de um arbusto. Ela ouviu um barulho de luta corporal, seguido de um som que, sem sombra de dúvida, era de um rifle sendo armado para um tiro fatal.
Quando o clamor cessou, uma voz grave gritou:
— Marchem, rebeldes! Marchem nessa direção.
A mata voltou a ficar em silêncio. Eva tremia incontrolavelmente, mas continuou escondida. Pouco antes do anoitecer, ela rastejou até o acampamento e encontrou tudo ali vazio.
— Cadê o Pa Pa? — perguntou Sofia.
Eva tentou responder, mas não conseguiu pronunciar nenhuma palavra. Ela sabia que Ryan não retornaria mais.
Ela chegou a pensar em ficar no acampamento e fazer uso dos suprimentos que ali restavam, porém o brilho das luzes ao longe a fizeram mudar de ideia. Freneticamente, ela recolheu o pouco de comida que encontrou e apanhou um galão de água fervida. Eva, então, fugiu, às pressas, para a mata.
Eva perambulava pela mata carregando Sofia a maior parte do tempo, ao longo da semana. Cada vez que a menina perguntava pelo Pa Pa, lágrimas mornas brotavam dos olhos de Eva. Ela sabia que as duas jamais voltariam a se encontrar com Ryan. Não fosse por Sofia, ela jamais teria se lançado ao chão e sufocado a sua dor sob o lençol da morte.
Ela, porém, continuou se arrastando avante. De dia, procurava sombra para proteger as duas do sol escaldante; à noite, saía em busca de frutas e castanhas. A água começava a ficar escassa. Eva já estava perdendo todo o senso de direção e já não sabia mais se estava se movendo em direção ao perigo ou se afastando dele. Todas as noites, ela ouvia lobos uivando à distância. Ela estremecia diante daqueles sons lamuriosos e abraçava a pequena Sofia mais forte ainda.

Alguns dias depois do ataque, o momento que Eva tanto temia finalmente chegou: o suprimento de água das duas chegou ao fim. Sem uma forma de fazer fogo, ela não conseguiria mais purificar a água lamacenta que conseguia apanhar dos riachos contaminados.

Exaustas, famintas e com sede — como Hagar, das Sagradas Escrituras — Eva colocou a sua filha na sombra de um arbusto, deitou-se ao seu lado e chorou:

— Minha filhinha querida, você nunca teve sequer uma chance nesta vida. Perdoe a mamãe! Mas, logo, nós duas veremos a face de Deus.

O calor aumentou, as pálpebras de Eva ficaram pesadas. A última coisa que ela ouviu antes de ser apanhada pelo sono foi o som horrível dos lobos à distância.

Quando ela acordou, toda a atmosfera havia mudado. Uma brisa suave acariciava a sua pele. Uma nuvem cobria o sol; não era o cinza normal de uma erupção vulcânica, ou de uma cidade incendiada, mas sim de uma nuvem de chuva recém-formada. O estrondo dos trovões distantes ecoava pelos céus. O brilho do sol por trás da nuvem criava um efeito que parecia quase como se um guerreiro estivesse descendo do céu montado no seu cavalo.

Momentos depois, começou a chover. Era uma chuva gloriosa! Eva exultou no seu frescor sobre a sua pele ressecada. Ela abriu o seu cantil e deixou ele se encher de água. Ela e Sofia beberam avidamente. Nem mesmo o vinho de Caná poderia ter gosto tão bom naquela hora.

Enquanto a chuva continuava, Eva tomou Sofia nos braços, dançando com ela debaixo do aguaceiro, tal como Gene Kelly dançou no seu clássico "Dançando na Chuva".

Antes do cair da noite, ela encontrou uma caverna e fez uma cama com folhas para ela e Sofia. Novamente, ela ouviu o uivo apavorante dos lobos. *O som parecia muito mais próximo desta vez*, mas foi como se ela tivesse pegado no sono automaticamente naquela noite.

Eva dormiu muito bem a noite toda, até que ouviu os risos de Sofia e acordou. Ela demorou um pouco para abrir os olhos, enquanto a luz do sol começava a penetrar pela entrada da caverna.

— Cachorrinho — ela ouviu a pequena Sofia dizer.

Eva se preparou para entrar na brincadeira da sua filha. Porém, subitamente, os olhos dela se arregalaram em terror! Sofia estava engatinhando em direção a um grande lobo cinzento que estava a menos de dois metros de distância dela. Vários outros lobos estavam ali na caverna.

O Rei

— Cachorrinho, cachorrinho — repetia a criança inocentemente.
— Não, Sofia! — gritou Eva. — Volte aqui! — Ela se lançou em direção à filha, determinada a morrer com ela. Mas, para sua surpresa, o lobo começou a mover a sua cauda. Ele abaixou a cabeça e se aproximou, lambendo o rosto de Sofia, como que fascinado com o bebê.
— Eu devo estar sonhando — Eva sussurrou.
Só que não era um sonho. Ela ergue a filha, e os outros lobos se reuniram ao seu redor, sacudindo a cauda e olhando para ela com expectativa. Com a mão relutante, ela a estendeu e tocou na cabeça do animal mais próximo. O seu rabo começou a abanar em alta velocidade, e os outros lobos foram em sua direção, numa tentativa de receber o mesmo tratamento.

Atônita, Eva caminhou em meio à alcateia para sair da caverna e procurar alimento. Vários lobos a seguiram. Ela encontrou uma nogueira-pecã * e encheu os bolsos com as suas castanhas, surpresa de que os pássaros do local não tivesssem fugido com a sua aproximação. Um esquilo desceu de um tronco de árvore quando ela se aproximou. Num impulso, ela alcançou uma castanha para ele. O animal, corajosamente, tomou-a da sua mão. *Tem algo realmente de estranho acontecendo aqui*, ela pensou.

Ainda carregando Sofia, Eva chegou a uma vegetação rasteira cheia de cervos que pastavam. Ela esperava que os animais fugissem para a mata, mas eles apenas a olharam por pouco tempo e continuaram a se alimentar, enquanto ela e dois lobos passaram pelo bando.

— Sofia — ela disse para a filha — isso é completamente surreal!
O céu, agora, era tão claro e azul como a safira — o azul mais límpido que Eva havia visto por quase sete anos. Ela respirou profundamente o ar limpo e fresco, como ela imaginava que teria sido no Éden, e passou o dia encontrando comida; quando a noite foi se aproximando, choveu novamente.

Ela e Sofia retornaram à caverna, e os lobos as seguiram. Os animais se lançaram aos seus pés e, logo, pegaram no sono.

Em algum lugar, num canto da sua mente, Eva se lembrava de que o profeta Isaías falou de um tempo em que os animais e os seres humanos não teriam mais medo uns dos outros. Ela não conseguia explicar

---

* N. do E.: Árvore de até 20m (*Carya illinoensis*), nativa dos EUA, cujo fruto é uma noz oblonga, menor que o da nogueira-comum, mas com as mesmas características de aspecto e paladar, muito usada no preparo de tortas e bolos.

muito bem estas coisas, mas decidiu aceitar os animais ali naquela sua casa provisória.

• • •

Na noite seguinte, Eva pôs Sofia para dormir quando, da escuridão, ela ouviu o som que tanto temia: vozes humanas. Espiando para fora da caverna, ela ficou pálida de terror. Feixes de luzes de lanternas cortavam a noite, e não havia mais dúvidas de que eles estavam se movendo em direção à caverna.

Em pânico, Eva agarrou Sofia e fugiu. Na pressa, ela tropeçou num arbusto e caiu. Sofia, mesmo não tendo se machucado, ficou assustada e começou a chorar.

— Por aqui! — uma voz masculina gritou atrás delas.

Eva tapou a boca da filha com a mão e correu até alcançar um barranco. Ela meio que saltou, meio que deslizou a encosta lamacenta até o fundo, onde as duas ficaram agachadas e esperaram. Os feixes de luz passaram a pouco mais de um metro acima das suas cabeças. Um momento depois, Sofia não resistiu e, num espasmo, deixou escapar um pequeno grito. Eva a silenciou, mas já era tarde demais. Os feixes das lanternas retornaram e concentraram as suas luzes ofuscantes no seu rosto. Ela havia sido encontrada.

— Façam o que quiser comigo — implorou ela — mas, por favor, não machuquem o meu bebê.

— E por que eu machucaria minha própria filha? — respondeu uma voz familiar.

Eva escalou o barranco e se lançou nos braços do marido.

— Eu pensei que você estivesse morto! — Soluçou ela, enquanto cobria o seu rosto com lágrimas e beijos.

— Muito longe disso — respondeu ele. — Agora que fui encontrado, nunca me senti tão bem. Estamos procurando vocês há mais de uma semana.

Ryan tomou Sofia da sua esposa e abraçou-a forte no seu peito, beijando-a na testa.

— Estou tão feliz por termos te encontrado, princesa! Achei que nunca mais veria você e a sua mãe de novo.

O companheiro de Ryan levou a família reunida de volta pela mata até o carro. Ryan disse ao motorista:

— Eva e Sofia estão morrendo de fome. Vamos parar no restaurante mais próximo antes de seguirmos até a cidade.

— Ryan, no que você está pensando? Não podemos entrar na cidade — protestou Eva. — Nossas fotos estão expostas em cartazes de "procurados" por todas as partes. E sem o número de autorização para transações comerciais, nós simplesmente não podemos comprar comida.

— Fique tranquila e confie em mim. — Um sorriso tomou conta do rosto de Ryan.

No restaurante, Eva se serviu, enquanto Ryan deu de comer à Sophia, enquanto ele contou a sua história.

— Nossos sequestradores nos trancaram em celas, enquanto aguardavam o próximo trem da morte. Só que, no dia em que o trem, supostamente, deveria chegar, chegaram as notícias de que os exércitos de Judas Christopher e seus aliados foram aniquilados em batalha, e Christopher não sobreviveu. O seu sistema de governo mundial foi desmantelado e, sem saber o que fazer, as suas tropas libertaram os seus prisioneiros. E foi assim que começamos a procurar por você e por Sofia imediatamente.

— Como isto pôde ocorrer? — Eva estava chocada.

— Está pronta para ouvir isto? Quem derrotou Christopher não foi ninguém mais do que o próprio Jesus Cristo em pessoa. Ele voltou a este mundo! E as coisas ficaram ainda melhores. Ele fez ressuscitar todos os mártires do período da Tribulação junto com os santos do Antigo Testamento e aqueles que foram arrebatados. Ele estabeleceu o seu trono em Jerusalém, e Ele é, agora, o único Soberano do mundo inteiro.

Eva mal conseguia absorver notícias tão chocantes.

— Como tudo isso é possível?

— Cristo enviou estes homens e mulheres ressurretos para todas as partes do mundo como seus sub-regentes, chefes de gabinete, governadores e prefeitos para governar o planeta sob a sua direção. Eles já estabeleceram capitais nacionais e estaduais ao longo de todo o planeta.

— Mas como tudo isso pode ter ocorrido tão depressa?

— Parece que estes seres humanos ressurretos são como o Cristo ressurreto descrito nos Evangelhos — respondeu Ryan. — Eles podem viajar instantaneamente para qualquer lugar da terra. Fomos informados que todos foram selecionados para as suas tarefas com base nas suas vidas pré-ressurreição. É a parábola dos talentos sendo cumprida diante dos nossos olhos.

— Bom, se é assim, o que nós vamos fazer? De que modo viveremos?

— Cristo designará uma determinada tarefa para nós. Ele escolheu homens e mulheres redimidos para servir em todas as áreas que você possa imaginar: diretores e professores de escolas, construtores de obras, carpinteiros, engenheiros, operadores de equipamentos pesados, motoristas de caminhão, artistas, músicos, programadores de computadores, o que você imaginar.

Eva sorriu, ainda tentando entender tudo o que estava acontecendo.

— Cristo deseja reconstruir tudo o que foi destruído ao longo dos últimos sete anos — prosseguiu Ryan. — Ele organizou o projeto com especialistas comprovados para assegurar que tudo será feito com a mais alta qualidade e eficiência.

Enquanto Eva assimilava as novidades, Ryan perguntou como ela e Sofia sobreviveram na mata. Ela relatou as agruras que elas haviam experimentado e como ela havia chegado às raias do desespero, até que a chuva caiu e os animais selvagens se tornaram dóceis.

— Essa mesma mudança aconteceu para todas as pessoas da terra — disse Ryan.

— Mas eu não consigo entender. Como é que o mundo inteiro pode ter mudado assim tão depressa?

— Bem, pelo que entendi, Cristo não apenas destruiu Christopher e as suas forças demoníacas, mas também acorrentou Satanás nas profundezas de um abismo sem fundo. Foi a influência satânica que desestabilizou a natureza e colocou o medo nos animais. A sua influência, junto com a dos seus demônios, também provocou e multiplicou o pecado das pessoas. Com Satanás e as suas hordas tendo sido precipitados, o mundo pode, agora, seguir um rumo tranquilo.

Enquanto eles seguiam em direção à cidade, Ryan virou-se para olhar para a sua esposa:

— Só espero que você não fique chocada quando encontrar com pessoas ressuscitadas que conheceu antes de elas morrerem.

— E por que eu ficaria?

— Bem, espere e verá.

Eva se aconchegou no peito do seu marido e cochilou, enquanto Sofia dormia profundamente nos seus braços. Horas depois, o carro parou diante de uma casa pequena, porém caprichada, com estrutura de madeira.

— Por enquanto, esta é a nossa casa — disse Ryan. — Um comitê de emergência está trabalhando para encontrar abrigo para todos os cristãos fugitivos. Já outro comitê está providenciando roupas, camas e móveis para nós.

• • •

Por fim, sentindo-se um pouco mais tranquila, Eva dormiu o dia todo e emendou a noite também. Depois do café da manhã, a campainha da casa soou.

— Bom dia, Eva. — Era uma moça que estava de pé na entrada da casa. — Meu nome é Kathryn. Sou uma voluntária que levarei a senhora para fazer algumas compras de gêneros alimentícios e de primeira necessidade hoje.

Eva olhou fixamente para aquela garota. Ela era a mais bela mulher que Eva já havia visto em toda a sua vida, tanto em aparência, quanto de corpo. No entanto, o que mais a surpreendeu foi que, apesar da perfeição física daquela moça, Eva se sentiu muito à vontade diante dela. *Por que será que Kathryn me parece tão familiar?*, pensou ela.

— Ryan — gritou ela para dentro da casa. — Você se importaria em olhar um pouco a Sofia? Vou fazer compras com a...

— Ah, não se preocupe com o seu marido — interrompeu Kathryn. — Pode levar a sua filha conosco. Vamos, eu insisto. Eu amo ficar com crianças pequenas.

Enquanto Eva erguia a menina para colocá-la no assento do carrinho do supermercado, Kathryn lhe estendeu os braços.

— Pode deixar que eu a carrego. Já faz um bom tempo que não seguro uma criança.

Ao longo do percurso, Kathryn foi solícita, amigável, gentil e incrivelmente bondosa com Sofia. Eva não conseguia tirar da cabeça a ideia de que conhecia aquela mulher. Essa sensação se intensificava à medida que ela ouvia a moça conversar e brincar com a criança. Ela usava expressões e inflexões verbais que Eva tinha certeza de que conhecia.

— Kathryn... — disse ela, criando coragem — a manhã toda, tive a impressão de que já nos conhecemos. Será que já nos encontramos antes?

— Mas é claro que sim! — a risada franca de Kathryn encheu o ar. — Eu sou a sua mãe!

— Minha mãe?! — Eva tentou absorver esse novo choque. — Mas os meus pais foram martirizados há três anos, quando a minha mãe tinha quarenta e quatro anos. Você não tem mais do que vinte anos. E mesmo que a minha mãe tenha sido muito linda, você faz com que a Miss Universo não passe de uma feiosa!

— Eu sei, eu sei, mas agora eu sou uma mulher ressurreta! Agora, eu sou perfeita, exatamente como Deus desejou que eu fosse antes de a genética humana ter sido corrompida pela Queda.

Eva meneou a cabeça.

— Como é estranho ter pais que parecem mais jovens do que a gente! Por que você não me disse logo de cara quem você era?

— Bem... — Kathryn sorriu. — Fiquei pensando quanto tempo você levaria para descobrir a resposta.

Eva logo aprendeu a identificar as pessoas ressurretas. Elas não eram somente jovens, belas e perfeitamente saudáveis, mas também excepcionalmente inteligentes e perceptivas. Elas nunca tomavam decisões erradas, sempre tratavam os outros com respeito, além de irradiarem um amor que, claramente, fluía do próprio Cristo.

Como Ryan disse a Eva, o objetivo de Cristo para o planeta era a restauração. A primeira tarefa era corrigir os danos feitos pelos desastres naturais, pelos juízos e pelas guerras do período da Tribulação. O prefeito convocou Ryan para encabeçar uma empresa de escavação que tinha a função de remover os escombros e preparar o local da nova construção. Ele achava muito mais fácil trabalhar com as pessoas agora do que fora antes do milênio. Os seus trabalhadores não reclamavam, e eles se dedicavam de coração às suas tarefas.

A mesma atitude prevalecia em todas as partes. As pessoas trabalhavam em conjunto para restaurar os bairros. Elas construíam casas, de modo semelhante ao que se fazia com os celeiros *Amish* dos séculos anteriores. As pessoas, agora, preferiam a companhia dos amigos, familiares e vizinhos, em vez de ficarem diante da televisão. Festas, cantigas comunitárias e conversas na porta das casas se tornaram atividades comuns nas noites.

Todos os desastres naturais cessaram de uma vez por todas. A chuva caía regularmente sobre a terra, e os antigos desertos — até mesmo o Saara — tornaram-se terra arável. Quebras de safra se tornaram uma memória de um passado distante. A fome deixou de existir, e a tirania e a perseguição deixaram de envenenar a terra. A influência do reinado de Cristo era sentida em todos os aspectos da vida.

Não demorou muito para que uma civilização mundial surgisse: uma civilização melhor do que qualquer outra que existiu desde o

Éden, porém muito diferente. Embora Satanás tivesse sido banido, as pessoas não-ressurretas da terra continuavam a lutar com a sua natureza pecaminosa. Infrações à lei continuavam a ocorrer. Contudo, não havia tribunais, nem juízes ou júris para estes casos serem julgados. Todos os transgressores apareciam diante do próprio Cristo, que atuava não apenas como Rei, mas também como Juiz. Os seus juízos eram definitivos e, como a sua justiça era perfeita, não havia necessidade de segundas instâncias e apelações.

Depois de criarem dez filhos até a maturidade, Eva e Ryan ficaram felizes em descobrir que Eva estava novamente grávida. Ela estava diante de um espelho de banheiro, observando a si mesma. Ela já tinha mais de cinquenta anos, embora a sua aparência fosse ainda a de uma mulher saudável, como se tivesse vinte e tantos anos. No milênio, as pessoas envelheciam devagar, e as que haviam ressuscitado tampouco envelheciam! *Envelhecendo assim,* pensou ela, *eu bem que poderei chegar a mais de oitocentos anos de idade!*

Naquela noite, Eva perguntou ao seu pai:

— Não vai ser difícil para você e mamãe me verem envelhecer lentamente, enquanto que vocês continuam eternamente no auge da perfeição humana?

— Você não precisa se preocupar com isso, minha querida filha — respondeu ele. — Está chegando o tempo em que você também será ressuscitada e terá a mesma perfeição eterna. Você sabe que este mundo, tal como é, durará mais alguns séculos e, depois, todas as coisas serão feitas novas por Deus. O Céu real descerá para a terra, e Deus voltará a viver com os seres humanos, tal como ocorria no Jardim do Éden. Então, a criação experimentará a perfeição verdadeira por toda a eternidade.

— Sim. — Eva suspirou. — Então, o que toda a humanidade tanto esperou desde que fomos expulsos do Éden se tornará uma realidade eterna, e tudo isso será graças ao nosso Rei glorioso.

• • •

A BASE BÍBLICA POR TRÁS DESTA HISTÓRIA

Uma era de ouro, o paraíso sobre a terra, o retorno ao Éden — estas expressões descrevem o sonho que têm tomado conta do coração das pessoas desde a queda da humanidade. A boa-nova é que, de acordo com a Bíblia, isto não é apenas um sonho. Chegará mesmo um tempo em que todos os problemas e desequilíbrios deste mundo farão parte do passado.

Quando o apóstolo Paulo escreveu sobre esta era vindoura, ele a enxergou como uma inversão da maldição divina sobre a terra, que havia sido causada pelo pecado de Adão (Gn 3). Como a Sagrada Escritura nos coloca: "Porque a ardente expectação da criatura espera a manifestação dos filhos de Deus. Porque a criação ficou sujeita à vaidade, não por sua vontade, mas por causa do que a sujeitou, na esperança de que também a mesma criatura será libertada da servidão da corrupção, para a liberdade da glória dos filhos de Deus" (Rm 8.19-21).

O mundo inteiro está gemendo para que o Éden seja recriado: o tempo em que a vida retornará ao jeito em que era antes da Queda. Esta era, que também é citada como o reinado de mil anos de Cristo, é mencionada em uma única passagem do Novo Testamento:

> *"E vi descer do céu um anjo que tinha a chave do abismo e uma grande cadeia na sua mão. Ele prendeu o dragão, a antiga serpente, que é o diabo e Satanás, e amarrou-o por mil anos. E lançou-o no abismo, e ali o encerrou, e pôs selo sobre ele, para que mais não engane as nações, até que os mil anos se acabem. E depois importa que seja solto por um pouco de tempo. E vi tronos; e assentaram-se sobre eles aqueles a quem foi dado o poder de julgar. E vi as almas daqueles que foram degolados pelo testemunho de Jesus e pela palavra de Deus, e que não adoraram a besta nem a sua imagem, e não receberam o sinal na testa nem na mão; e viveram e reinaram com Cristo durante mil anos. Mas os outros mortos não reviveram, até que os mil anos se acabaram. Esta é a primeira ressurreição. Bem-aventurado e santo aquele que tem parte na primeira ressurreição; sobre estes não tem poder a segunda morte, mas serão sacerdotes de Deus e de Cristo e reinarão com ele mil anos. E, acabando-se os mil anos, Satanás será solto da sua prisão."*
> APOCALIPSE **20.1-7**

Observe que, nestes versículos, o termo "mil anos" aparece seis vezes e, em cada caso, refere-se a uma característica distinta desta era:

No versículo 2: ao tempo em que Satanás ficará aprisionado
No versículo 3: ao tempo em que as nações não serão enganadas por ele

No versículo 4: ao tempo em que os santos martirizados reinarão com Cristo
No versículo 5: ao tempo durante o qual "os outros mortos" (os mortos não salvos) aguardarão até a ressurreição e juízo
No versículo 6: ao tempo em que aqueles que ressuscitam na primeira ressurreição reinarão com Cristo
No versículo 7: ao tempo que transcorrerá antes que Satanás volte a ser solto do abismo no qual foi aprisionado[1]

Algumas pessoas têm argumentado que, como o Milênio é mencionado em apenas uma passagem no Novo Testamento, ele não deve ser entendido de modo literal, ou levado tão a sério no ensinamento bíblico. O erudito René Pache, que versa sobre assuntos de profecia, desmonta este argumento:

"O ensino do Antigo Testamento a respeito do Milênio é tão completo que os judeus, no Talmude, foram bem-sucedidos em desenvolvê-lo inteiramente por si mesmos. [...] Eles afirmaram, antes mesmo de Apocalipse ter sido escrito, que o reino messiânico duraria mil anos. Não deveríamos alegar, como alguns têm feito, que sem a famosa passagem de Apocalipse 20, a doutrina do Milênio não existiria."[2]

A Bíblia utiliza vários termos para identificar este período de mil anos. Ele é citado como "o Reino dos céus" (Mt 3.2; 8.11), "o Reino de Deus" (Mc 1.15), "tempos do refrigério" (At 3.19), "tempos da restauração" (At 3.21), "Dia de Jesus Cristo" (Fp 1.6), "plenitude dos tempos" (Ef 1.10), e "o mundo futuro" (Hb 2.5). Esta era, porém, é melhor conhecida como o Milênio.

A palavra *milênio* é composta etimologicamente* de duas palavras de origem latina: *mille*, que significa "mil", e *annum*, que significa "ano". Sendo assim, o termo significa, simplesmente, um período de mil anos. Todavia, a sua longa duração vai de encontro à velocidade da sua chegada: "A chegada do Milênio não será um processo gradual e imperceptível, mas, sim, súbito, sobrenatural e

---

* N. do E.: Palavra que vem do termo Etimologia (do grego ***étymos*** = verdadeiro, e ***logia*** = estudo), que é o estudo das origens das palavras. A língua portuguesa originou-se, em sua quase-totalidade, do latim, recebendo influências importantes do grego e de outros idiomas.

aparente ao mundo inteiro. Ela será antecedida por uma série de eventos catastróficos mundiais: guerras, pragas, fomes e distúrbios cósmicos. O Milênio será inaugurado por uma manifestação especial de Deus e da sua glória: "E a glória do SENHOR se manifestará, e toda carne juntamente verá que foi a boca do SENHOR que disse isso. (Is 40.5)."³

Ao examinarmos as principais características e aspectos desta era marcante, é importante compreendermos que ela será vivenciada na vida de pessoas comuns que estão seguindo as suas rotinas diárias neste mundo.

"Estruturas e instituições básicas da sociedade, provavelmente, terão continuidade. Estilos e padrões de vida, com pessoas manifestando as suas personalidades distintas, permanecerão. As pessoas comerão, dormirão, ganharão a vida, irão se casar, terão filhos e, ao final, morrerão. Haverá cidades, fazendas, escolas, indústrias e comércios. A diferença consistirá na presença de relações apropriadas e aprazíveis entre as pessoas e, de modo especial, para com Deus. A justiça prevalecerá, e as pessoas pensarão e conversarão sobre Deus."⁴

Ao examinarmos os escritos dos profetas a respeito do reino milenar, doze aspectos nos chamam a atenção.

A Expectativa do Reino

"Eu, porém, ungi o meu Rei sobre o meu santo monte Sião. Recitarei o decreto: O Senhor me disse: Tu és meu Filho; eu hoje te gerei. Pede-me e eu te darei as nações por herança e os confins da terra por tua possessão. Tu os esmigalharás com uma vara de ferro; tu os despedaçarás como a um vaso de oleiro."
SALMOS **2.6-9**

Os livros proféticos do Antigo Testamento nos falam muito sobre o reino milenar. No livro de Isaías, capítulos inteiros são dedicados ao tema. Antes de Isaías, o salmista escreveu estas linhas proféticas no Salmo 2, que descrevem Deus Pai presenteando o Reino ao seu Filho, Jesus Cristo.

Algumas das profecias mais vívidas acerca do Reino são encontradas nos escritos de Daniel. O capítulo 2 registra que ele viu o curso completo do futuro do mundo revelado em um sonho do rei pagão Nabucodonosor. Este sonho revelava uma estátua gigante de um homem formada com camadas de qualidade decadente, que passavam da cabeça feita de ouro até os pés feitos de barro. Cada camada representava um império mundial que sucederia ao outro. A visão culminava quando "uma pedra [que] foi cortada, sem mão" despedaçou a imagem (Dn 2.34) e cresceu até que encheu a terra.

Aqui está a explanação de Daniel sobre sua visão: "Mas, nos dias desses reis, o Deus do céu levantará um reino que não será jamais destruído; e esse reino não passará a outro povo; esmiuçará e consumirá todos esses reinos e será estabelecido para sempre" (Dn 2.44).

Numa visão posterior, Daniel viu o Rei vindo para tomar posse do seu Reino: "Eu estava olhando nas minhas visões da noite, e eis que vinha nas nuvens do céu um como o filho do homem; e dirigiu-se ao ancião de dias, e o fizeram chegar até ele. E foi-lhe dado o domínio, e a honra, e o reino, para que todos os povos, nações e línguas o servissem; o seu domínio é um domínio eterno, que não passará, e o seu reino, o único que não será destruído" (Dn 7.13-14).

Uma das profecias mais famosas a respeito da vinda do Rei pode ser encontrada no livro de Isaías: "Porque um menino nos nasceu, um filho se nos deu; e o principado está sobre os seus ombros; e o seu nome será Maravilhoso Conselheiro, Deus Forte, Pai da Eternidade, Príncipe da Paz. Do incremento deste principado e da paz, não haverá fim, sobre o trono de Davi e no seu reino, para o firmar e o fortificar em juízo e em justiça, desde agora e para sempre; o zelo do Senhor dos Exércitos fará isto" (Is 9.6-7).

No livro de Apocalipse, a sétima trombeta ressoa, e a mensagem que a acompanha faz uma afirmação ousada acerca do Reino de Cristo: "Os reinos do mundo vieram a ser de nosso Senhor e do seu Cristo, e ele reinará para todo o sempre" (Ap 11.15).

A Coroação do Rei

> "E da sua boca saía uma aguda espada, para ferir com ela as nações; e ele as regerá com vara de ferro. [...] E na veste e na sua coxa tem escrito este nome: Rei dos Reis e Senhor dos Senhores."
> APOCALIPSE 19.15-16

Nesta passagem, João nos diz como o Rei chegará e iniciará o seu Reino. Ele virá como um conquistador, retomando para si o seu mundo. Como indicam as profecias do Antigo Testamento, existe uma ligação íntima entre a vitória do nosso Senhor na Batalha do Armagedom e o seu reinado sobre toda a terra: "E o Senhor sairá e pelejará contra estas nações, como pelejou no dia da batalha. [...] E o Senhor será rei sobre toda a terra; naquele dia, um será o Senhor, e um será o seu nome" (Zc 14.3, 9). Cristo precisa livrar a terra do seu usurpador maligno antes de estabelecer o seu reinado.

No Milênio, Satanás não será mais o príncipe deste mundo. A sua era terá chegado ao fim, e Cristo iniciará o seu reinado eterno de justiça, alegria, prosperidade e paz. A sua glória brilhará e resplandecerá por todo o universo com justiça.

Esta é a mesma mensagem que Gabriel anunciou à mãe de Jesus. Ele disse a Maria que, um dia, o seu filho Jesus iria servir como o Supremo Soberano do mundo: "Este será grande e será chamado Filho do Altíssimo; e o Senhor Deus lhe dará o trono de Davi, seu pai, e reinará eternamente na casa de Jacó, e o seu Reino não terá fim" (Lc 1.32-33).

Alva McClain, fundadora do Grace Theological Seminary [Seminário Teológico da Graça], descreve o Reino de Cristo dessa forma:

"A era por vir, como [Jesus] gostava de chamá-la, será inaugurada pelo exercício imediato do seu poder e da sua autoridade. Ele tem todo o poder agora; Ele tomará este poder e o usará em toda a sua plenitude quando retornar. O longo silêncio de Deus e o escárnio da incredulidade serão rompidos pela transição e ressurreição da Igreja, pela liberação do juízo há muito retido; pela presença visível e pessoal do Rei mediador e pelo total estabelecimento do seu Reino na terra por um período especificado pelo nosso Senhor, como sendo de "mil anos". [...] Durante este período, todo aspecto do Reino, tal qual apresentado nas profecias do Antigo Testamento, será cumprido sobre a terra: verdadeiramente, a era dourada do mundo. Crianças nascerão, a vida terá continuidade, os homens trabalharão e se divertirão, porém sob condições ideais."[5]

O Aprisionamento de Satanás

"E vi descer do céu um anjo que tinha a chave do abismo e uma grande cadeia na sua mão. Ele prendeu o dragão, a antiga serpente, que é o

> *diabo e Satanás, e amarrou-o por mil anos. E lançou-o no abismo, e ali o encerrou, e pôs selo sobre ele, para que mais não engane as nações, até que os mil anos se acabem. E depois importa que seja solto por um pouco de tempo."*
> APOCALIPSE 20.1-3

Na sua visão, João descobriu que os acontecimentos que envolvem Satanás acabam servindo de escora para o Milênio. O período de mil anos iniciará quando Satanás for aprisionado no abismo e terminará quando ele for solto.

O Dr. Henry Morris faz uma descrição apavorante do local que está à espera do nosso adversário:

> "Em algum lugar no centro da terra, uma cela de prisão foi reservada nos recessos mais remotos do abismo. [...] Localizado no centro exato da terra, não se pode cair mais fundo do que isso. [...] Tal lugar será o confinamento de Satanás durante o Milênio, ficando ele ali no lugar de mais alto isolamento que pode existir neste planeta. [...] Além de ser lançado para o centro da terra, ele também será trancafiado na sua cela, com a sua entrada totalmente selada, de modo que ele não será nem capaz de direcionar as suas hostes demoníacas enquanto ali estiver enclausurado."[6]

Por mil anos, Satanás ficará completamente impotente. Ele não terá poder sobre ninguém ou coisa alguma. Será a sua ausência, em parte, que permitirá a terra encher-se de grande prosperidade, paz e alegria.

A Participação dos Santos

> "E vi tronos; e assentaram-se sobre eles aqueles a quem foi dado o poder de julgar. E vi as almas daqueles que foram degolados pelo testemunho de Jesus e pela palavra de Deus, e que não adoraram a besta nem a sua imagem, e não receberam o sinal na testa nem na mão; e viveram e reinaram com Cristo durante mil anos. [...] Bem-aventurado e santo aquele que tem parte na primeira ressurreição; sobre estes não tem poder a segunda morte, mas serão sacerdotes de Deus e de Cristo e reinarão com ele mil anos."
> APOCALIPSE 20.4, 6

Daniel antecipou este momento quando os santos reinariam com Cristo. Ele escreveu: "Mas os santos do Altíssimo receberão o reino e possuirão o reino para todo o sempre e de eternidade em eternidade. [...] E o reino, e o domínio, e a majestade dos reinos debaixo de todo o céu serão dados ao povo dos santos do Altíssimo" (Dn 7.18, 27).

Haverá uma hierarquia de soberanos e juízes no Milênio. Entre estas camadas de autoridade, estarão os doze apóstolos, que já terão recebido os seus tronos designados com o propósito de julgar Israel (Mt 19.28).

Desse modo, quem são estes outros santos que reinarão com Cristo? O Dr. Henry Morris argumenta que eles serão "os mesmos santos, vestidos de linho branco fino [...] que compõem os exércitos que acompanham a Cristo, quando este retorna a terra (Ap 19.8, 14, 19). Todos aqueles que foram remidos pelo seu sangue, ressurretos do túmulo, arrebatados à sua presença e avaliados pelos seus galardões no seu trono de juízo, aparentemente, receberão tronos individuais de autoridade e juízo."[7]

O apóstolo Paulo tinha quase como certo que os santos tomariam parte com Cristo na sua obra de juízo, um dia: "Não sabeis vós que os santos hão de julgar o mundo?" (1 Co 6.2).

A Eliminação da Guerra

> "Mas assentar-se-á cada um debaixo da sua videira e debaixo da sua figueira, e não haverá quem os espante."
> MIQUEIAS **4.4**

Isaías descreve este tempo sem precedentes na história humana como uma época na qual as pessoas "converterão as suas espadas em enxadões e as suas lanças, em foices; não levantará espada nação contra nação, nem aprenderão mais a guerrear" (Is 2.4).

Isaías, então, explica um dos aspectos mais impressionantes desta era de paz: "Naquele dia haverá estrada do Egito até à Assíria, e os assírios virão ao Egito, e os egípcios irão à Assíria; e os egípcios adorarão com os assírios ao Senhor. Naquele dia, Israel será o terceiro com os egípcios e os assírios, uma bênção no meio da terra. Porque o SENHOR dos Exércitos os abençoará, dizendo: Bendito seja o Egito, meu povo, e a Assíria, obra de minhas mãos, e Israel, minha herança." (Is 19.23-25)

"Vocês conseguem imaginar algo assim?" W. A. Criswell escreve.

"Pensem nos anos de ódio desde que Ismael e Isaque cresceram e começaram a desprezar um ao outro. Desde aquele dia até hoje, não tem havido guerra entre Israel e os árabes? Porém, haverá um tempo no futuro, diz o Senhor, em que o Senhor dos exércitos abençoará a todos. [...] Todos nós, sejamos judeus, sejamos gentios, devemos estar juntos no reino glorioso e supremo do nosso Senhor."[8]

A ausência de hostilidade entre os seres humanos também será espelhada no reino animal: "E morará o lobo com o cordeiro, e o leopardo com o cabrito se deitará, e o bezerro, e o filho de leão, e a nédia ovelha viverão juntos, e um menino pequeno os guiará. A vaca e a ursa pastarão juntas, e seus filhos juntos se deitarão; e o leão comerá palha como o boi. E brincará a criança de peito sobre a toca da áspide, e o já desmamado meterá a mão na cova do basilisco. Não se fará mal nem dano algum em todo o monte da minha santidade, porque a terra se encherá do conhecimento do SENHOR, como as águas cobrem o mar" (Is 11.6-9; veja também 65.25; Os 2.18).

Criswell segue explicando que esta era de paz cumprirá a intenção original de Deus para a sua criação:

"Deus jamais teve a intenção que um animal comesse o outro, que ficasse escondido esperando para destruir o outro, só para beber o seu sangue. Esta é uma marca do pecado nesse mundo. Deus jamais desejou que um homem matasse outro, tampouco que uma nação fosse à guerra para matar milhões dos seus companheiros. O Senhor fez com que a sua criação fosse cheia de luz, bondade, glória, santidade, amor e felicidade. Porém, tudo o que perdemos no Éden nos será dado de novo por Deus na nova criação. Pensem num dia em que o lobo e o cordeiro, o leopardo e o cabrito, o leão e o bezerro cevado estarão deitados juntos! Pensem quando o leão agressivo, feroz e carnívoro for um animal vegetariano! Ele comerá capim como um boi. Ó, quão magníficas as coisas que Deus preparou para este dia milenar!"[9]

A Percepção da Prosperidade

"Nos seus dias florescerá o justo, e abundância de paz haverá enquanto durar a lua."
SALMO **72.7**

A perfeita situação do trabalho e as transformações ecológicas na época do Reino produzirão fartura econômica. Não haverá carência. Todos terão o que precisam. Será um tempo de prosperidade sem igual. "O deserto e os lugares secos se alegrarão com isso; e o ermo exultará e florescerá como a rosa" (Is 35.1).

O profeta Joel descreve as transformações ecológicas que contribuirão para esta prosperidade:

"Não temais, animais do campo, porque os pastos do deserto reverdecerão, porque o arvoredo dará o seu fruto, a vide e a figueira darão a sua força. E vós, filhos de Sião, regozijai-vos e alegrai-vos no SENHOR, vosso Deus, porque ele vos dará ensinador de justiça e fará descer a chuva. [...] E as eiras se encherão de trigo, e os lagares transbordarão de mosto e de óleo. [...] E comereis fartamente, e ficareis satisfeitos, e louvareis o nome do SENHOR, vosso Deus, que procedeu para convosco maravilhosamente."
JOEL **2.22-24, 26.**

De acordo com Mark Hitchcock, "O reino milenar não conhecerá necessidade de missões de resgate, nem de programas de bem-estar, nem de carimbos de alimentos, tampouco de entidades assistenciais. O mundo florescerá debaixo das mãos do Rei do Céu."[10]

A Integração da Santidade

"E será que aquele que ficar em Sião e que permanecer em Jerusalém será chamado santo: todo aquele que estiver inscrito entre os vivos em Jerusalém."
ISAÍAS **4.3**

O reino milenar será um Reino santo. Não somente o Rei será santo, mas também a terra, a cidade, o Templo e os súditos do Rei. A santidade será integrada a todos os aspectos da vida durante o reinado do Rei Jesus. "Jerusalém chamar-se-á a cidade de verdade, e o monte do Senhor dos Exércitos, monte de santidade" (Zc 8.3).

A santidade não implica, como muitos presumem, uma religiosidade de quem vive sempre "nas nuvens" e que despreza as coisas deste mundo. Ela simplesmente significa ser como Deus e estar submisso a Ele. A verdadeira santidade significa que nossas mentes, nossas mãos e nossos corações pertencem a Ele, e todo o nosso desejo é fazer a sua obra pelo poder do seu Espírito. No Reino que está por vir, este ideal será uma realidade universal.

O Prolongamento da Vida

> "Então, os olhos dos cegos serão abertos, e os ouvidos dos surdos se abrirão. Então, os coxos saltarão como cervos, e a língua dos mudos cantará, porque águas arrebentarão no deserto, e ribeiros, no ermo."
> isaías 35.5-6

No Milênio, doença e morte não existirão mais entre os santos ressurretos e serão ocorrência rara entre os sobreviventes da Tribulação. Jeremias escreve: "Porque restaurarei a tua saúde e sararei as tuas chagas, diz o Senhor" (Jr 30.17).

Como resultado das condições impecáveis do universo durante o Milênio, as pessoas terão vidas mais longas. Parece que a longevidade voltará a ser aquela anterior ao Dilúvio, quando os seres humanos chegavam a viver mais de novecentos anos de idade. "Não haverá mais nela criança de poucos dias*, nem velho que não cumpra os seus dias" (Is 65.20).

Além de viverem muito mais tempo, haverá também um aumento significativo na taxa de nascimentos, à medida que as crianças forem nascendo àqueles que sobreviverem à Tribulação. "Multiplicá-los-ei, e não serão diminuídos; e glorificá-los-ei, e não serão humilhados. E seus filhos serão como na antiguidade, e a sua congregação será confirmada perante o meu rosto; e punirei todos os seus opressores" (Jr 30.19-20).

---

* N. do E.: De acordo com a Bíblia de Estudo Pentecostal, "a morte existirá no reino milenar, mas a duração da vida humana será muito mais longa do que agora. Uma pessoa de cem anos de idade será considerada jovem, e morrer antes dessa idade será considerado uma maldição." (Bíblia de Estudo Pentecostal, p.1071)

Alva J. McClain escreveu:

"A enfermidade será abolida. [...] A crise da morte será experimentada apenas pelos indivíduos incorrigíveis que se rebelarem contra as leis do Reino. Os perigos corriqueiros da vida física estarão sob controle direto daquEle cuja voz até mesmo 'os ventos e as ondas obedecem'".[11]

A Celebração da Alegria

"E os resgatados do SENHOR voltarão e virão a Sião com júbilo; e alegria eterna haverá sobre a sua cabeça; gozo e alegria alcançarão, e deles fugirá a tristeza e o gemido."
ISAÍAS 35.10

Quando Isaac Watts escreveu "Alegria para o Mundo", cerca de três séculos atrás, ele não tinha intenção de escrever um hino de Natal. Antes, a letra tinha o objetivo de anunciar a segunda vinda de Cristo e o seu domínio sobre o Reino. Os versículos ecoam a alegria do Reino eterno de Cristo:

Alegria do mundo! O Senhor chegou;
Que a terra receba o seu rei; [...]
Que não cresçam mais pecados e pesares [...]
Ele domina o mundo com verdade e graça.

Este é um hino do Milênio.[12]

Isaías falava com frequência sobre a alegria do Milênio:

"Todos se alegrarão perante ti, como se alegram na ceifa e como exultam quando se repartem os despojos" (Is 9.3).
"E vós, com alegria, tirareis águas das fontes da salvação" (Is 12.3)
"Este é o SENHOR, a quem aguardávamos; na sua salvação, exultaremos e nos alegraremos" (Is 25.9).
"Um cântico haverá entre vós, como na noite em que se celebra uma festa santa" (Is 30.29).
"Cantai ao SENHOR um cântico novo e o seu louvor, desde o fim da terra" (Is 42.10).

"Clamai cantando, exultai juntamente" (Is 52.9).
"Regozijar-me-ei muito no SENHOR, a minha alma se alegra no meu Deus" (Is 61.10).
"Regozijai-vos com Jerusalém e alegrai-vos por ela, vós todos que a amais" (Is 66.10)

Estas passagens são meramente uma amostra das muitas expressões da alegria milenar encontradas no Antigo Testamento. Outros livros proféticos, tais como Jeremias, Sofonias e Zacarias também incluem descrições da natureza celebrativa desta era. Claramente, o Milênio será um tempo de alegria ímpar.

A Centralização da Adoração

"E acontecerá, nos últimos dias, que se firmará o monte da Casa do SENHOR no cume dos montes e se exaltará por cima dos outeiros; e concorrerão a ele todas as nações."
ISAÍAS 2.2; veja também MIQUEIAS 4.1

No Milênio, Jerusalém se tornará o centro mundial de adoração. O culto a Deus durante a era do Reino será mais prolífico e mais genuíno do que já foi em todos os tempos, desde o Jardim do Éden. Esta adoração também será universal. O Senhor diz: "E será que, desde uma Festa da Lua Nova até à outra e desde um sábado até ao outro, virá toda a carne a adorar perante mim, diz o SENHOR" (Is 66.23).

Isaías nos informa que, naquele dia, as portas da cidade de Jerusalém estarão "continuamente abertas", e jamais se fecharão, nem de dia, nem de noite. Todas as nações adorarão ao Senhor, e aqueles que não o fizerem perecerão (Is 66.11-12). Naquele dia, todos saberão que existe somente um Deus, e todos o adorarão. "E virão muitos povos e dirão: Vinde, subamos ao monte do SENHOR, à casa do Deus de Jacó, para que nos ensine o que concerne aos seus caminhos, e andemos nas suas veredas; porque de Sião sairá a lei, e de Jerusalém, a palavra do SENHOR" (2.3).

O profeta Zacarias descreve como a vida será diferente para os judeus no Milênio. Em vez de serem perseguidos, eles serão exaltados e procurados por causa do seu relacionamento com o Rei Jesus. "Assim diz o SENHOR dos Exércitos: Naquele dia, sucederá que pegarão dez homens, de todas as línguas das nações, pegarão, sim, na orla da veste de um judeu, dizendo: Iremos convosco, porque temos ouvido que Deus está convosco" (Zc 8.23).

A Continuidade do Reino

> "Depois, virá o fim, quando tiver entregado o Reino a Deus, ao Pai."
> 1 CORÍNTIOS 15.24

O reino do Milênio não será temporário. O Reino terreno, quando Cristo governar a partir de Jerusalém, durará mil anos; porém, ao final deste período, ele se mesclará com o Reinado eterno de Deus.

Daniel descreve o domínio do Reino de Cristo como "eterno, que não passará" (Dn 7.14). Considerando todas as características do Milênio, o Dr. John Walvoord escreve:

> "Tomadas como um todo, as condições econômicas e sociais do Milênio indicam uma era dourada, na qual os sonhos dos reformistas sociais ao longo dos séculos serão realizados, não por meio de esforço humano, mas pela presença e poder imediato de Deus e do governo justo de Cristo."[13]

Depois do término do Milênio, o Reino de Cristo continuará sem fim, à medida que o céu vem a terra.

A história do Rei Artur é uma das mais bem conhecidas em toda a literatura. O jovem rei começa o seu reinado com esperanças douradas acerca de um reino fundamentado nos ideais de igualdade, justiça, pureza, coragem e integridade. Inicialmente, o reino prospera enormemente, atraindo os melhores cavaleiros de outras terras, que trazem sua força para engrandecer os ideias da nação. No entanto, a fraqueza humana na forma da cobiça e da traição, por fim, fazem com que o reino se rache.

Ninguém sabe o quanto da história do rei Artur é fato e o quanto é lenda. Porém, uma coisa sabemos: ela incorpora duas verdades marcantes. A primeira: o anseio por uma perfeição ideal está no íntimo de cada coração humano. A segunda: seres humanos decaídos são incapazes de manter estes ideais. Todo reino dominado por um ser humano, independentemente de quão glorioso seja o seu início, em algum momento verá a queda — seja pela conquista, ou mesmo por intrigas e fraquezas internas do seu próprio povo.

Como já vimos no capítulo 20 de Apocalipse, as profecias do Antigo Testamento, as Epístolas do Novo Testamento e os Evangelhos atestam o fato de que o ideal de um império perfeito e feliz não é algo em vão. Deus não nos dá desejos que não podem ser realizados. Haverá um dia em que o desejo por um mundo perfeito será cumprido em toda a sua plenitude.

Este reino mundial não sucumbirá, tal como ocorre com os reinos humanos, pois será governado pelo Filho perfeito de Deus: Jesus Cristo ressurreto. Ele reinará sobre um mundo e sobre um povo que refletirá a sua perfeição. Num Reino assim, governado por um Rei assim, nada de errado pode voltar a acontecer. É por isso que a Bíblia promete: "e o seu Reino não terá fim" (Lc 1.33).

Esta é uma verdade na qual podemos confiar.

Capítulo

10

O Juiz

Morgan Wilson tinha o seu taco de um metro e vinte perfeitamente alinhado. Ele estava prestes a bater na bola quando ele, subitamente, abraçou o próprio peito e caiu na grama verde. As vozes em pânico dos seus companheiros se dissipavam enquanto ele se via atravessando um túnel escuro. Então, repentinamente, ele entrou num modo de existência diferente de todas as outras experiências que teve nesta terra. Sem saber, ele estava no Hades, a habitação dos ímpios enquanto estes aguardam o Dia do Juízo.

Muitas outras almas o rodeavam, e outras continuavam a chegar. Os seus corpos eram semelhantes ao seu: etéreos e esparsos, porém intactos em todos os sentidos. Em uma extremidade do recinto, guardando uma porta maciça, estava uma figura semelhante a um homem que era tão brilhante que Morgan mal conseguia olhar para ela.

— Quantos anos terrestres se passaram desde a minha morte? — perguntou ele àquele homem.

— Bem, mais de mil anos — respondeu o porteiro.

— Só mil anos? Neste lugar tão pavoroso, parece que se passou um milhão de anos. Onde é que eu estou? E por que estou aqui?

— Cristo derrotou Satanás e os seus agentes de uma vez por todas e os lançou no lago de fogo e enxofre. Agora, Ele começou o julgamento final de todas as almas. Você está aqui aguardando a sua vez.

Uma a uma, as almas em espera são chamadas à porta. Quando chegou a vez de Morgan, ele atravessou a porta, e o que ele viu foi de tirar o fôlego. Os seus olhos ficaram ofuscados com a beleza e a majestade que, literalmente, eram coisa de outro mundo. Ele estava exatamente diante do Grande Trono Branco. Ele olhou para o rosto daquEle que se assentava nele, e ficou desolado. O seu rosto irradiava puro amor e contrição infinita. Naquele momento, Morgan percebeu que aquele rosto, aquele ser, de alguma forma, sempre havia sido a realidade por trás de todos os seus anseios.

As mãos do homem tinham uma cicatriz, como se tivessem sido atravessadas por algum instrumento pontiagudo. Com uma pontada de medo, Morgan percebeu que estava na presença de Jesus Cristo. O pânico aumentava à medida que ele refletia sobre a sua vida neste mundo, que nem sempre tinha seguido pelo rumo certo. Só que ele também se lembrava de ter ouvido falar que Cristo era misericordioso. Ele se firmou neste pensamento, como se fosse uma corda pendurada num precipício sem fim.

Com uma voz bela e pura, Cristo chamou Morgan pelo nome. Morgan foi atraído para frente, como um ímã. Pela primeira vez, ele percebeu seis livros empilhados numa mesa ao lado do trono. Cristo apanhou o primeiro deles, e Morgan olhou de relance o seu título: O Livro da Lei. Cristo abriu o livro e o colocou sobre o seu colo.

— Morgan Wilson — disse ele — o que você tem a dizer a respeito da sua vida na terra?

Apesar dos seus fortes tremores, Morgan conseguiu falar:

— Bem, hummm... Olha, eu fiz o melhor que pude para obedecer as suas leis. E quando eu penso em outras pessoas que conheci, dá *pra* perceber que eu me saí um pouco melhor do que a maioria delas.

— Quer dizer então que você pensa que a sua salvação depende da sua capacidade de guardar a lei. Muito bem. Visto que você espera ser salvo pelas suas boas obras, vamos considerar o que ela exige então. — Repassando o livro, Cristo reviu em voz alta cada ponto da Lei e depois olhou para Morgan. — Você cumpriu todas estas coisas?

— Bem, é claro que eu não fiz tudo perfeitamente. Mesmo assim, eu acho que as coisas boas até que superam as coisas más que eu fiz.

— Sinto muito, Morgan, mas isso não é suficiente — disse Cristo.
— Se você basear sua salvação na Lei, você precisa guardar toda a Lei e obedecer todos os seus pontos, sem falhar em nenhum deles.
— Mas, Senhor, isso é impossível. Ninguém é perfeito, exceto o Senhor. E, no geral, creio que conquistei pontos suficientes para ser chamado de um homem bom.
— Amado Morgan, estas leis não são maneiras de você conquistar o seu próprio mérito. Ninguém pode conquistar a salvação pela guarda da Lei; a salvação é o meu dom gratuito a todos os que me amam. A lei descreve o que Deus desejou que a humanidade fosse: como foram Adão e Eva antes de pecarem. Somente aqueles que obedecem perfeitamente todas as leis estão aptos para morarem no Céu.
— Mas, se for assim, ninguém poderá ser salvo — redarguiu Morgan. — A Bíblia mesmo diz: "Todos pecaram e destituídos estão da glória de Deus."
— Você está corretíssimo. É por isso que eu morri por você. Eu nunca pequei, e eu levei sobre mim o castigo do seu pecado para libertá-lo dele.
— Mas, se o Senhor sabia que não seríamos capazes de cumprir a Lei, por que é que o Senhor a impôs sobre nós?
— A Lei era a sua ferramenta de diagnóstico: um padrão com a qual vocês poderiam se comparar. Este padrão de perfeição estava lá para mostrar o quanto vocês haviam sido afetados pela enfermidade do pecado. Vocês precisariam, primeiramente, aceitar este diagnóstico para, só depois, poder aceitar o remédio que Eu ofereceria. Só que, em vez de usar a Lei para diagnosticar a sua doença, vocês tentaram fazer dela a cura. E tudo o que conseguiram foi espalhar ainda mais a infecção.

Cristo, então, fechou o Livro da Lei e apanhou o volume seguinte: O Livro das Obras de Morgan Wilson. Enquanto ele abria este livro, os temores de Morgan começaram a diminuir. Ele havia feito muitas boas obras e se sentia bastante seguro de que o Senhor ficaria impressionado com elas:

— Bem, está escrito aqui que você doou mil dólares para a sua igreja construir um novo templo.
— Ah, é verdade... — respondeu Morgan. — Eu mesmo dei o exemplo ao ser o primeiro a dar a minha contribuição.
— É, é verdade. Aqui diz que você foi o primeiro a vir à frente quando a campanha de levantamento de fundos foi anunciada. Você fez um

pequeno discurso contando o quanto estava doando e fez o seu cheque bem na frente de toda a igreja.

— É, é verdade, eu fiz isso — disse Morgan num sorriso largo.

— Acontece que o livro também diz que a principal motivação da sua contribuição não foi a promoção da causa da minha Igreja, mas sim atrair a admiração para si mesmo.

— Mas não foi isso... — Morgan calou-se, percebendo como era inútil discutir com Cristo. — Mesmo assim, eu... bem, eu fiz muitas outras coisas boas. Por exemplo: eu fui diácono da minha igreja. Eu, de vez em quando, dava aulas na escola dominical. Eu nunca faltava os cultos, mesmo que fossem nas quartas-feiras à noite! Eu raramente pegava no sono durante os sermões. Eu cheguei até mesmo a contribuir com metade do valor para uma ampliação do templo.

— Sim, é mesmo, todas estas coisas estão registradas aqui. Mas também está registrado que você deixava claro que todas estas obras deveriam ficar visíveis para os outros.

— Mas o Senhor não disse para que deixássemos a nossa luz brilhar diante dos homens para que eles pudessem ver as nossas boas obras e pudessem glorificar ao Senhor?

— Bem, de acordo com este livro aqui, você não fez nenhuma destas coisas tendo em mente a minha glória. Você chamou a glória toda para si, Morgan. Você chegou a segurar o dinheiro daquela ampliação do templo, até que os diáconos decidiram batizar o local com o seu nome; e foi só depois disso que você liberou o dinheiro. Não foi isso que aconteceu?

Subitamente, Morgan viu-se exposto. Naquele momento, ele ficou sem palavras para responder a Cristo.

E Cristo continuou:

— Veja, os seus atos públicos até fizeram com que você se parecesse dedicado e nobre, fazendo as pessoas o elogiarem por isso. Este era o reconhecimento que você buscava, e foi exatamente isto o que você obteve. E é por isso que você não precisa de reconhecimento da minha parte. Você não fez nenhum dos seus atos por amor a mim. Você simplesmente me usou como um meio de ganhar respeito e admiração. Mesmo quando você professava o cristianismo, sua aceitação pública do meu nome não passava de uma encenação. Você jamais me entregou o seu coração de verdade, Morgan.

Cristo fechou o livro e pegou o próximo: desta vez, era O Livro dos Segredos de Morgan Wilson. Ao abrir a capa, a apreensão de

Morgan aumentou. Até então, as coisas não tinham corrido nada bem para ele. Morgan tremia só em pensar o que aquelas páginas poderiam revelar a seu respeito.

— Bem, este livro aqui fala muitas coisas a seu respeito, Morgan — disse Cristo. — Vejamos algumas coisas que você fez em segredo... É, aqui diz que muitos dos seus clientes pagaram em dinheiro vivo, e você não declarou nenhum destes pagamentos para a Receita Federal. Você também declarou perdas financeiras que não teve e inflou o montante das suas doações de caridade. Morgan, você burlou a sua declaração de imposto de renda e, de acordo com o que está registrado aqui, você fazia isto todos os anos.

— Mas os impostos eram exorbitantemente altos, meu Senhor! Sem falar que o governo usava bilhões de dólares do dinheiro recolhido com os nossos impostos para financiar causas imorais.

— O meu servo fiel Paulo disse a você para obedecer às leis da sua terra, e eu disse a você para dar a César o que era de César. Você mesmo disse, momentos atrás, que a Lei era importante para você. Só que, ao olhar para o seu comportamento, eu só vejo infrações consistentes. Toda vez que você achava que a polícia não estava por perto, você, Morgan, costumava dirigir acima do limite de velocidade.

— Ah, por favor, seja razoável — implorou Morgan. — Isso aí era algo tão insignificante. Todo mundo fazia...

— Pode até ser insignificante, mas era a lei da sua terra, a qual você era responsável por cumprir. Todos estes atos desqualificam as suas alegações de ser um cidadão respeitador da lei. Estas "pequeninas" transgressões conscientes às leis demonstram que você não tinha nenhum respeito verdadeiro pela lei. Quando ninguém estava olhando, você fazia tudo o que queria e acreditava que ficaria impune. Esta ênfase autocentrada mostra que dentro do seu coração residia o mesmo impulso que motiva os assassinos em série, isto é: fazer aquilo que você quer fazer, em vez de fazer aquilo que é certo fazer. É uma diferença não de modo, mas de proporção.

— É... Eu jamais pensei que coisas tão insignificantes me colocariam em apuros tão grandes.

— Bom, já que é assim — respondeu Cristo — que tal olharmos mais a fundo e verificarmos se todos os seus atos secretos foram mesmo "coisinhas insignificantes"? Vejo aqui que, nos primeiros anos do seu negócio com condicionadores de ar, quando você mesmo atendia as chamadas de conserto, você costumava afrouxar as válvulas do gás fréon nos aparelhos dos clientes, para que aquele gás vazasse lentamente e você voltasse a ser chamado em pouco tempo para um novo conserto. Vejo aqui, também, que você visitava *sites* pornográficos na Internet na alta madrugada. E, para terminar, os registros indicam que você teve um caso extraconjugal de longa duração com uma mulher da sua igreja. Nenhum destes atos jamais foi descoberto e, como eles jamais mancharam a sua reputação, você jamais se arrependeu deles.

— Mas nada do que eu fiz machucou ninguém.

— Será que não? Em que extensão a pornografia e o adultério destruíram a intimidade no seu casamento? E quanto será que as adulterações que você fez naqueles aparelhos de ar-condicionado custaram para as famílias que estavam passando por dificuldades? Quanto perigo a sua direção perigosa representou para as outras pessoas nas rodovias? O que você nunca entendeu, Morgan, é que as suas obras feriram a você mesmo. Elas se concentravam em você mesmo e o afastavam de mim. Elas cauterizaram a sua consciência até você perder a noção do que era certo e errado. Em todo caso, eu falarei mais sobre isso em alguns instantes.

— Mas, Senhor, eu garanto que até as melhores pessoas têm alguns erros a esconder.

— O problema, Morgan, é que você fazia as suas boas obras em público e as suas obras malignas em segredo. Você deveria ter feito de forma diferente. Deveria ter feito as suas boas obras em segredo para que o seu galardão fosse as minhas riquezas, em vez de ser o louvor dos homens. E deveria ter confessado e se arrependido publicamente das suas obras malignas em alto e bom som.

Morgan baixou os olhos envergonhado, enquanto Cristo fechava o Livro dos Segredos de Morgan Wilson e pegava o próximo livro: O Livro das Palavras Proferidas por Morgan Wilson.

— Eu vejo duas categorias de palavras neste livro, Morgan — disse Ele. — Aquelas que refletiam a atitude do seu coração e aquelas que a ocultavam. As duas categorias são, às vezes, equivalentes. Por exemplo, quando você foi empregado, você bajulou o seu supervisor numa reunião de revisão salarial e, depois, no mesmo dia, na hora do almoço, você disse aos seus companheiros de trabalho que ele era tão idiota que, caso precisasse falar alguma coisa, ele nem saberia como se expressar.

O Juiz

— Mas aquilo não passou de uma brincadeira, Senhor!

— Você raramente lê a sua Bíblia, mesmo assim costuma citar uma lista de versículos que decorou só para impressionar os membros das igrejas. Você lecionava na Escola Dominical sobre pureza no casamento, ao mesmo tempo em que estava envolvido com outra mulher. Você também falava no grupo de juventude sobre manter a pureza no falar, enquanto contava piadas com os colegas de futebol que eram dignas de ir para a vala de esgoto.

— Mas, Senhor, o Senhor sabe muito bem como são as coisas com um grupo de homens, não sabe? A gente só estava...

— Você xingava os seus empregados, maltratava a sua esposa, criticava-a o tempo todo. Você perdia a paciência com os seus filhos diante dos seus menores deslizes, fazia comentários para ferir aqueles de quem não gostava e mentia para acobertar as suas indiscrições. Quando membros da igreja vinham até você – um diácono, por exemplo – para trazer problemas ou fazer confissões privadas, você não conseguia se conter e logo saía espalhando as suas intimidades. Suas fofocas arruinaram a reputação de várias pessoas, Morgan.

Cristo meneou a sua cabeça e fechou o livro. Ele apanhou o próximo livro: O Livro da Consciência de Morgan. Quando ele abriu este livro, a esperança desapareceu completamente do coração de Morgan. Ele tinha pavor do que aquele volume poderia revelar.

Enquanto abria o livro, Cristo disse:

— Cada pessoa tem dentro de si um padrão profundo arraigado de certo e errado que, às vezes, virá até a superfície e exporá a verdade sobre ela mesma, levando-a ao arrependimento. Este padrão arraigado revela-se por meio da nossa consciência.

As esperanças de Morgan começaram a se reavivar. Ele não conseguia se lembrar de nenhum momento em que a sua consciência tivesse lhe causado problemas desde a época da sua adolescência.

— Quando o homem é jovem, — prosseguiu Jesus — a sua consciência costuma ser menos contaminada, o que a torna um claro condutor dos princípios básicos do certo e do errado. Quando a consciência fala com tamanha clareza, o jovem, normalmente, reconhece quando ele agiu de forma errada. Vamos abrir este livro e ver o que a sua consciência fez por você.

— Estou pronto.

Cristo visualizou a primeira página.

— É, estou vendo aqui que você ausentou-se da escola um dia e foi para a praia. Naquela noite, você mentiu para a sua mãe sobre onde havia ido. Você perdeu uma noite de sono pela culpa do ato e também por ter mentido para acobertar o que havia feito, mas aí quando teve outra oportunidade de repetir a mesma coisa algumas semanas depois, você voltou a ausentar-se da aula. Depois de fazer isso algumas vezes, você sufocou a voz da consciência até que ela passou a não mais incomodá-lo. E, daquele momento em diante, seu comportamento e suas mentiras secretas passaram a acontecer sem maiores problemas.

Morgan voltou a sentir que aquela vergonha há muito esquecida voltou a recair sobre acontecimentos da sua vida.

— Sua consciência conseguiu vir à tona quando você começou o seu caso secreto — prosseguiu Cristo. — Se você tivesse atentado para os seus alertas, a culpa pelo seu pecado poderia ter levado você a tomar um rumo completamente diferente na sua vida. Porém, àquela altura, a sua consciência já estava tão atrofiada que foi natural para você se fechar para o que ela dizia. Por fim, ela não incomodava mais você.

— Eu, eu gostaria desesperadamente de ter dado ouvidos a ela — disse Morgan. — Eu não sei por que não fiz isso.

— Vou dizer por que você não fez isso, Morgan. Você substituiu a voz da sua consciência por outra: a voz da autojustificação. Aquela voz o convencia de que tanto as suas fugas para a pornografia, quanto o seu caso extraconjugal secreto eram justificados porque você sentia que a sua esposa havia perdido a beleza da juventude e você tinha o direito de procurar o que havia perdido em outro lugar. Sem falar que, além de ela ter ficado mais velha, também havia ficado mais linguaruda e indiferente. A amante mais jovem era sedutora: ela excitava os seus sentidos e mexia com o seu ego. Você acreditava que tinha o direito de ser feliz e pensava que a amante faria isso por você, ao passo que a sua esposa já não provocava mais este tipo de sentimento em você. Se a sua consciência tivesse permanecido ativa, você teria compreendido que a sua esposa estava amargurada porque era você quem a tratava com tamanho desprezo. E esta consciência poderia tê-lo levado ao arrependimento e à verdadeira conversão.

Lágrimas começaram a brotar nos olhos de Morgan, não por remorso em função do que os seus atos haviam feito à sua esposa, mas em função do que eles estavam lhe provocando naquele exato momento.

O Juiz

— A supressão da sua consciência fez com que você substituísse a verdade com mentiras autojustificadoras que você contava a si mesmo. Estas mentiras se tornaram a sua verdade, Morgan. Você convenceu-se de que Deus não condenaria ninguém que cresse sinceramente em alguma coisa. Até que Ele, finalmente, entregou você aos seus desejos e permitiu que você fosse enganado pelas suas próprias mentiras.

Morgan, agora em total desespero, agarrou-se em um último fio de esperança: ele se lembrou da graça. Morgan faria um apelo à graça de Deus, a qual, segundo ele fora informado, era suficientemente abrangente para cobrir todos os pecados. *Talvez seja por isso que este último livro ainda não aberto seja tão enorme,* pensou ele. *Talvez seja um livro de graça.*

— Estou vendo que o Senhor tem mais um livro a ser aberto — disse Morgan. — Será que existe alguma chance para que ele possa, de alguma forma, anular tudo o que está escrito nos outros livros?

Jesus, então, pegou aquele pesado volume.

— Este é o Livro da Vida. O nome de todas as pessoas nascidas já foi, uma vez, anotado neste livro. Tragicamente, entretanto, muitos dos nomes não constam mais nele. Eles foram apagados daqui.

— Por favor — suplicou Morgan. — Por favor, abra este livro e verifique se, por acaso, o meu nome não estaria aí dentro...

Jesus folheou lentamente as suas páginas, olhando em detalhe uma a uma. Por fim, Ele fechou o livro e olhou para Morgan com tristeza.

— Sinto em informar, Morgan, mas o seu nome não está aqui. Você não pertence a mim, e preciso bani-lo da minha presença para todo o sempre.

— Mas, Senhor, Senhor! — gritou Morgan. — Está se esquecendo de tudo o que eu fiz pelo Senhor. Lembra? Eu nunca faltava aos cultos! Eu ensinava na Escola Dominical, eu era diácono, eu dava dinheiro para a igreja! Com certeza, isso deve valer alguma coisa!

— Morgan, como os seus livros já demonstraram, você só fazia as coisas visíveis que traziam o louvor para você mesmo. Só que você nunca deu de comer a uma pessoa faminta, jamais foi visitar um presidiário, em tempo algum se sentou com um amigo enfermo, tampouco deu roupas para uma família carente, muito menos parou para ajudar um motorista com dificuldade na beira da estrada. Tudo o que você fazia era para proveito próprio, e nada era por amor aos outros. Você não pode me amar se não ama ao próximo. E você nunca me amou,

Morgan. Mesmo vestindo o meu nome, você não era nada mais que um impostor. Você até usava as palavras certas, mas o seu coração pertencia somente a você mesmo.

— Mas então como é que fica a sua graça?! Morgan gritou. — O Senhor não pode demonstrar a sua graça para comigo?!

— Minha graça sempre esteve à sua disposição, Morgan. Tudo o que você precisava fazer era depositar sua confiança em mim e fazer de mim o Senhor da sua vida. Se tivesse feito isso, minha graça teria coberto os seus pecados e as suas falhas gratuitamente. A verdade é que você jamais se rendeu, nem permitiu que eu entrasse em seu coração. Sendo assim, você jamais me conheceu, e eu jamais o conheci.

— Ah, por favor, Senhor, por favor! — A angústia tomou conta da voz de Morgan. — Eu sei que tu és o Senhor e que eu pequei. Dá-me somente mais uma chance. Por favor!

Um dos seres reluzentes se aproximou e retirou Morgan do recinto. Ele chorou amargamente enquanto olhava pela última vez para o rosto daquEle que teria significado o júbilo eterno por toda a eternidade: um rosto para o qual ele jamais voltaria a contemplar, exceto nesta hora de profunda tristeza e amargura.

O anjo o levou para outra porta; esta era escura e sinistra, num canto longínquo daquele grandioso salão. Lá, ele foi precipitado nas trevas. A porta foi batida atrás dele, ecoando no vazio da escuridão. Morgan não conseguia enxergar nada: nem sol, nem lua, nem estrelas, nem um único raio de luz.

Ele tateava com a mão e tentava encontrar apoio para o seu pé. Ainda assim, não havia onde se firmar. Embora ele não tivesse mais peso, Morgan tinha a sensação de estar caindo em meio à escuridão. Sem sentir nenhuma outra presença além de si mesmo, Morgan clamava no vazio, mas a sua voz parecia ser engolida pelas trevas externas. Ele não ouvia nada além do som horripilante do seu próprio choro. Ele estava isolado de toda a humanidade — e assim ficaria por toda a eternidade.

Morgan havia vivido para si mesmo. Ele havia feito de si mesmo o ser mais importante da sua própria vida. Agora, na morte, ele havia recebido exatamente o que mais desejava: a companhia única e exclusiva de si mesmo e de ninguém mais, para todo o sempre.

Muitas eras se passaram, e Morgan Wilson havia se transformado num ser subumano, tornando-se nada mais do que uma fome perpétua e um lamento incessante. Por toda a eternidade, ele haveria de se contorcer em um lago de fogo e enxofre, e o seu tormento jamais passaria. Ele jamais se recuperaria daquela situação final; nunca mais voltaria a ter esperança.

• • •

A BASE BÍBLICA POR TRÁS DESTA HISTÓRIA

O relato do Juízo do Grande Trono Branco, mencionado em Apocalipse 20.11-15, é uma das passagens mais chocantes da Bíblia. Ele fala do Juízo Final dos habitantes deste planeta. A última sentença da passagem é assustadora: "E aquele que não foi achado escrito no livro da vida foi lançado no lago de fogo." Ninguém é capaz de ler esta frase sem perceber que a forma como vivemos a nossa vida faz toda a diferença.

Quase todos os cristãos fazem alguma ideia sobre um juízo futuro no qual todos estarão diante de Deus. Uma das crenças mais comuns é que Ele avaliará as nossas vidas: nossas boas e nossas más obras — e, depois, como um professor de segundo grau, que se baseia em uma curva de desempenho, decidirá quem está e quem não está apto para entrar no Céu. Nada poderia estar mais longe da verdade. O programa de julgamento de Deus é muito mais sofisticado do que isso.

Um Juízo Final está a caminho — disso podemos ter certeza. "E, como aos homens está ordenado morrerem uma vez, vindo, depois disso, o juízo" (Hb 9.27). Porém, poucos cristãos percebem que não haverá somente um, mas dois dias de juízo: o primeiro é o Trono do Juízo de Cristo, e o segundo é o Juízo do Grande Trono Branco. Nosso relacionamento com Cristo determinará qual dos dois tribunais julgará o nosso caso.

O julgamento dos cristãos ocorrerá no primeiro tribunal, o Trono do Juízo de Cristo, imediatamente depois do Arrebatamento. "Porque todos devemos comparecer ante o tribunal de Cristo, para que cada um receba segundo o que tiver feito por meio do corpo, ou bem ou mal" (2 Co 5.10). O propósito deste julgamento não será declarar a condenação. Nenhuma das pessoas julgadas nesse tribunal será condenada, pois todos os que submeteram as suas vidas a Cristo serão seus seguidores. Todas as suas más obras serão cobertas pela graça. O objetivo deste julgamento é fazer com que Cristo tenha acesso a todas as obras terrenas de todos os crentes, a fim de determinar os galardões gerados pela sua fidelidade.

No Juízo do Grande Trono Branco, entretanto, os incrédulos e todos aqueles que fingem ser cristãos, como o Morgan Wilson da nossa história, estarão diante de Deus. Aqui, eles enfrentarão as consequências de terem rejeitado Jesus Cristo como Senhor e Salvador. Este julgamento é a reta final de justiça no plano de Deus para os habitantes do planeta Terra, e não haverá mais graduação nesta curva. Os acusados serão julgados pelo padrão *preto no branco* da verdade absoluta:

"O Trono Branco do Juízo não será em nada comparado aos nossos tribunais. No Trono Branco, haverá um Juiz, mas não haverá júri; haverá acusação, mas não haverá defesa; haverá sentença, mas não haverá apelação. Ninguém será capaz de se defender, nem de acusar a Deus de injustiça."[1]

Será um juízo com uma finalidade terrível.

Estes dois juízos trazem à luz as duas diferentes ressurreições mencionadas na Bíblia. O profeta Daniel escreve: "E muitos dos que dormem no pó da terra ressuscitarão, uns para a vida eterna e outros para vergonha e desprezo eterno" (Dn 12.2). Jesus disse: "Não vos maravilheis disso, porque vem a hora em que todos os que estão nos sepulcros ouvirão a sua voz. E os que fizeram o bem sairão para a ressurreição da vida; e os que fizeram o mal, para a ressurreição da condenação" (Jo 5.28-29).

Hoje em dia, um número crescente de pessoas aceita a doutrina da imortalidade condicional — a crença de que somente os justos serão ressurretos e os ímpios serão aniquilados. Os adventistas do sétimo dia e as testemunhas de Jeová, bem como alguns evangélicos ensinam esta doutrina. Porém, a Bíblia ensina claramente que todos — todo homem, mulher, menino e menina — estarão vivos, em algum lugar, por toda a eternidade. Todo indivíduo que já viveu neste mundo, seja ele salvo ou não, ressuscitará.

Mais de dois mil anos atrás, Cristo foi ressurreto dentre os mortos. No Arrebatamento, os salvos desta era presente também serão ressurretos dentre os mortos. Sete anos depois, no fim da Tribulação, os santos que foram martirizados durante a Tribulação serão ressurretos dentre os mortos junto com os santos do Antigo Testamento (Dn 12.1-2; Is 26.19). Isto marcará a primeira ressurreição, também chamada de "ressurreição da vida" — vida eterna (Jo 5.29). Quando Cristo tornar a reinar durante o Milênio, não restará nos sepulcros o corpo de nenhum crente desde os tempos de Adão. A primeira ressurreição terá sido completa.

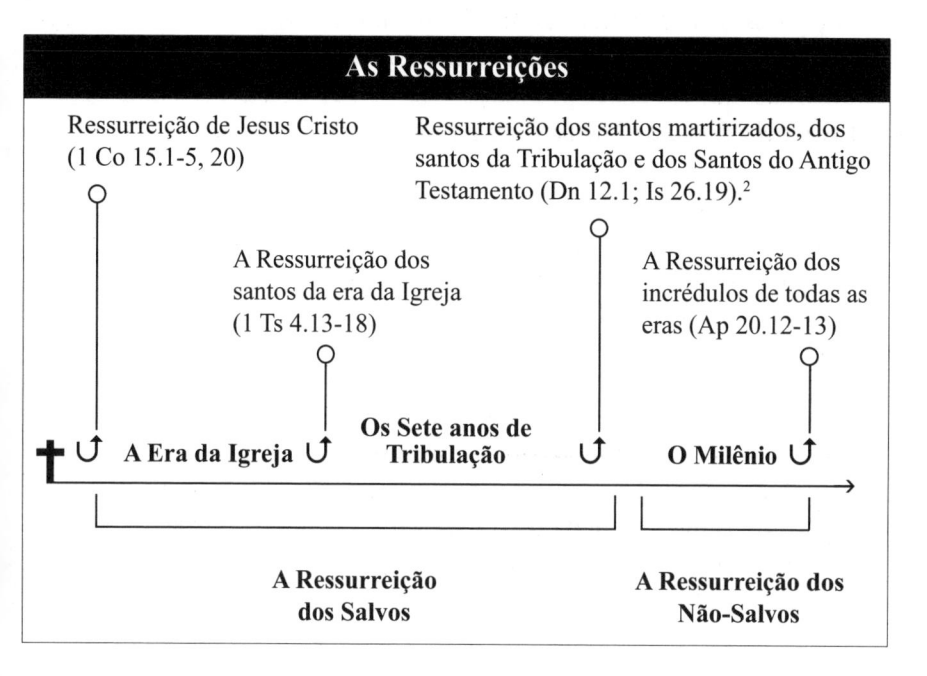

As Ressurreições

- Ressurreição de Jesus Cristo (1 Co 15.1-5, 20)
- Ressurreição dos santos martirizados, dos santos da Tribulação e dos Santos do Antigo Testamento (Dn 12.1; Is 26.19).[2]
- A Ressurreição dos santos da era da Igreja (1 Ts 4.13-18)
- A Ressurreição dos incrédulos de todas as eras (Ap 20.12-13)

Linha do tempo: A Era da Igreja — Os Sete anos de Tribulação — O Milênio

A Ressurreição dos Salvos | A Ressurreição dos Não-Salvos

Em Apocalipse 20, aprendemos a respeito da segunda ressurreição, também chamada de "ressurreição da condenação", ou juízo (Jo 5.29). Trata-se da ressurreição dos incrédulos ou mortos não comprometidos — e eles viverão em estado de morte eterna:

"Mas os outros mortos não reviveram, até que os mil anos se acabaram. [...] E vi os mortos, grandes e pequenos, que estavam diante do trono, e abriram-se os livros. E abriu-se outro livro, que é o da vida. E os mortos foram julgados pelas coisas que estavam escritas nos livros, segundo as suas obras. E deu o mar os mortos que nele havia; e a morte e o inferno deram os mortos que neles havia; e foram julgados cada um segundo as suas obras. E a morte e o inferno foram lançados no lago de fogo. Esta é a segunda morte. E aquele que não foi achado escrito no livro da vida foi lançado no lago de fogo."
APOCALIPSE 20.5, 12-15

Esta ressurreição ocorrerá mil anos depois do fim da Tribulação. Ela incluirá todos os mortos que não foram salvos desde a Criação até o Milênio. Depois desta ressurreição, não haverá mais túmulo ocupado pelo pó dos seus habitantes. Todos os indivíduos serão ressuscitados, ou para a vida eterna, ou para a morte eterna.

O Lugar do Grande Trono Branco

> "E vi um grande trono branco e o que estava assentado sobre ele, de cuja presença fugiu a terra e o céu, e não se achou lugar para eles."
> APOCALIPSE **20.11**

Apesar de a Palavra de Deus não especificar onde ocorrerá o Juízo do Grande Trono Branco, sabemos onde ele não será: não será no Céu, nem será na Terra. Ele não poderá ser na Terra porque, na aparição do Senhor, "terra e céu fugiram da sua presença" (cf. Ap 20.11). E também não poderá ser no Céu, porque lá nenhum pecador poderá entrar na presença de Deus. O Juízo do Grande Trono Branco ocorrerá em algum lugar entre o Céu e a Terra.

Certo autor imaginou que este Juízo fosse da seguinte forma:

"O Juízo do Grande Trono Branco não ocorrerá no nosso universo presente, nem na Terra, nem nos céus atmosféricos, estelares ou divinos. Nenhum planeta do nosso sistema solar se qualifica para tal. Ele poderia ocorrer em algum outro lugar além do nosso universo e que ainda não foi afetado pelo pecado angelical. Se o local designado existe, de fato, nos dias atuais, é difícil dizer."[3]

É bem provável que o nome do trono, em si mesmo, seja mais importante do que a sua localização. *Grande* fala daquEle que é o Juiz Infinito. *Trono* fala da majestade daquEle que tem o direito de determinar o destino da criação. *Branco* fala da santidade, pureza e justiça divinas.

A Pessoa do Grande Trono Branco

> "E vi um grande trono branco e o que estava assentado sobre ele. [...] E vi os mortos [...] que estavam diante do trono."
> APOCALIPSE **20.11-12**

O Juiz

O Juiz sobre o Grande Trono Branco não é outro senão o Senhor Jesus Cristo. Descobrimos isso por meio das palavras do próprio Jesus: "E também o Pai a ninguém julga, mas deu ao Filho todo o juízo [...] E deu-lhe o poder de exercer o juízo, porque é o Filho do Homem" (Jo 5.22, 27).

Em sua carta aos Romanos, Paulo escreveu: "Deus há de julgar os segredos dos homens, *por Jesus Cristo*" (2.16, ênfase adicionada). Em Atos, Pedro declarou que Cristo é aquEle que "por Deus foi constituído juiz dos vivos e dos mortos" (10.42). Cristo julgará os espiritualmente vivos no Trono do Juízo de Cristo e os espiritualmente mortos no Juízo do Grande Trono Branco. "O próprio Jesus Cristo conduzirá o julgamento, e ninguém está melhor qualificado. Ele fez tudo o que pôde para salvar o homem. Como o homem o rejeitou, ele precisa ser julgado por Ele."[4]

As Pessoas diante do Grande Trono Branco

"E vi os mortos, grandes e pequenos, que estavam diante do trono. [...] E deu o mar os mortos que nele havia; e a morte e o inferno deram os mortos que neles havia."
APOCALIPSE **20.12-13**

Assim que João viu o Grande Trono Branco, ele viu os mortos — todos os que morreram sem um relacionamento com Jesus Cristo. Os seus corpos foram reunidos das suas sepulturas e do mar, e as suas almas foram chamadas da Morte e do Hades para se colocarem diante do Juiz de toda a Terra.

João diz que este grupo será composto tanto por "grandes, como por pequenos" — uma expressão encontrada com frequência no Antigo Testamento e que ocorre cinco vezes no livro de Apocalipse (11.18; 13.16; 19.5; 20.12). O termo indica que todas as classes de pessoas estarão presentes; serão pessoas de todas as posições da Igreja e do mundo.

Haverá muitos religiosos no Grande Trono Branco — tanto filantropos, como pregadores, operadores de milagres e até mesmo leigos, como o anti-herói da nossa história. Conforme escreveu Erwin Lutzer:

"Esta multidão é diversa na sua adesão à religião: Vemos budistas, muçulmanos, hindus, protestantes e católicos. Vemos aqueles que creram em um Deus único e aqueles que creram em muitos deuses. Vemos, inclusive, aqueles que se recusaram a crer em Deus! Vemos aqueles que creram em meditação como meio de salvação e aqueles que creram que fazer boas obras era o caminho para a salvação eterna. Vemos ali os morais e os imorais, os sacerdotes, bem como os ministros, as freiras e os missionários."[5]

O que acontecerá com todas estas pessoas religiosas quando elas tiverem que se colocar diante do Grande Trono Branco? Jesus nos diz que: "Muitos me dirão naquele Dia: Senhor, Senhor, não profetizamos nós em teu nome? E, em teu nome, não expulsamos demônios? E, em teu nome, não fizemos muitas maravilhas? E, então, lhes direi abertamente: Nunca vos conheci; apartai-vos de mim, vós que praticais a iniquidade" (Mt 7.22-23). Ao contrário da opinião popular, crer na sua "verdade" escolhida não faz com que ela seja verdadeira para você. Existe apenas uma Verdade, e esta Verdade é Jesus Cristo. Creia nEle ou pereça.

A posição cultural não significará nada diante do Grande Trono Branco:

> "Tanto grandes como os pequenos desta vida (segundo os homens enxergam-se a si mesmos) estarão lá: o banqueiro e o mendigo, o príncipe e o plebeu, o estadista, o cientista, o advogado, o médico, o professor, o autor, o mecânico, a dona de casa, o pedreiro, o fazendeiro e o criminoso. Nesta vida, os homens têm posição; porém, diante de Cristo, o respeito diante das outras pessoas não contará. Embora todos estejam ali em grande número, eles serão julgados individualmente."[6]

Todos os que se puserem diante do Grande Trono Branco, ricos ou pobres, famosos ou desconhecidos, belos ou feios, poderosos ou humildes, inteligentes ou lentos, religiosos ou não, terão isto em comum: foram pessoas que morreram sem Cristo e, por essa razão, estarão sem esperança. Conforme Donald Grey Barnhouse descreveu: "Somente um grupo será visto neste julgamento: os mortos [...] os espiritualmente mortos".[7]

O Propósito do Grande Trono Branco

"E vi os mortos, grandes e pequenos, que estavam diante do trono, e abriram-se os livros. E abriu-se outro livro, que é o da vida. E os mortos

foram julgados pelas coisas que estavam escritas nos livros, segundo as suas obras."
APOCALIPSE **20.12**

Este versículo nos fala que, quando todos estavam reunidos diante do Trono de Deus, "abriram-se os livros". Em outras palavras, as obras malignas dos não-salvos foram expostas. Cada indivíduo será julgado conforme o Livro da Vida e outros livros. Embora não sejamos informados especificamente quais são estes outros livros, temos algumas indicações das Escrituras sobre o conteúdo e sobre como eles serão usados para julgar os homens e mulheres pecadores diante do Grande Trono Branco.

O LIVRO DA LEI

Os líderes judeus da época de Jesus pensavam que poderiam conquistar a salvação por meio da obediência à Lei, e muitos cristãos nos dias de hoje cometem o mesmo erro. Porém, como Paulo nos mostra, as pessoas são incapazes de conquistar a salvação por meio da Lei, a menos que a guardem de forma perfeita, o que, para nós, seres humanos decaídos, é algo impossível. "Por isso, nenhuma carne será justificada diante dele pelas obras da lei [...] Porque todos pecaram e destituídos estão da glória de Deus" (Rm 3.20, 23). Paulo prossegue dizendo que a salvação vem somente quando nos submetemos a Cristo e clamamos pela sua graça. Como resultado, "nenhuma condenação há para os que estão em Cristo Jesus" (Rm 8.1). Qualquer pessoa que se colocar diante de Cristo, o Juiz, e alegar ser justificado pela Lei, pela Lei será condenado. Somente aqueles que estão em Cristo serão considerados absolvidos diante da Lei.

O LIVRO DAS OBRAS

Apocalipse 20.13 nos fala que "foram julgados cada um segundo as suas obras." Paulo fala daqueles cujo fim "[...] será conforme as suas obras" (2 Co 11.15). Jesus disse: "Porque o Filho do Homem virá na glória de seu Pai, com os seus anjos; e, então, dará a cada um segundo as suas obras" (Mt 16.27).

Deus terá um registro completo de cada momento da vida de cada pessoa — tudo o que foi feito em segredo e tudo o que foi feito em público. Quem você é será confirmado pelas coisas que você fez e pela forma como você viveu. Para aqueles que acreditam ir para o Céu por causa das suas boas obras, esta será a sua última hora da verdade. Pelas suas obras, eles serão julgados, e pelas suas obras, eles serão condenados.

Aqui, encontramos uma diferença marcante entre o Trono do Juízo de Cristo, onde os salvos estarão, e o Grande Trono Branco do Juízo, diante do qual os não-salvos cairão. Os salvos também receberão a sua parte nos pecados e falhas. Porém, como colocaram a sua fé em Jesus Cristo como Salvador, o registro dos seus pecados será apagado, e a sua dívida de pecado será paga na sua totalidade.

Esta verdade é confirmada ao longo de toda a Escritura:

- "O que vencer será vestido de vestes brancas, e de maneira nenhuma riscarei o seu nome do livro da vida; e confessarei o seu nome diante de meu Pai e diante dos seus anjos" (Ap 3.5).
- "Na verdade, na verdade vos digo que quem ouve a minha palavra e crê naquele que me enviou tem a vida eterna e não entrará em condenação, mas passou da morte para a vida" (Jo 5.24).
- "Portanto, agora, nenhuma condenação há para os que estão em Cristo Jesus" (Rm 8.1).

O LIVRO DOS SEGREDOS

As Sagradas Escrituras deixam claro que, embora possamos ocultar as coisas de outras pessoas, não há nada que possamos esconder de Deus. Jesus disse: "Porque não há coisa oculta que não haja de manifestar-se, nem escondida que não haja de saber-se e vir à luz" (Lc 8.17). O apóstolo Paulo escreveu: "no dia em que Deus há de julgar os segredos dos homens, por Jesus Cristo, segundo o meu evangelho" (Rm 2.16). E Salomão diz que "Deus há de trazer a juízo toda obra e até tudo o que está encoberto, quer seja bom, quer seja mau" (Ec 12.14).

O famoso evangelista D. L. Moody costumava dizer que, se algum dia alguém inventasse uma máquina fotográfica que pudesse tirar uma foto do âmago de um homem, o inventor acabaria morrendo de fome porque ninguém compraria tal coisa: ninguém desejaria que os seus segredos fossem expostos. Porém, diante do Juízo do Grande Trono Branco, não haverá mais nada a esconder. Todos os segredos que os não-salvos pensam que têm escondido de modo seguro acabarão se tornando testemunhos contra eles mesmos no Grande Trono Branco.

O LIVRO DAS PALAVRAS

Os cientistas nos dizem que nenhuma palavra que falamos é perdida; as ondas sonoras continuam no ar de forma indefinida, estando disponíveis para serem recapturadas em algum momento do futuro. As Sagradas Escrituras afirmam que as palavras pronunciadas podem agir como acusadoras dos não-salvos no Juízo do Grande Trono Branco: "Mas eu vos digo que de toda palavra ociosa que os homens disserem hão de dar conta no Dia do Juízo. Porque por tuas palavras serás justificado e por tuas palavras serás condenado (Mt 12.36-37)

Quando as desculpas das pessoas começam a se multiplicar, o livro das palavras pode ser aberto. Serão as próprias declarações de uma pessoa que determinarão se ela será condenada diante do Senhor.

O LIVRO DA CONSCIÊNCIA

Em sua carta aos romanos, Paulo escreveu sobre a consciência estar "testificando" as pessoas. Os seus pensamentos são responsáveis por "acusá-las ou defendê-las" (2.15). Isto sugere que a consciência humana pode desempenhar um papel no juízo dos incrédulos. Nenhuma pessoa, salva ou não, segue os ditames da sua consciência o tempo todo. Tampouco a consciência é um guia infalível acerca do que é certo ou errado. Porém, quando aquela voz interior é flagrantemente violada, estamos diante de uma atitude negligente diante do pecado, que pode ser usada como uma evidência condenatória.

O LIVRO DA VIDA

A Bíblia fala diversas vezes deste Livro da Vida (Êx 32.32-33; Sl 69.28; Dn 12.1; Fp 4.3; Ap 3.5; 13.8; 17.8; 21.27; 22.19). Um pouco do contexto cultural sobre o primeiro século da era cristã nos ajudará a entender melhor a natureza deste livro.

As cidades da época de João tinham um registro que continha todos os nomes dos seus cidadãos. Se as pessoas cometessem crimes ou desonrassem o seu nome de alguma outra forma na cidade, elas poderiam ser chamadas diante de um tribunal, e o seu nome poderia ser removido da lista de cidadãos, ou seja, as pessoas eram, literalmente, apagadas do registro de cidadãos daquela cidade. Tais indivíduos não seriam mais considerados cidadãos e seriam forçados a viver em outro lugar.

Eu creio que este é o conceito por trás do Livro da Vida. Os nomes de todas as pessoas nascidas neste mundo estavam originalmente contidos dentro destas páginas; porém, estes nomes estão sujeitos à remoção.

"Pode-se especular que além do nome de cada pessoa, conforme o registro feito no livro no momento da concepção, será registrado o momento da sua "idade de prestação de contas", a data da sua conversão a Cristo como o seu Salvador e as evidências que demonstram a autenticidade desta conversão. Entretanto, se não houver registro destes dois últimos itens no momento da morte da pessoa, todo o registro será apagado (Ap 3.5), e um vazio terrível será deixado no livro no local onde o nome constava. A existência deste vazio no livro será a evidência final e conclusiva de que a pessoa que está sendo julgada deve ser mesmo enviada para o lago de fogo e enxofre."[8]

O Castigo diante do Grande Trono Branco

"E a morte e o inferno foram lançados no lago de fogo. Esta é a segunda morte. E aquele que não foi achado escrito no livro da vida foi lançado no lago de fogo."
APOCALIPSE **20.14-15**

Quando a Morte e o Hades forem lançados no lago de fogo e enxofre, o juízo da humanidade pecadora estará terminado. Quando uma pessoa termina a sua vida neste mundo, dizemos que ele (ou ela) morre. O significado de morte é separação. Esta é a primeira morte — a separação da alma do corpo. Nosso corpo vai para a sepultura, na morte, e nossa morte vai para o Hades — o lugar de sofrimento intermediário — aguardando o Juízo Final. Quando a Morte e o Hades forem lançados no inferno, tanto o corpo, que foi ressuscitado da sepultura, quanto a alma, que esteve no Hades, serão lançados no lago de fogo e enxofre e estarão separados de Deus por toda a eternidade. Isto, de acordo com João, será a "segunda morte".

O Dr. Isaac Massey Haldeman escreve:

"Desta segunda morte, não há ressurreição [...] [Os condenados] serão enviados para o universo amplo, para as 'trevas exteriores'. Eles serão como 'estrelas perambulantes, às quais está reservado o breu das trevas por toda a eternidade'. Eles deverão vagar por esta escuridão eterna, como degredados da humanidade, arremessados num mar infinito e sem porto de descanso; almas que perderam o propósito para o qual foram criadas: a união e a comunhão com Deus."[9]

Tanto Apocalipse como Mateus ensinam claramente sobre o castigo eterno no Inferno. Não se trata de uma doutrina benquista, mas também não tem como fugir dela nas Sagradas Escrituras. Para cada palavra que Jesus falou sobre o Céu, três palavras Ele falou sobre o Inferno, incluindo estas: "Então, dirá também aos que estiverem à sua esquerda: Apartai-vos de mim, malditos, para o fogo eterno, preparado para o diabo e seus anjos. [...] E irão estes para o tormento eterno" (Mt 25.41, 46). Paulo escreve que aqueles que não conhecem a Deus "por castigo, padecerão eterna perdição, ante a face do Senhor e a glória do seu poder" (2 Ts 1.9).

A representação mais ilustrativa do Inferno que encontramos na Bíblia é a descrição do destino daqueles que recebem a marca da Besta (o Anticristo) durante a Tribulação. Aqueles que concordam em adorar e servir o Anticristo serão "[atormentados] com fogo e enxofre diante dos santos anjos e diante do Cordeiro. E a fumaça do seu tormento sobe para todo o sempre; e não têm repouso, nem de dia nem de noite, os que adoram a besta e a sua imagem e aquele que receber o sinal do seu nome" (Ap 14.10-11).

As Sagradas Escrituras apresentam um retrato sombrio do Inferno. Trata-se de um lugar de tormento e chamas (Lc 16.20-28), um lugar de "choro e ranger de dentes" (Mt 13.42), um lugar onde "o bicho não morre, e o fogo nunca se apaga" (Mc 9.48), e um lugar de "fogo e enxofre" (Ap 14.10-11; 21.8).

Apocalipse 19 conta-nos que, depois que a Besta e o Falso Profeta forem presos, eles "[serão] lançados vivos no ardente lago de fogo e de enxofre" (v. 20). Mil anos mais tarde, no fim do Milênio, Satanás se juntará à Besta e ao falso profeta no Inferno: "E o diabo, que os enganava, foi lançado no lago de fogo e enxofre, onde está a besta e o falso profeta; e de dia e de noite serão atormentados para todo o sempre" (Ap 20.10). E finalmente: "Aquele que não foi achado escrito no livro da vida foi lançado no lago de fogo" (Ap 20.15).

Assim como o crente que estiver diante do Trono do Juízo receberá galardões com base nas suas boas obras, o incrédulo que estiver diante do Grande Trono Branco receberá graus de punição no lago de fogo e enxofre com base nas suas obras pecaminosas. Apesar de o castigo de todos ser severo, ele não será igual para todos. Algumas passagens do Novo Testamento comunicam esta verdade; no entanto, ela fica mais claramente explicitada na parábola do Mordomo e dos Dois Servos, contada por Jesus: "E o servo que soube a vontade do seu senhor e não se aprontou, nem fez conforme a sua vontade, será castigado com muitos açoites. Mas o que a não soube e fez coisas dignas de açoites com poucos açoites será castigado. E a qualquer que muito for dado, muito se lhe pedirá, e ao que muito se lhe confiou, muito mais se lhe pedirá" (Lc 12.47-48).

Em Mateus 11.20-24, Cristo nos informa que Ele fez obras poderosas em Corazim, Betsaida e Cafarnaum; obras estas que tinham o objetivo de levar as pessoas ao arrependimento. Apesar de tudo, estas três cidades não se arrependeram. Como elas negligenciaram tal oportunidade, Jesus disse que o seu castigo no Dia do Juízo seria mais severo que o de Tiro, de Sidom e de Sodoma — sendo que todas estas pereceram por destruição, conquista ou incêndio. Como elas receberam muita luz, mas preferiram permanecer nas trevas, as suas trevas seriam eternas.

O cientista e erudito Dr. Henry Morris sugere uma maneira pela qual esta graduação de castigo pode ser exercida:

> "Pode ser também que os corpos da ressurreição que foram concebidos por Deus para [os não-salvos] na 'segunda ressurreição' sejam concebidos com sistemas nervosos individuais, cujas respostas sensoriais sejam graduadas na proporção de um grau de punição apropriado ao indivíduo, de modo que as dores reais do Inferno serão sentidas de modo diferente por pessoa. [...] Deus, certamente, é capaz de infligir os seus castigos com perfeita justiça, dimensionados de forma individual."[10]

Para as pessoas que receberam o privilégio de morar nos países ocidentais, onde o evangelho foi largamente divulgado, nossa punição será maior caso não nos arrependamos e recebamos o perdão e a graça de Deus.

Penso na cidade onde eu moro e na igreja que tenho a alegria de pastorear. Pregamos a Palavra de Deus em todos os nossos cultos. Temos a Escola Bíblica Dominical para as crianças e jovens, além de reuniões bíblicas para os adultos. Somos abençoados com ministérios de homens e mulheres. Temos ministérios recreativos e internacionais. Nosso ministério está disponível nas ondas do rádio e da televisão e também na Internet e na forma de material impresso. Temos uma Bíblia de estudos e também estudos feitos em grupos pequenos. Recebemos muita coisa da parte de Deus. E, em função disto, temos mais responsabilidades diante de Deus do que aqueles que não receberam tantas oportunidades quanto nós recebemos.

Em Apocalipse 21.8, João nos fala dos tipos de pessoas que acabarão no lago de fogo e enxofre. Leia a lista com atenção: "Mas, quanto aos tímidos, e aos incrédulos, e aos abomináveis, e aos homicidas, e aos fornicadores, e aos feiticeiros, e aos idólatras e a todos os mentirosos, a sua parte será no lago que arde com fogo e enxofre." Percebeu que os "incrédulos" estão incluídos com todas as pessoas moralmente pervertidas nesta lista? Você não precisa ser um grande pecador para ser lançado no lago de fogo e enxofre; basta ser meramente um pecador incrédulo.

Já que você está lendo este capítulo, ainda há tempo para se certificar da sua situação e evitar o lago de fogo e enxofre. Ainda há tempo para você depositar a sua confiança em Jesus Cristo como o seu Salvador pessoal. Insisto para que você leia estas palavras do Evangelho de João e tome a sua decisão a favor de Jesus Cristo hoje mesmo: "Quem crê nele não é condenado; mas quem não crê já está condenado, porquanto não crê no nome do unigênito Filho de Deus. [...] Na verdade, na verdade vos digo que quem ouve a minha palavra e crê naquele que me enviou tem a vida eterna e não entrará em condenação, mas passou da morte para a vida" (Jo 3.18; 5.24). Creia hoje mesmo!

Epílogo

Os Vencedores

"QUEM VENCER HERDARÁ TODAS AS COISAS, e eu serei seu Deus, e ele será meu filho."
APOCALIPSE 21.7

SOU GRATO pelo livro de Apocalipse não terminar com o Grande Trono Branco descrito no capítulo 20. A última frase deste capítulo é, de fato, sombria: "E aquele que não foi achado escrito no livro da vida foi lançado no lago de fogo" (v. 15). É uma mensagem de justiça divina e condenação final — um clima adequado para as cenas aterradoras das pragas, da morte e da destruição que preencherão os capítulos seguintes.

Mas então chegamos ao capítulo 21, e a pesada nuvem de juízo se ergue para revelar a visão mais gloriosa da Bíblia — uma espiadela no lar perfeito que Deus preparou para o seu povo, como sua herança eterna. E o melhor sobre a visão de João aqui é que ela vai além de uma mera visão: ela é um retrato da realidade que faz com que o nosso coração anseie pelo lar preparado por Deus para o seu povo. Este capítulo revela a jornada de fé dos crentes, mostrando-a como, primeiramente, uma jornada de perseverança e resistência e, por fim, de triunfo, glória e felicidade.

Nos capítulos finais, João abre as portas da cidade celestial e apresenta aos crentes o primeiro vislumbre do seu lar celestial com Deus, que faz com que fiquemos de queixo caído. João revela um Céu que vai além de todas as expectativas — um lugar onde não existe mais dor, nem choro, nem morte. Era isso o que Deus tinha em mente desde o princípio. Quando Adão e Eva caíram, trazendo o pecado e todas as suas misérias resultantes ao mundo perfeito de Deus, Satanás parecia estar vencendo. Só que Deus não estava disposto a permitir que Satanás arruinasse a criação que Ele havia declarado boa. O livro de Apocalipse revela que, embora o plano de Deus tenha estado em andamento ao longo de milhares de anos, toda a criação, em breve, deixará de gemer e será restaurada à sua perfeição original.

Um dia, este mundo ferido e maltratado haverá de passar, e todas as coisas serão renovadas. Haverá um novo Céu e uma nova Terra, bem como uma nova Jerusalém. À medida que descobrimos as maravilhas de Apocalipse 21, somos convidados a aguçar nosso apetite por este futuro magnífico que aguardam os santos do Senhor.

Um Novo Céu e Terra

> "E vi um novo céu e uma nova terra. Porque já o primeiro céu e a primeira terra passaram. [...] E o que estava assentado sobre o trono disse: Eis que faço novas todas as coisas."
> APOCALIPSE 21.1, 5

Apocalipse 21 nos fala que, após o Juízo do Grande Trono Branco, no fim do Milênio, Deus fará novas todas as coisas. Por mais maravilhosa que essa proclamação possa ser, João nos diz muito pouco sobre o Novo Céu e a Nova Terra. Ele até revela que a Nova Terra não terá mar, mas não apresenta qualquer dica sobre o que isto significa. Podemos, entretanto, imaginar uma terra sem grandes espaços vazios de água salgada que separam as pessoas umas das outras, da mesma forma que os mares o fazem nos dias de hoje. É bem provável que toda a água será potável no futuro, com rios limpos desaguando em vários lagos distribuídos ao longo do planeta todo.

Lemos também sobre o Novo Céu e a Nova Terra em dois outros lugares da Bíblia. O apóstolo Pedro afirma que a justiça sempre habitará ali (2 Pe 3.13). Em outras palavras, não haverá mais pecado e nem mais maldade. Isaías 66.22 afirma que o Novo Céu e a Nova Terra "estarão diante [da face do Senhor]". Eles não serão apenas perfeitos, mas também eternos — não haverá mais tumultos e mais juízos.

Como Deus trará o Novo Céu e a Nova Terra à existência? Algumas pessoas se referem a 2 Pedro 3.10-12 e sugerem que Céu e Terra serão renovados pelo calor e fogo intensos. Em nossa era atual, é fácil imaginar o mundo sendo completamente queimado por um conflito nuclear sem precedentes. Entretanto, eu não creio que Deus esteja planejando explodir o planeta e refazê-lo das cinzas. Antes, penso que Ele fará, essencialmente, o que os paisagistas fazem com gramados que foram tomados por diversos tipos de ervas daninhas: Ele queimará toda a contaminação e restaurará a pureza original. Isto será o primeiro passo em relação à nova criação, renovação, revigoramento e remodelação da sua criação existente, a fim de que ela possa se tornar o nosso lar ao longo de toda a eternidade.

Uma Nova Cidade

> "E eu, João, vi a Santa Cidade, a nova Jerusalém, que de Deus descia do céu, adereçada como uma esposa ataviada para o seu marido. E ouvi uma grande voz do céu, que dizia: Eis aqui o tabernáculo de Deus com os homens, pois com eles habitará, e eles serão o seu povo, e o mesmo Deus estará com eles e será o seu Deus. E Deus limpará de seus olhos toda lágrima, e não haverá mais morte, nem pranto, nem clamor, nem dor, porque já as primeiras coisas são passadas."
> APOCALIPSE **21.2-4**

As pessoas anseiam por uma cidade divina desde os tempos remotos do livro de Gênesis. No livro de Hebreus, vemos que Abraão, morando em cabanas na terra que Deus lhe havia prometido, "esperava a cidade que tem fundamentos, da qual o artífice e construtor é Deus" (Hb 11.10). Todo santo de Deus sente um profundo anseio por algo que vá além desta vida, mas é somente em Apocalipse 21-22 que vemos a cidade que satisfaz este nosso anseio.

De que forma, então, devemos interpretar as coisas impressionantes que João escreveu sobre esta cidade? Das muitas abordagens que poderíamos assumir, penso que a melhor seria, meramente, ler a Bíblia como ela foi escrita. Isto nos introduzirá às maravilhas que expandem qualquer mente humana e que honram o poder de Deus.

As Dimensões da Cidade de Deus

Iniciaremos com as dimensões da nova Cidade. É chocante imaginar quantas pessoas salvas já caminharam pela face da terra desde o início dos tempos. Para acomodar a todos, esta cidade terá que ser enorme. E este é o caso. As Sagradas Escrituras nos dão as suas dimensões básicas com medidas cúbicas de cerca de 2.400 km em cada lado, dependendo de como é traduzido a medida exata de um estádio (Ap 21.15-16). Imagine, porém, uma caixa que tenha 2.400 km de altura por 2.400 km de largura por 2.400 km de comprimento (aproximadamente a distância rodoviária entre Dallas, no Texas, e Nova York). Em outras palavras, esta cidade ocuparia uma área territorial de 5,82 milhões de quilômetros quadrados. Certo autor calculou que a base da cidade tem, aproximadamente, dez vezes o tamanho da França ou da Alemanha e quarenta vezes o tamanho da Inglaterra.

Não temos pistas quanto à planta baixa * desta cidade, embora nossas mentes imediatamente imaginem diferentes níveis, como um enorme prédio de escritórios. Nós apenas temos de aceitar por fé que a morada que Jesus preparou para nós nos encherá de júbilo (Jo 14.2-3).

A Descrição da Cidade de Deus

Embora João informe poucas percepções sobre os detalhes organizacionais da Cidade Santa, aqui estão alguns detalhes descritivos que ele nos apresenta:

1. UMA CIDADE SANTA

Em Apocalipse 21.2, João chama a nova cidade de "santa" — pura como uma noiva virgem. Nenhuma área metropolitana atual do planeta Terra chega perto dessa descrição. Todas essas áreas estão contaminadas pelo pecado, sujeira, poluição, crime, pobreza, doença, ira e tumulto. Esta nova cidade, entretanto, será livre destas contaminações. Nenhuma palavra de vanglória ou ira será ouvida; nenhuma obra maligna será cometida.

---

* N. do E.: Representação gráfica do corte horizontal de uma construção.

Por quê? Porque todos os seus habitantes serão santificados pela graça redentora de Deus e permanecerão neste estado por toda a eternidade. E como Deus e todos na cidade são santos, a própria cidade será santa.

2. AS PORTAS DE PÉROLA

A expressão *portas de pérola* se tornou de tal maneira parte da linguagem coloquial, que poucas pessoas percebem a sua origem no livro de Apocalipse: "E as doze portas eram doze pérolas: cada uma das portas era uma pérola" (21.21). Com descrições como esta, é fácil compreender por que alguns comentaristas pensam que estas descrições não devem ser levadas ao pé da letra. Afinal de contas, que tipo de ostra-monstro poderia produzir uma pérola tão grande? A resposta, obviamente, é que ela vem de Deus, e não de uma ostra. Não existe limite para a criatividade de Deus. Se Ele pode criar uma galáxia, então Ele certamente pode fazer uma pérola de qualquer tamanho.

Inscrito em cada uma destas portas-pérola estará o nome de uma das doze tribos de Israel. As portas serão colocadas nas quatro muralhas ao redor da cidade, as quais serão feitas de jaspe. O objetivo das muralhas não será manter as pessoas dentro ou fora dela; mas, simplesmente, definir as dimensões da cidade. Lembre-se de que todos os inimigos terão sido destruídos; sendo assim, não haverá mais necessidade de proteção. As portas estarão abertas o tempo todo.

3. OS FUNDAMENTOS DE PEDRAS PRECIOSAS

Os fundamentos do muro da cidade serão de doze pedras preciosas colocadas uma sobre a outra, como folhas de compensado (Ap 21.19-20). Nós não estamos familiarizados com muitas destas pedras hoje em dia, mas podemos imaginar esta cena ao visualizar as camadas transparentes das pedras preciosas que conhecemos, tais como as ametistas, as esmeraldas, os diamantes ou as opalas. A beleza estonteante de uma muralha assim refrataria raios de luz oscilantes de cores variadas em todas as direções.

4, AS RUAS DE OURO

Estudiosos também têm discutido se as ruas da cidade serão, literalmente, feitas mesmo de ouro. João diz que elas serão feitas "de ouro puro, como vidro transparente" (21.21; veja também versículo 18). O ouro puro do nosso mundo não é como o vidro transparente; ele é opaco. Porém, o ouro da Cidade Santa será tão puro que não repelirá a luz da forma como os objetos opacos repelem; antes, ele a absorverá e se purificará nela. Eu imagino que ele se parecerá com algo como uma janela com vitrais pintados a ouro. Independentemente do que imaginarmos, podemos estar certos de que, como tudo o que Deus cria, este ouro é, simplesmente, mais um reflexo da sua própria beleza.

5. A LUZ DA CIDADE

Na Bíblia, a luz frequentemente está associada à aparição de Deus. A luz que fará refulgir o ouro e as pedras preciosas desta cidade não será a do sol e nem a da lua. As Sagradas Escrituras nos dizem que a cidade será iluminada unicamente pela glória de Deus (Ap 21.23). Podemos ter a certeza de que esta luz é distinta de qualquer coisa que possa ser encontrada no universo natural, produzida por algum combustível que precisa ser reabastecido. A luz dessa cidade será mais semelhante àquela emanada pela sarça ardente diante da qual esteve Moisés. A luz de Deus é a luz da glória, e não a do calor ou a do fogo.

6. A ÁRVORE DA VIDA

Encontramos a última descrição da Cidade Santa em Apocalipse 22.1-2, onde João descreve a árvore da vida. Água puríssima fluirá diretamente do Trono de Deus, e a árvore da vida crescerá em cada um dos seus lados. Esta árvore foi plantada, inicialmente, no Jardim do Éden; mas quando Adão e Eva caíram, ambos foram banidos de lá para não mais comerem do seu fruto que lhes proporcionaria a vida eterna. Dessa maneira, os dois permaneceram no seu estado decaído. Na Cidade Santa, porém, aquela árvore será restaurada. Os remidos serão convidados a comer livremente dela e a viver eternamente na sua perfeição reencontrada.

Esta árvore frutífera levanta uma questão: Será que no Céu degustaremos mesmo alimentos? A resposta é um sonoro "sim"! O Céu é, essencialmente, um Éden restaurado, cujos habitantes terão uma vida livre com corpos originalmente idealizados por Deus.

A Bíblia registra vários exemplos de seres celestiais fazendo refeições. Quando os anjos visitaram Abraão, eles fizeram uma refeição (Gn 18.2-8). Quando Jesus apareceu aos seus discípulos depois da sua ressurreição, Ele comeu peixe (Lc 24.42-43). Parece que, mesmo nos nossos corpos celestiais, degustaremos do sabor das comidas e das bebidas (Mt 26.29). O fato de o fruto da árvore se renovar mensalmente é um indicativo de que ele deve ser consumido (Ap 22.2). Comer no Céu jamais será um problema, já que estaremos comendo para a glória de Deus.

O Último Convite Feito na Bíblia

"Vem! E quem tem sede venha; e quem quiser tome de graça da água da vida."
APOCALIPSE 22.17

Por que as pessoas se achegam a Cristo? Porque elas têm sede! Todos os seres humanos nascem com um vazio nas suas vidas que só pode ser preenchido com o que João chama de "água da vida" (Ap 22.17). A maior parte das pessoas tenta saciar esta sede com prazer, realizações, posses, relacionamentos humanos, ou poder; porém, com o tempo, eles percebem que estas coisas não satisfazem. Como disse Salomão, após experimentar as riquezas, os prazeres da carne, o poder e a glória, tudo lhe parecia vaidade e não fazia sentido.

Quando as pessoas percebem que nada neste mundo satisfaz os seus anseios, elas começam a identificar a sua sede. É neste momento que elas estão prontas para aceitar Jesus. Elas acabam percebendo que têm sede e Ele não. Ele tem, melhor dizendo, Ele *é* a própria água viva pela qual todo ser humano tanto anseia. É ele quem preenche o vazio com o qual todos, desde Adão, nascemos. Como colocou Blaise Pascal: "Existe um vazio no formato de Deus dentro do coração de cada ser humano. Este vazio não pode ser preenchido por nenhum ser criado, a não ser por Deus, o Criador, revelado em Jesus."

Não existem restrições sobre quem pode se achegar a Cristo! O convite é aberto a todos. João diz: "Todo aquele que desejar". Quem pode se achegar a Cristo? Toda pessoa que desejar saciar a sua sede por toda a eternidade.

Se técnicos da área médica ou psicológica inventassem um aparelho de tomografia computadorizada para descobrir exatamente onde ocorre a salvação no corpo humano, o que será que eles encontrariam? Será que a salvação ocorre no intelecto? Será que a pessoa reúne certa quantidade de informação que desencadeia a salvação? Se esta quantidade for insuficiente, seria possível que uma quantidade maior de educação pudesse provocar a salvação? Aparentemente não, visto que todos nós conhecemos pessoas altamente instruídas e inteligentes que não são salvas. Não é possível instruir as pessoas a entrarem no Reino de Deus.

E o que dizer das emoções? As pessoas se tornam salvas quando elas se sentem salvas? Se for assim, o que acontece quando elas não estão num dia bom e não se sentem salvas? Será que isso significa que elas perderam a salvação? Será que a vida cristã é uma experiência assim, no estilo "montanha-russa", com uma salvação que vai e vem, dependendo das oscilações de nossas emoções? Isto é completamente estranho para a segurança passada pelo evangelho. A salvação não vem por meio de nossas emoções.

A verdade é essa: nós somos salvos por nossa vontade — "todo aquele que quiser", ou "quem quer que desejar ser salvo". Somos salvos quando nos submetemos a Cristo e dizemos: "Senhor, quero colocar minha fé em ti para que tu perdoes meus pecados e me concedas o dom gratuito da vida eterna."

Vida Eterna. Isto significa viver para sempre. Quanto tempo é viver para sempre? Charles Swindoll nos apresenta esta ilustração incrível.

> "Se você tiver uma bola de aço, de aço maciço, do tamanho da Terra, com 40.200 km de circunferência e, a cada milhão de anos, um pequeno pardal fosse solto para pousar naquela bola para afiar o seu bico e então voasse de volta, para voltar depois de um milhão de anos, e se repetíssemos isto até o momento em que a esfera fosse totalmente desgastada até ficar do tamanho de um chumbinho de espingarda de pressão: a eternidade teria apenas começado."[1]

Ao concluirmos este estudo sobre os principais personagens do livro de Apocalipse, resta-nos somente uma pergunta: Onde é que *você* se encaixa nesta história? Você já aceitou a água viva que Deus oferece na pessoa de Cristo? Se sim, você pode então ter a certeza de que, independentemente do que possa encontrar no futuro, sua vida nesse mundo e sua eternidade estão nas mãos de Jesus. E, como resultado, você já é um vencedor. Que o livro de Apocalipse seja uma gloriosa confirmação do fato de que você jamais voltará a sentir sede!

E, caso você ainda não tenha bebido dessa água, eu o incentivo a fazer isso hoje, agora mesmo! A Bíblia diz: "Porque *todo aquele* que invocar o nome do Senhor será salvo" (Rm 10.13, grifo do autor). Clame por Jesus e sacie a sua sede agora e para todo o sempre!

AGRADECIMENTOS

DE CERTA FORMA, a composição deste livro começou já faz uns trinta anos, quando iniciei pregando sobre o livro de Apocalipse para a congregação que eu sirvo, na igreja de Shadow Mountain. Precisei de quarenta e três sermões e vinte meses para abordar o livro todo, e eu não poderia ter feito isso sem o incentivo de minha esposa, Donna. Obrigado, Donna, pelo seu amor fiel e pela sua presença encorajadora desde aqueles dias até o presente.

Por quase vinte anos, meu filho mais velho, David Michael, tem trabalhado comigo no *Turning Point*. Como diretor-presidente, David tem sido um líder fiel e cheio de grandes ideias, ajudando-nos a propagar a Palavra Imutável a um mundo cada vez mais variável e de maneiras cada vez mais notáveis. Obrigado, David!

Muitas vezes na vida e no ministério, ficamos diante de escolhas entre aquilo que é bom e aquilo que é melhor. Estas decisões seriam quase impossíveis de serem tomadas por mim sem a ajuda de Diane Sutherland e Barbara Boucher. Obrigado por protegerem minha agenda de compromissos e por me ajudarem a cumprir as tarefas que Deus me designou para fazer.

Volto a dizer, Paul Joiner e o Departamento de Criação do *Turning Point* têm feito um trabalho tremendo no planejamento e na preparação para o lançamento deste livro. Paul, estou impressionado com a visão que você tem em levar nossos livros ao maior número possível de pessoas. Também gostaria de agradecer a Martin Zambrano, que criou as tabelas que são vistas ao longo do livro.

Quando terminamos este projeto, percebemos que tínhamos uma quantidade imensa de material. A edição do texto inicial da obra pode até parecer ser uma tarefa simples, mas posso assegurar a todos vocês que, definitivamente, este não é o caso! Kris Bearss assumiu esta tarefa, e ela foi magnífica em seu cumprimento. Obrigado, Kris, pelo excelente trabalho. Obrigado, também, aos meus amigos teólogos, os Doutores Chuck Emert e Gary Coombs pelas suas muitas valiosas sugestões.

Beau Sager e eu temos trabalhado juntos por vários anos até aqui. Quando chega o momento de começar o projeto de algum livro, eu olho sempre para o outro lado da sala para ver se ele está por perto. Eu nunca quero começar este tipo de empreitada sem a sua assistência paciente e determinada. Beau é um ex-jogador de basquete e, nos seus velhos tempos, foi um arremessador implacável. Quando chega a hora de iniciarmos um novo livro, sempre olho para Beau para ver se ele está disposto a "entrar em quadra", só então começo a escrever. Por vários meses, a cada ano, nós dois passávamos muito tempo juntos e reuníamos tudo o que conseguíamos até o jogo terminar!

Sou abençoado por ter o mesmo agente literário há mais de vinte e cinco anos. Obrigado, Sealy Yates, por tudo o que você faz!

Também quero expressar minha gratidão para com Ron Beers e com o pessoal da Tyndale pelo seu compromisso com este projeto. É motivo de grande alegria trabalhar junto com uma equipe de publicação tão maravilhosa.

Acima de tudo, sou grato ao meu Senhor e Salvador, Jesus Cristo. Este livro — e a minha vida — dizem respeito a Ele. Toda adoração, e glória, e sabedoria, e ação de graças, e honra, e força, e poder sejam dados ao nosso Deus para todo o sempre!

Dr. David Jeremiah
San Diego
Julho de 2014

NOTAS

INTRODUÇÃO
[1] C. S. Lewis, *Surprised by Joy* [Surpreendido pela Alegria] (Nova York: Harcourt, Brace and Company, 1955), 181.
[2] C. S. Lewis, *The Collected Letters of C. S. Lewis* [Cartas Selecionadas de C. S. Lewis], vol. 2 (Nova York: HarperOne, 2004), 1.
[3] C. S. Lewis, "Bluspels and Flalansferes: A Semantic Nightmare" in *Selected Literary Essays* (Londres: Cambridge University Press, 2000), 525.

CAPÍTULO 1: O EXÍLIO
[1] John R. W. Stott, *What Christ Thinks of the Church* [O que Cristo pensa a respeito da Îgreja] (Grand Rapids: Eerdmans, 1993), 84.
[2] Eugene H. Peterson, *Reversed Thunder: The Revelation of John and the Praying Imagination* [O Trovão Invertido: O Apocalipse de João e a Imaginação Orante] (Nova York: HarperCollins, 1988), xi—xii.
[3] Ethelbert Stauffer, *Christ and the Caesars* [Cristo e os Césares] (Philadelphia: Westminster Press, 19 GO.
[4] Martyn Lloyd-Jones, *True Happiness* [Felicidade Verdadeira] (Wheaton, IL: Crossway, 1994), 50.
[5] Louis T. Talbot, *The Revelation of Jesus Christ* [A Revelação de Jesus Cristo] (Grand Rapids: Eerdmans, 1937). 15.

⁶ Justin Martyr, *The First Apology of Justin, the Martyr* [A Primeira Apologia de Justino, o Mártir], Christian Classics Ethereal Library, www.ccel.org/ccel/richardson/fathers.x.ii.iii.html.
⁷ William E. Blackstone, *Jesus Is Coming* [Jesus está Voltando] (Grand Rapids: Kregel, 1989; originalmente publicado em 1908), 14, 18.
⁸ Denis Lyle, *Countdown to Apocalypse* [Contagem Regressiva Para o Apocalypse] (Belfast: Ambassador Books, 1999), 21.
⁹ Vernard Eller, *The Most Revealing Book of the Bible: Making Sense out of Revelation* [O livro mais revelador da Bíblia: Descobrindo o Sentido do Apocalipse] (Grand Rapids: Eerdmans, 1974), 48.
¹⁰ Roni Caryn Rabin, "A Glut of Antidepressants", *New York Times,* 12 de agosto de 2013, http://well.blogs.nytimes.com/2013/08/12/a-glut-of-antidepressants/?_php=true&_type=blogs&_r=o.
¹¹ Walter B. Knight, *Three Thousand Illustrations for Christian Service* [Três Mil Ilustrações Para o Culto Cristão] Grand Rapids: Eerdmans, 1947), 602, 605.
¹² Phil Moore, *Straight to the Heart of Revelation* [Direto ao Coração do Apocalipse] (Oxford, UK: Monarch Books, 2010), 17.

CAPÍTULO 2: OS MÁRTIRES

¹ "Jewish Population of Europe in 1945", *Holocaust Encyclopedia* [Enciclopédia do Holocausto], www.ushmm.org/wlc/en/article.php?ModuleId=iooo5687.
² Jacob Presser, *Ashes in the Wind: The Destruction of Dutch Jewry* [Cinzas ao Vento: A Extermínio dos Judeus Holandeses] (Nova York: Dutton, 1969), 336.
³ Henry M. Morris, *The Revelation Record: A Scientific and Devotional Commentary on the Prophetic Book of the End Times* [O Relato do Apocalipse: Comentário Científico e Devocional sobre o Livro Profético do Fim dos Tempos] (Carol Stream, IL: Tyndale, 1983), 119.
⁴ Richard Bauckham, *Climax of Prophecy: Studies in the Book of Revelation* [O Clímax da Profecia: Estudos sobre o Livro do Apocalipse] (Edinburgo: T. &T. Clark, 1993), 424-25.
⁵ W. A. Criswell, *Expository Sermons on Revelation* [Sermões Expositivos Sobre o Apocalipse], vol. 3 (Grand Rapids: Zondervan, 2011), 226-29.
⁶ Ibid., 105.
⁷ Louis T. Talbot, *The Revelation of Jesus Christ* [A Revelação de Jesus Cristo] (Grand Rapids: Eerdmans, 1937), 99.
⁸ Donald Grey Barnhouse, *Revelation: An Expositional Commentary* [Apocalipse: Um Comentário Expositivo] (Grand Rapids: Zondervan, 1971), 133—34.

NOTAS

[9] John F. Walvoord, *The Revelation of Jesus Christ* [A Revelação de Jesus Cristo] (Chicago: Moody Press, 1966), 134-35.

[10] Adaptado de "Death of a Martyr: 203 AD" on the website Eyewitness to History.com (2004), www.eyewitnesstohistory.com/martyr.htm, acessado em 15 de maio de 2014.

[11] Adaptado de Angie Bring, "Modern Martyrs", Worldwide Challenge, 1 de novembro de 2005, http://worldwidechallenge.org/content/modern-martyrs.

[12] "World Watch List", Open Doors, www.worldwatchlist.us/world -watch-list-countries.

CAPÍTULO 3: OS 144 MIL

[1] J. A. Seiss, *The Apocalypse: An Exposition of the Book of Revelation* [O Apocalipse: Uma Exposição sobre o Livro do Apocalipse] (Grand Rapids: Zondervan, 1865), 161.

[2] Mark Hitchcock, *The End: A Complete Overview of Bible Prophecy and the End of Days* [O Fim: Uma Panorâmica Completa da Profecia Bíblica do Fim dos Dias] (Carol Stream, IL: Tyndale, 2012), 291.

[3] Jonathan Edwards, *The Great Awakening* [O Grande Despertamento], The Works of Jonathan Edwards series, vol. 4 (New Haven, CT: Yale University Press, 1972), 118.

[4] Jeremy Begbie, "The Sense of an Ending", 27 de outubro de 2001, http://veritas.org/ talks/sense-ending/?view=presenters&speaker_id= 1955.

CAPÍTULO 4: AS DUAS TESTEMUNHAS

[1] Vide John C. Whitcomb, "The Two Witnesses of Revelation 11 [As Duas Testemunhas de Apocalipse 11]", www.pre-trib.org/data/pdf/Whitcomb-TheTwoWitnessesFirst.pdf.

[2] Para mais informações sobre este assunto, vide David Jeremiah, *Escape the Coming Night* [Fuja da Noite Vindoura] (Nashville: Thomas Nelson, 2001), 122.

[3] Timothy J. Demy e John C. Whitcomb, "Witnesses, Two", em *The Popular Encyclopedia of Bible Prophecy*, ed. Tim LaHaye and Ed Hindson (Eugene, OR: Harvest, 2004), 402-3.

[4] William R. Newell, *Revelation: Chapter-by-Chapter* [Apocalipse: Capítulo por Capítulo] (Chicago: Moody Press, 1935), 152-53.

[5] Henry M. Morris, *The Revelation Record: A Scientific and Devotional Commentary on the Prophetic Book of the End Times* [O Relato do Apocalipse: Comentário Científico e Devocional sobre o Livro Profético do Fim dos

Tempos] (Carol Stream, IL: Tyndale, 1983), 201.
6 Tim LaHaye, *Revelation Unveiled* [O Apocalipse Desvendado] (Grand Rapids: Zondervan, 1999), 188.
7 Newell, *Revelation* [Apocalipse], 155.
8 Morris, *Revelation Record* [O Relato do Apocalipse], 204.
9 J. A. Seiss, *The Apocalypse: An Exposition of the Book of Revelation* [O Apocalipse: Uma Exposição do Livro da Revelação] (Grand Rapids: Kregel, 1969), 266.
10 John Phillips, *Exploring Revelation* [Explorando o Apocalipse] (Grand Rapids: Kregel, 2001), 150.

CAPÍTULO 5: O DRAGÃO

1 Adaptado de W. A. Criswell, *Expository Sermons on Revelation* [Sermões Expositivos Sobre o Apocalipse], vol. 4 (Grand Rapids: Zondervan, 1966), 85-87.
2 Donald Grey Barnhouse, *Revelation: An Expository Commentary* [Apocalipse: Um Comentário Expositivo] (Grand Rapids: Zondervan, 1971), 229.
Carolyn Arends, "Satan's a Goner", *Christianity Today,* 25 de março de 2011, www.christianitytoday.com/ct/2011/february/satansagoner.html.

CAPÍTULO 6: A BESTA DO MAR

1 Citação em Robert Glenn Gromacki, *Are These the Last Days?* [Estamos Vivendo os Últimos Dias?] (Old Tappan, N.J.: Revell, 1970), 110.
2 Arthur W. Pink, *The Antichrist* [O Anticristo] (1923; repr., Grand Rapids: Kregel, 1988), 8.
3 Henry M. Morris, *The Revelation Record: A Scientific and Devotional Commentary on the Prophetic Book of the End Times* [O Relato do Apocalipse: Comentário Científico e Devocional sobre o Livro Profético do Fim dos Tempos] (Carol Stream, IL: Tyndale, 1983), 241.
4 Mark Hitchcock, *The End: A Complete Overview of Bible Prophecy and the End of Days* [O Fim: Uma Panorâmica Completa da Profecia Bíblica do Fim dos Dias] (Carol Stream, IL: Tyndale, 2012), 262.
5 Solomon Zeitlin, *The Rise and Fall of the Judean State* [Ascensão e Queda do Estado Judeu], vol. 1 (Filadélfia: Jewish Publication Society, 1962), 92.
6 Citação em Gromacki, *Are These the Last Days?* [Estamos Vivendo os Últimos Dias?], 117.
7 Pink, *The Antichrist* [O Anticristo], 119-20.

CAPÍTULO 7: A BESTA DA TERRA

1. John Phillips, *Exploring Revelation* [Explorando o Apocalipse] (Grand Rapids: Kregel, 2001), 171.
2. Donald Grey Barnhouse, *Revelation: An Expository Commentary* [Apocalipse: Um Comentário Expositivo] (Grand Rapids: Zondervan, 1971), 240.
3. Robert H. Mounce, *The Book of Revelation: The New International Commentary on the New Testament* [O Livro do Apocalipse: O Novo Comentário Internacional sobre o Novo Testamento], rev. ed. (Grand Rapids: Eerdmans, 1998), 255.
4. W. A. Criswell, *Expository Sermons on Revelation* [Sermões Expositivos Sobre o Apocalipse], vol. 4 (Grand Rapids: Zondervan, 1962), 115.
5. Craig S. Keener, *The NIV Application Commentary: Revelation* [Comentário de Aplicação da Bíblia NVI: Livro do Apocalipse] (Grand Rapids: Zondervan, 2009), 357.
6. J. A. Seiss, *The Apocalypse: A Series of Special Lectures on the Revelation of Jesus Christ* [O Apocalipse: Uma Série de Leituras Especiais sobre a Revelação de Jesus Cristo], rev. ed. (Nova York: Charles C. Cook, 1901), 345.
7. Henry M. Morris, *The Revelation Record: A Scientific and Devotional Commentary on the Prophetic Book of the End Times* [O Relato do Apocalipse: Comentário Científico e Devocional sobre o Livro Profético do Fim dos Tempos] (Carol Stream, IL: Tyndale, 1983), 251.
8. Ibid.
9. David Jeremiah, *The Coming Economic Armageddon* [O Armagedom Econômico Vindouro] (Nova York: FaithWords, 2010), 145.
10. Mark Hitchcock, *The End: A Complete Overview of Bible Prophecy and the End of Days* [O Fim: Uma Panorâmica Completa da Profecia Bíblica do Fim dos Dias] (Carol Stream, IL: Tyndale, 2012), 275.
11. Fredk A. Tatford, *Prophecy's Last Word: An Exposition of the Revelation* [A Última Palavra da Profecia: Uma Exposição do Apocalipse] (Londres: Pickering & Ingles, 1947), 154.
12. Barnhouse, *Revelation* [Apocalipse], 250.

CAPÍTULO 8: O CONQUISTADOR

1. Adaptado de Matt Woodley, "The Grieving Heart of God", PreachingToday.com, acessado em 12 de junho de 2014, http://www.preachingtoday.com/sermons/sermons/2oo7/july/gospelgenesis4.html.

² N. T. Wright, *Surprised by Hope* [Surpreendido pela Esperança] (Nova York: HarperCollins, 2008), 137.
³ David Jeremiah, *What in the World Is Going On?* [O Que Está Acontecendo com Este Nosso Mundo?] (Nashville: Thomas Nelson, 2008), 224.
⁴ James M. Kushiner, "Onward Christian Soldiers", *The Fellowship of St. James*, acessado em 6 de junho de 2014, http://campaign.r20.constantcontact.com / render?ca=fa2i 519i-id64-43db-87i2-3e2ci9d97687&c=a93404i0-4i7e -1 ie3-b22b-d4ae5275 57ea&ch=aa4489bo-4i7e-i ie^-b^2d-dya.e$2j$^jea..
⁵ Ibid.

CAPÍTULO 9: O REI

¹ Adaptado de Leon Wood, *The Bible and Future Events* [A Bíblia e os Acontecimentos Futuros] (Grand Rapids: Zondervan, 1973), 166.
² René Pache, *The Return of Jesus Christ* [O Retorno de Jesus Cristo] (Chicago: Moody Press, 1955), 380.
³ Adaptado das notas inéditas por Alva J. McClain, Grace Theological Seminary, Winona Lake, Indiana.
⁴ Wood, *The Bible and Future Events* [A Bíblia e os Acontecimentos Futuros], 161.
⁵ Adaptado das notas inéditas por Alva J. McClain, Grace Theological Seminary, Winona Lake, Indiana.
⁶ Henry M. Morris, *The Revelation Record: A Scientific and Devotional Commentary on the Prophetic Book of the End Times* [O Relato do Apocalipse: Comentário Científico e Devocional sobre o Livro Profético do Fim dos Tempos] (Carol Stream, IL: Tyndale, 1983), 408.
⁷ Henry M. Morris, *The Revelation Record: A Scientific and Devotional Commentary on the Prophetic Book of the End Times* [O Relato do Apocalipse: Comentário Científico e Devocional sobre o Livro Profético do Fim dos Tempos] (Carol Stream, IL: Tyndale, 1983), 412.
⁸ W. A. Criswell, *Expository Sermons on Revelation* [Sermões Expositivos Sobre o Apocalipse], vol. 5 (Dallas, TX: Criswell Publishing, 1995), 79.
⁹ Ibid., 80.
¹⁰ Mark Hitchcock, *The End: A Complete Overview of Bible Prophecy and the End of Days* [O Fim: Uma Panorâmica Completa da Profecia Bíblica do Fim dos Dias] (Carol Stream, IL: Tyndale, 2012), 428.
¹¹ Adaptado das notas inéditas por Alva J. McClain, Grace Theological Seminary, Winona Lake, Indiana.

NOTAS

12 David Jeremiah, *Escape the Coming Night* [Fuja da Noite Vindoura] (Dallas, TX: Word Publishing, 1990), 229-30.

13 Walvoord, *The Millennial Kingdom* [O Reino Milenar], 319.

CAPÍTULO 10: O JUIZ

1 Warren Wiersbe, *Be Victorious: In Christ You Are an Overcomer* [Seja Vitorioso: Em Cristo Você é um Vencedor] (Colorado Springs: David C. Cook, 2010), 176.

2 "As Sagradas Escrituras se calam no que diz respeito à forma como Deus tratará com os santos que estarão vivos neste mundo no fim do milênio, ou os santos que, eventualmente, tiverem morrido durante o período do milênio. ... é provável que os justos que morrerem no milênio sejam ressuscitados, tal como a Igreja será no Arrebatamento, e os santos viventes recebam corpos adaptados para a eternidade semelhantes àqueles que os santos vivos da Igreja receberão". John Walvoord, *End Times* [O Fim dos Tempos] (Nashville: Word Publishing, 1998). 178.

3 Citação em Robert Glenn Gromacki, *Are These the Last Days?* [Estamos Vivendo os Últimos Dias?] (Old Tappan, N.J.: Revell, 1970), 175.

4 David Jeremiah, *Escape the Coming Night* [Fuja da Noite Vindoura] (Dallas, TX: Word, 1997), 236.

5 Erwin Lutzer, *Your Eternal Reward* [Seu Galardão Eterno] (Chicago: Moody Press, 1998), 166.

6 Gromacki, *Are These the Last Days?* [Estamos Vivendo os Últimos Dias?], 178.

7 Donald Grey Barnhouse, *Revelation: An Expository Commentary* [Apocalipse: Um Comentário Expositivo] (Grand Rapids: Zondervan, 1971), 390.

8 Henry M. Morris, *The Revelation Record: A Scientific and Devotional Commentary on the Prophetic Book of the End Times* [O Relato do Apocalipse: Comentário Científico e Devocional sobre o Livro Profético do Fim dos Tempos] (Carol Stream, IL: Tyndale, 1983), 433.

9 Isaac Massey Haldeman, *Ten Sermons on the Second Coming of Our Lord Jesus Christ* [10 Sermões Sobre a Segunda Vinda do Nosso Senhor Jesus Crito] (Nova York: Revell, 1917), 739.'

10 Henry M. Morris, *The Revelation Record: A Scientific and Devotional Commentary on the Prophetic Book of the End Times* [O Relato do Apocalipse: Comentário Científico e Devocional sobre o Livro Profético do Fim dos Tempos] (Carol Stream, IL: Tyndale, 1983), 433.

EPÍLOGO: OS VENCEDORES

[1] Charles R. Swindoll, *The Tale of the Tardy Oxcart and 1501 Other Stories* [O Conto do Carro de Boi Vagaroso e 1501 Outras Estórias] (Dallas, TX: Word, 1998), 183.